企业所得税实务与风险审核

QIYESUODESHUI
SHIWU YU FENGXIAN SHENHE

李彩娥 / 编著

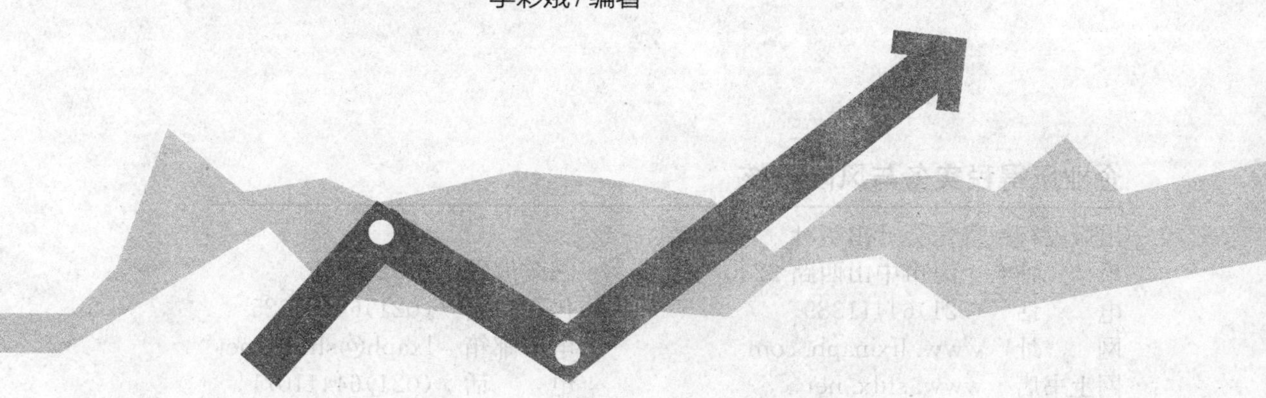

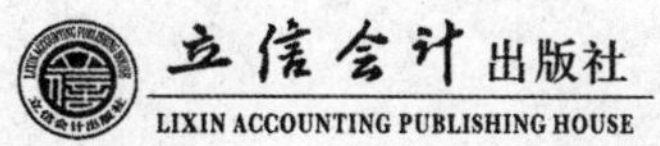

图书在版编目(CIP)数据

企业所得税实务与风险审核/李彩娥编著.—上海：立信会计出版社，2018.2

ISBN 978-7-5429-5727-6

Ⅰ.①企… Ⅱ.①李… Ⅲ.①企业所得税—税收管理—风险管理—中国 Ⅳ.①F812.424

中国版本图书馆CIP数据核字(2018)第038118号

策划编辑 张巧玲
责任编辑 张巧玲

企业所得税实务与风险审核

出版发行 立信会计出版社
地 址 上海市中山西路2230号 邮政编码 200235
电 话 (021)64411389 传 真 (021)64411325
网 址 www.lixinaph.com 电子邮箱 lxaph@sh163.net
网上书店 www.shlx.net 电 话 (021)64411071
经 销 各地新华书店

印 刷 涿州市新华印刷有限公司
开 本 787毫米×1 092毫米 1/16
印 张 19.25
字 数 414千字
版 次 2018年2月第1版
印 次 2018年2月第1次
书 号 ISBN 978-7-5429-5727-6/F
定 价 79.00元

前　言

为了进一步规范企业所得税管理，明晰实际经济活动中出现的诸多新生事物的税收待遇、加大税收优惠政策的落实力度和准确度，在《中华人民共和国企业所得税法》及其实施条例的框架下财政部、国家税务总局出台了大量规范性文件。随着企业所得税相关政策不断完善，税务系统“放、管、服”改革不断深化，近日国家税务总局又发布了《中华人民共和国企业所得税年度纳税申报表(A类，2017年版)》简称《企业所得税年度纳税申报表》，对2014版企业所得税申报表进行了“瘦身”和完善。

本书立足于实务操作，以《中华人民共和国企业所得税法》及其实施条例、现行相关税收政策为依据，以企业所得税年度申报表(A类2017年版)为主线，结合企业所得税的业务特点和管理要求，从收入总额、税前扣除项目、资产税务处理、税收优惠、特殊业务等方面进行分章讲解，力争使全书具备较强的结构严密性、逻辑合理性、内容系统性，成为您提高企业所得税工作质量的得力助手。

本书内容编写的基本架构为：相关税收政策、税法与会计差异的纳税调整、《企业所得税年度纳税申报表》的填报、后续管理提示、审核要点。

本书编写的突出特点如下：

(1) 重点突出。本书以居民企业(一般企业)为重点，围绕收入、税前扣除项目、资产税务处理、税收优惠、特殊业务等内容，对企业所得税和会计差异的调整、相关业务的纳税申报表填报及审核要点进行了规范和细致分析，重点突出。

(2) 操作性。本书立足于实践，坚持理论联系实际，力争解决实际问题。书中列举了大量来自于基层税务机关及企业的实例，对每一涉税事项均列明税收政策依据，分析税收与会计差异，示范申报表填表方法，提示审核要点，能帮助读者更好地领会和应用企业所得税政策，提升企业所得税的征收管理质量。

(3) 前瞻性。本书在讲解具体业务处理时，坚持企业所得税政策与最新企业会计准则及财务报表相结合。企业所得税业务处理与会计核算是分不开的，所以，本书在介绍企业所得税政策的同时讲解最新准则中会计处理情况，能更好地帮助读者深入理解和掌握政策、分析税会差异、落实纳税调整，实现税法与会计的融会贯通。

(4) 综合性。随着“营改增”的全面推开，其对收入、成本、费用、资产计税基础等的确认都产生了影响，本书在案例讲解中，将“营改增”的因素及时融入进去，处理问题更加全面。

由于企业所得税本身就是一个涉及面广、操作较为复杂的税种，受个人水平所限，书中难免有疏漏或不妥之处，真诚期待您的意见和建议。

请将您的意见、建议发至邮箱：licaie@tom. com。

李彩娥

2018 年 2 月

目　录

第一章 企业所得税概述

内容摘要 企业所得税在我国目前的税制结构中占有重要的地位，在为国家组织财政收入的同时，企业所得税作为国家宏观调控的一种重要手段，也促进了我国产业结构的调整和经济的稳步发展。本章主要介绍企业所得税的基本要素、基本原理，同时对核定征收、亏损弥补等内容进行重点阐述。

第一节 概 述

一、概念

企业所得税是指对中华人民共和国境内的企业和其他取得收入的组织以其生产经营所得和其他所得为课税对象所征收的一种所得税。

合伙问题分析

企业所得税调节的是国家与企业之间的利润分配关系，这种分配关系是我国经济分配制度中最重要的一个方面，是处理其他分配关系的前提和基础。

企业所得税是我国第二大主体税种，在组织国家税收收入方面发挥着非常重要的作用。随着我国国民经济的快速发展和企业经济效益的不断提高，企业所得税作为税收收入的主体税种之一，收入也取得了较快的增长。在为国家组织财政收入的同时，企业所得税作为国家宏观调控的一种重要手段，也促进了我国产业结构的调整和经济的稳步发展。

二、我国企业所得税制度的沿革

新中国成立以后，1950 年政务院发布《全国税政实施要则》，规定了属于所得税性质的工商业税中的所得税、存款利息所得税与薪金报酬所得税，标志着我国新的企业所得税体系的初步建立。

1958 年实行工商税制改革时，所得税从工商业税中分离出来，定名为工商所得税。这是新中国建立后所得税成为一个独立税种的标志，为以后的所得税制建立打下了基础。从 1958 年到 1985 年前后 27 年，工商所得税在我国税收发展史上占据着十分重要的地位。

1980年9月，我国颁布了《中华人民共和国中外合资经营企业所得税法》，这是我国第一部企业所得税法。其税率确定为30%，另按应纳所得税税额附征10%的地方所得税。1981年又颁布了《中华人民共和国外国企业所得税法》实行20%～40%的5级超额累进税率，另按应纳税所得额附征10%的地方所得税。1991年将两部涉外企业所得税法合并为《中华人民共和国外商投资企业和外国企业所得税法》，完善了我国的涉外所得税制。

1983年对国营企业征收所得税，是我国税收理论与实践的重大突破。作为企业改革的一项重大措施，1983年国务院在全国试行国营企业“利改税”，即将新中国成立后实行了30多年的国营企业向国家上缴利润的制度改为缴纳企业所得税的制度。1984年9月，国务院发布了《中华人民共和国国营企业所得税条例（草案）》和《国营企业调节税征收办法》。国营企业所得税的纳税人为实行独立经济核算的国营企业，大中型企业实行55%的比例税率，小型企业等适用10%～55%的8级超额累进税率。

1985年4月，国务院发布了《中华人民共和国集体企业所得税暂行条例》实行10%～55%的8级超额累进税率，原来对集体企业征收的工商税（所得税部分）同时停止执行。为适应私营企业的发展需要，1988年开征了私营企业所得税，税率为35%。

根据建立社会主义市场经济体制的要求，为贯彻“公平税负、促进竞争”的原则，1993年12月，国务院发布了《中华人民共和国企业所得税暂行条例》，将原来的国营企业所得税、集体企业所得税、私营企业所得税合并，统一了内资企业所得税制度，从1994年1月1日起施行。

但是，内、外资企业所得税制度并存也暴露出一些问题，已经不能适应新的形势要求。在此情况下，终于2008年统一了内、外资企业所得税制度。

现行企业所得税的相关规定，来源于企业所得税法及其实施条例。《中华人民共和国企业所得税法》（简称《企业所得税法》），于2007年3月16日第十届全国人民代表大会第五次全体会议通过，由中华人民共和国主席令第63号公布，自2008年1月1日起施行。《中华人民共和国企业所得税法实施条例》（简称《企业所得税法实施条例》），于2007年11月28日国务院第197次常务会议通过，2007年12月6日由中华人民共和国国务院令第512号公布，自2008年1月1日起施行。

三、企业所得税的特点

企业所得税是以企业的生产经营所得及其他所得为征税对象的，与其他税种相比，具有以下显著特点：

（1）征税范围广。在中华人民共和国境内，企业和其他取得收入的组织都是企业所得税的纳税人，都要依照税法的规定缴纳企业所得税。企业所得税的征税对象包括生产经营所得和其他所得。因此，企业所得税具有纳税人及征税对象上的广泛性。

(2) 税负相对公平。企业所得税对所有纳税人,不分所有制,不分地区、行业和层次,实行统一的比例税率。在广泛征收的基础上,能使各类纳税人税负较为公平。企业所得税是对纳税人取得的所得征收的一种税,“所得多的多征,所得少的少征,无所得的不征”,企业所得税的负担水平与纳税人所得多少直接关联。因此,企业所得税能够较好体现公平税负。

(3) 纳税人与负税人一致。企业所得税属于直接税,纳税人缴纳的所得税一般不易转嫁,通常由纳税人自己负担。

第二节 纳税人、征税对象、税率

一、纳税义务人

企业所得税的纳税义务人,是指在中华人民共和国境内的企业和其他取得收入的组织。除个人独资企业、合伙企业不适用企业所得税法外,凡在我国境内,企业和其他取得收入的组织(以下统称企业)为企业所得税的纳税人,依照企业所得税法规定缴纳企业所得税。

这里的企业包括国有企业、集体企业、私营企业、联营企业、股份制企业、外商投资企业、外国企业以及其他取得收入的组织。其中,其他取得收入的组织是指经国家有关部门批准,依法注册、登记的事业单位、社会团体等组织。实践中,这些经济组织主要包括:

(1) 民办非企业单位,根据《民办非企业单位登记管理暂行条例》的规定,是指企业事业单位、社会团体和其他社会力量以及公民个人利用非国有资产举办的,从事非营利性社会服务活动的社会组织。

(2) 基金会,根据《基金会管理条例》规定,是指利用自然人、法人或者其他组织捐赠的财产,以从事公益事业为目的,按照本条例的规定成立的非营利性法人。

(3) 商会,包括中国商会和外国商会,中国商会是国内企业组织的非营利性行业协会团体,外国商会根据《外国商会管理暂行规定》是指外国在中国境内的商业机构及人员依照本规定在中国境内成立,不从事任何商业活动的非营利性团体。

(4) 农民专业合作社,根据《中华人民共和国农民专业合作社法》,是指在农村家庭承包经营基础上,同类农产品的生产经营者或者同类农业生产服务的提供者、利用者,自愿联合、民主管理的互助性经济组织。

(5) 其他类型的取得收入的组织。

企业所得税的纳税人根据纳税义务的不同进行分类,分为居民企业和非居民企业。把企业分为居民企业和非居民企业,是为了更好地保障我国税收管辖权的有效行使。税收管辖权是一国政府在征税方面的主权,是国家主权的重要组成部分。根据国际上的通行做法，我国选择了地域管辖权和居民管辖权的双重管辖权标准，最大限度地维护我国的税收利益。

(一) 居民企业

居民企业，是指依法在中国境内成立，或者依照外国(地区)法律成立但实际管理机构在中国境内的企业。其中，实际管理机构，是指对企业的生产经营、人员、账务、财产等实施实质性全面管理和控制的机构。

(二) 非居民企业

非居民企业，是指依照外国(地区)法律成立且实际管理机构不在中国境内，但在中国境内设立机构、场所的，或者在中国境内未设立机构、场所，但有来源于中国境内所得的企业。

上述所称机构、场所，是指在中同境内从事生产经营活动的机构、场所，包括：

境外控股税务处理

(1) 管理机构、营业机构、办事机构。

(2) 工厂、农场、开采自然资源的场所。

(3) 提供劳务的场所。

(4) 从事建筑、安装、装配、修理、勘探等工程作业的场所。

(5) 其他从事生产经营活动的机构、场所。

非居民企业委托营业代理人在中国境内从事生产经营活动的，包括委托单位或者个人经常代其签订合同，或者储存、交付货物等，该营业代理人视为非居民企业在中国境内设立的机构、场所。

【例1】 A公司是依照韩国法律在韩国注册成立的企业，该公司的实际管理机构在韩国。A公司为销售的便利，在上海和北京设立了办事机构。A公司是否属于中国的非居民企业？

解析：A公司是依照外国(地区)法律成立且实际管理机构不在中国境内，但在中国境内设立机构、场所的非居民企业。

【例2】 B公司是依照日本法律在日本注册成立的企业，该公司的实际管理机构在日本。B公司为销售的便利，在北京寻找了一位营业代理人。该营业代理人可以代表B公司接洽采购业务，并签订购货合同，代为采购商品。B公司是否属于中国的非居民企业？

解析：B公司依照外国(地区)法律成立且实际管理机构不在中国境内，其在北京寻找了一位营业代理人，该营业代理人视为B公司在中国境内设立的机构、场所。所以，B公司属于中国的非居民企业。

二、征税对象

企业所得税的征税对象，是指企业的生产经营所得、其他所得和清算所得。它包括销售货物所得、提供劳务所得、转让财产所得、股息红利等权益性投资所得、利息所得、租金所得、特许权使用费所得、接受捐赠所得、企业资产溢余所得、逾期未退包装物押金所得、确实无法偿付的应付款项、已作坏账损失处理后又收回的应收款项、债务重组所得、补贴所得、违约金所得、汇兑收益、清算所得等。清算所得，是指企业的全部可变现价值或交易价格，减除资产的计税基础、清算费用、相关税费，加上债务清偿损益等后的余额。

（一）居民企业的征税对象

居民企业应以来源于中国境内、境外的所得为征税对象。

（二）非居民企业的征税对象

非居民企业在中国境内设立机构、场所的，应当就其所设机构、场所取得的来源于中国境内的所得，以及发生在中国境外但与其所设机构、场所有实际联系的所得，缴纳企业所得税。非居民企业在中国境内未设立机构、场所的，或者虽设立机构、场所但取得的所得与其所设机构、场所没有实际联系的，应当就其来源于中国境内的所得缴纳企业所得税。

上述所称实际联系，是指非居民企业在中国境内设立的机构、场所拥有的据以取得所得的股权、债权，以及拥有、管理、控制据以取得所得的财产。

（三）所得来源的确定

（1）销售货物所得。按照交易活动发生地确定。

（2）提供劳务所得。按照劳务发生地确定。

（3）转让财产所得。不动产转让所得按照不动产所在地确定。动产转让所得按照转让动产的企业或者机构、场所所在地确定。权益性投资资产转让所得按照被投资企业所在地确定。

（4）股息、红利等权益性投资所得。按照分配所得的企业所在地确定。

（5）利息所得、租金所得、特许权使用费所得。按照负担、支付所得的企业或者机构、场所所在地确定，或者按照负担、支付所得的个人的住所地确定。

（6）其他所得。由国务院财政、税务主管部门确定。

三、税率

税率是企业所得税的一个核心问题，它体现了征税的深度，直接决定了企业税后留存收益的大小，影响着投资者的收益，影响着国家税收收入的多少。所以，税率设计的原则应兼顾国家和企业的利益，既要保证财政收入的稳定增长，又要为企业的发展留有一定的财力保证；既要考虑到企业的实际情况和负担能力，又要维护税率的统一性。

企业所得税实行比例税率，现行规定如下。

（一）法定税率

居民企业和在中国境内设有机构、场所且所得与机构、场所有关联的非居民企业取得的所得，适用税率为25%。

非居民企业在中国境内未设立机构、场所的，或者虽设立机构、场所但取得的所得与其所设机构、场所没有实际联系的，应当就其来源于中国境内的所得缴纳企业所得税，适用税率为20%。

(二) 优惠税率

1. 居民企业

符合条件的小型微利企业，减按20%的税率征收企业所得税。

国家需要重点扶持的高新技术企业，减按15%的税率征收企业所得税。

2. 非居民企业

非居民企业在中国境内未设立机构、场所的，或者虽设立机构、场所但取得的所得与其所设机构、场所没有实际联系的，应当就其来源于中国境内的所得，减按10%的税率征收企业所得税。

下列所得可以免征企业所得税：

(1) 外国政府向中国政府提供贷款取得的利息所得。

(2) 国际金融组织向中国政府和居民企业提供优惠贷款取得的利息所得。

(3) 经国务院批准的其他所得。

第三节 征收管理

一、纳税地点

(1) 除税收法律、行政法规另有规定外，居民企业以企业登记注册地为纳税地点；但登记注册地在境外的，以实际管理机构所在地为纳税地点。企业注册登记地是指企业依照国家有关规定登记注册的住所地。

(2) 居民企业在中国境内设立不具有法人资格的营业机构的，应当汇总计算并缴纳企业所得税。企业汇总计算并缴纳企业所得税时，应当统一核算应纳税所得额，具体办法由国务院财政、税务主管部门另行制定。

(3) 非居民企业在中国境内设立机构、场所的，应当就其所设机构、场所取得的来源于中国境内的所得，以及发生在中国境外但与其所设机构、场所有实际联系的所得，以机构、场所所在地为纳税地点。非居民企业在中国境内设立两个或者两个以上机构、场所的，经税务机关审核批准，可以选择由其主要机构、场所汇总缴纳企业所得税。非居民企业经批准汇总缴纳企业所得税后，需要增设、合并、迁移、关闭机构、场所或者停止机构、场所业务的，应当事先由负责汇总申报缴纳企业所得税的主要机构、场所向其所在地税务机关报告；需要变更汇总缴纳企业所得税的主要机构、场所的，依照前款规定办理。

(4) 非居民企业在中国境内未设立机构、场所的，或者虽设立机构、场所但取得的所得与其所设机构、场所没有实际联系的所得，以扣缴义务人所在地为纳税地点。

(5) 除国务院另有规定外，企业之间不得合并缴纳企业所得税。

二、纳税期限

企业所得税按年计征，分月或者分季预缴，年终汇算清缴，多退少补。

企业所得税的纳税年度，自公历1月1日起至12月31日止。企业在一个纳税年度的中间开业，或者由于合并、关闭等原因终止经营活动，使该纳税年度的实际经营期不足12个月的，应当以其实际经营期为1个纳税年度。企业清算时，应当以清算期间作为1个纳税年度。

自年度终了之日起5个月内，向税务机关报送年度企业所得税纳税申报表，并汇算清缴，结清应缴应退税款。

企业在年度中间终止经营活动的，应当自实际经营终止之日起60日内，向税务机关办理当期企业所得税汇算清缴。

三、纳税申报

(一) 预缴申报

直接收款方式的税务处理

按月或按季预缴的，应当自月份或者季度终了之日起15日内，向税务机关报送预缴企业所得税纳税申报表，预缴税款。企业根据企业所得税法规定分月或者分季预缴企业所得税时，应当按照月度或者季度的实际利润额预缴；按照月度或者季度的实际利润额预缴有困难的，可以按照上一纳税年度应纳税所得额的月度或者季度平均额预缴，或者按照经税务机关认可的其他方法预缴。预缴方法一经确定，该纳税年度内不得随意变更。

(二) 年度汇算清缴纳税申报

企业所得税汇算清缴，是指纳税人自纳税年度终了之日起5个月内或实际经营终止之日起60日内，依照税收法律、法规、规章及其他有关企业所得税的规定，自行计算本纳税年度应纳税所得额和应纳所得税额，根据月度或季度预缴企业所得税的数额，确定该纳税年度应补或者应退税额，并填写企业所得税年度纳税申报表，向主管税务机关办理企业所得税年度纳税申报、提供税务机关要求提供的有关资料、结清全年企业所得税税款的行为。

(三) 清算所得税申报

企业应当在办理注销登记前，就其清算所得向税务机关申报并依法缴纳企业所得税。

企业在纳税年度内无论盈利或者亏损，都应当依照企业所得税法规定的期限，向税务机关报送预缴企业所得税纳税申报表、年度企业所得税纳税申报表、财务会计报告和税务机关规定应当报送的其他有关资料。

(四) 外币折算

依照企业所得税法缴纳的企业所得税，以人民币计算。所得以人民币以外的货币计算的，应当折合成人民币计算并缴纳税款。年度终了汇算清缴时，对已经按照月度或者季度预缴税款的，不再重新折合计算，只就该纳税年度内未缴纳企业所得税的部分，按照纳税年度最后一日的人民币汇率中间价，折合成人民币计算应纳税所得额。

经税务机关检查确认，企业少计或者多计前款规定的所得的，应当按照检查确认补税或者退税时的上一个月最后一日的人民币汇率中间价，将少计或者多计的所得折合成人民币计算应纳税所得额，再计算应补缴或者应退的税款。

第四节 征收方式

居民企业所得税的征收方式分查账征收和核定征收。

一、查账征收方式

(1) 查账征收是企业所得税的基本征收方式。查账征收的对象是指财务核算健全、能按规定建立和保管账簿，能准确核算收入、成本、费用，能向税务机关提供真实、准确、完整的纳税资料，并按规定办理纳税申报的企业。

(2) 查账征收居民企业计税方法。

应纳税额＝应纳税所得额×税率－减免税额－抵免税额

应纳税所得额是企业所得税的计税依据，按照企业所得税法的规定，应纳税所得额为企业每一个纳税年度的收入总额，减除不征税收入、免税收入、各项扣除以及允许弥补的以前年度亏损后的余额。

基本公式为：

$$\text{应纳税所得额}=\text{收入总额}-\text{不征税收入}-\text{免税收入}-\text{各项扣除}-\text{以前年度亏损}$$

应纳税所得额的正确计算直接关系到国家财政收入和企业的税收负担，并且同成本、费用核算关系密切。因此，企业所得税法对应纳税所得额计算作了明确规定。主要内容包括收入总额、扣除范围和标准、资产的税务处理、亏损弥补等。(具体内容见第二、第三、第四、第五章)

或采用纳税调整法计算应纳税所得额(来源于查账征收居民企业所得税年度纳税申报表主表)：

$$\text{应纳税所得额}=\text{纳税调整后所得}-\text{所得减免}-\text{弥补以前年度亏损}-\text{抵扣应纳税所得额}$$

$$\text{纳税调整后所得} = \text{利润总额} - \text{境外所得（损失）} + \text{纳税调整增加额} - \text{纳税调整减少额} - \text{免税、减计收入及加计扣除} + \text{境外应税所得抵减境内亏损}$$

二、核定征收方式

对于不能准确核算成本费用或销售收入的企业按核定方式征收。其中，核定征收包括定率征收和定额征收两种核定方式。

（一）核定征收范围

居民企业纳税人具有下列情形之一的，核定征收企业所得税：

（1）依照法律、行政法规的规定可以不设置账簿的。

（2）依照法律、行政法规的规定应当设置但未设置账簿的。

（3）擅自销毁账簿或者拒不提供纳税资料的。

（4）虽设置账簿，但账目混乱或者成本资料、收入凭证、费用凭证残缺不全，难以查账的。

（5）发生纳税义务，未按照规定的期限办理纳税申报，经税务机关责令限期申报，逾期仍不申报的。

（6）申报的计税依据明显偏低，又无正当理由的。

特殊行业、特殊类型的纳税人和一定规模以上的纳税人不适用核定征收办法。“特定纳税人”包括以下八种类型的企业：

（1）享受《企业所得税法》及其实施条例和国务院规定的一项或几项企业所得税优惠政策的企业（不包括享受《企业所得税法》第二十六条规定免税收入优惠政策以及小型微利企业所得税优惠政策的企业）。

（2）汇总纳税企业。

（3）上市公司。

（4）银行、信用社、小额贷款公司、保险公司、证券公司、期货公司、信托投资公司、金融资产管理公司、融资租赁公司、担保公司、财务公司、典当公司等金融企业。

（5）会计、审计、资产评估、税务、房地产估价、土地估价、工程造价、律师、价格鉴证、公证机构、基层法律服务机构、专利代理、商标代理以及其他经济鉴证类社会中介机构。

（6）专门从事股权（股票）投资业务的企业。

（7）房地产开发企业。

（8）国家税务总局规定的其他企业。

（二）核定征收方法

税务机关根据纳税人具体情况，对核定征收企业所得税的纳税人，核定应税所得率或者核定应纳所得税额。

1. 核定方式

具有下列三种情形之一的，核定其应税所得率：

(1) 能正确核算(查实)收入总额,但不能正确核算(查实)成本费用总额的。

(2) 能正确核算(查实)成本费用总额,但不能正确核算(查实)收入总额的。

(3) 通过合理方法,能计算和推定纳税人收入总额和成本费用总额的。

纳税人不属于以上三种情形的,核定其应纳所得税额。

2. 核定方法

税务机关采用下列四种方法核定征收企业所得税:

(1) 参照当地同类行业或者类似行业中经营规模和收入水平相近的纳税人的税负水平核定。

(2) 按照应税收入额或成本费用支出额定率核定。

(3) 按照耗用的原材料、燃料、动力等推算或测算核定。

(4) 按照其他合理方法核定。

采用上述所列四种其中一种方法不足以正确核定应纳税所得额或应纳税额的,可以同时采用两种以上的方法核定。采用两种以上方法测算的应纳税额不一致时,可按测算的应纳税额从高核定。

3. 应纳所得税额计算

采用应税所得率方式核定征收企业所得税的,应纳所得税额计算公式如下:

应纳所得税额=应纳税所得额×适用税率

应纳税所得额=应税收入额×应税所得率

或: 应纳税所得额=成本(费用)支出额÷(1-应税所得率)×应税所得率

实行应税所得率方式核定征收企业所得税的纳税人,经营多业的,无论其经营项目是否单独核算,均由税务机关根据其主营项目确定适用的应税所得率。

主营项目应为纳税人所有经营项目中,收入总额或者成本(费用)支出额或者耗用原材料、燃料、动力数量所占比重最大的项目。应税所得率按下列规定的幅度标准确定:

应税所得率

行　业	应税所得率
农、林、牧、渔业	3%~10%
制造业	5%~15%
批发和零售贸易业	4%~15%
交通运输业	7%~15%
建筑业	8%~20%
饮食业	8%~25%
娱乐业	15%~30%
其他行业	10%~30%

纳税人的生产经营范围、主营业务发生重大变化，或者应纳税所得额或应纳税额增减变化达到20%的，应及时向税务机关申报调整已确定的应纳税额或应税所得率。

赊销方式的税务处理

案例 1-1 征收方式改变后如何弥补以前年度亏损?

甲公司主营工程建筑安装业务，并兼营建材批发业务，该公司 2011—2015 年连续 5 年亏损，每年亏损额均为 20 万元，企业所得税采用查账征收方式。

2016 年甲公司企业所得税改为按收入额核定应税所得率的征收方式，公司当年申报收入为 650 万元(其中工程建筑安装业务收入 500 万元，建材批发业务 100 万元，取得国债利息收入 50 万元)，应税所得率 8%。2016 年应缴纳多少企业所得税?

2017 年甲公司账簿资料健全、账务核算准确，符合查账征收条件，企业所得税改为查账征收，主表第 19 行“纳税调整后所得”为 100 万元，假定不享受税收优惠。那么 2017 年甲公司应缴纳多少企业所得税?

解析：

2016 年甲公司按收入额核定应税所得率的征收方式：

(1) 收入总额为 650 万元，免税收入 50 万元。

(2) 应税收入额为 600 万元。

(3) 应纳税所得额＝600×8%＝48(万元)。

(4) 应纳税额＝48×25%＝12(万元)。

2017 年改为查账征收方式：

(1) 主表第 19 行“纳税调整后所得”为 100 万元。

(2) 核定征收期间虽然不能弥补以前年度亏损，但应作为弥补亏损年度连续计算，所以 2011 年的亏损在 2017 年已经超过弥补期限，不得用 2017 年的所得额弥补。2017 年度所得额弥补 2012—2015 年亏损共计 80 万元，所以弥补完亏损后应纳税所得为 20 万元。

(3) 应纳税额＝20×25%＝5(万元)。

【后续管理提示】 变更企业所得税征收方式是因为企业不符合查账征收条件而符合核定征收条件才进行的变更，反之亦然。核定征收期间虽不能弥补以前年度亏损但必须作为弥补亏损年限连续计算，不得间断，造成补亏年限人为延长。

(三) 核定征收管理

(1) 主管税务机关应及时向纳税人送达《企业所得税核定征收鉴定表》，及时完成对其核定征收企业所得税的鉴定工作。具体程序分以下三步：

① 纳税人应在收到《企业所得税核定征收鉴定表》后 10 个工作日内，填好该表并报送主管税务机关。《企业所得税核定征收鉴定表》一式三联，主管税务机关和县税务机关各执一联，另一联送达纳税人执行。主管税务机关还可根据实际工作需要，适当增加联

次备用。

② 主管税务机关应在受理《企业所得税核定征收鉴定表》后 20 个工作日内，分类逐户审查核实，提出鉴定意见，并报县税务机关复核、认定。

③ 县税务机关应在收到《企业所得税核定征收鉴定表》后 30 个工作日内，完成复核、认定工作。

纳税人收到《企业所得税核定征收鉴定表》后，未在规定期限内填列、报送的，税务机关视同纳税人已经报送，按上述程序进行复核认定。

(2) 税务机关应在每年 6 月月底前对上年度实行核定征收企业所得税的纳税人进行重新鉴定。重新鉴定工作完成前，纳税人可暂按上年度的核定征收方式预缴企业所得税；重新鉴定工作完成后，按重新鉴定的结果进行调整。

(3) 主管税务机关应当分类逐户公示核定的应纳所得税额或应税所得率。主管税务机关应当按照便于纳税人及社会各界了解、监督的原则确定公示地点、方式。

纳税人对税务机关确定的企业所得税征收方式、核定的应纳所得税额或应税所得率有异议的，应当提供合法、有效的相关证据，税务机关经核实认定后调整有异议的事项。

(4) 纳税人实行核定应税所得率方式的，按下列三项规定申报纳税：

① 主管税务机关根据纳税人应纳税额的大小确定纳税人按月或者按季预缴，年终汇算清缴。预缴方法一经确定，一个纳税年度内不得改变。

② 纳税人应依照确定的应税所得率计算纳税期间实际应缴纳的税额，进行预缴。按实际数额预缴有困难的，经主管税务机关同意，可按上一年度应纳税额的 1/12 或 1/4 预缴，或者按经主管税务机关认可的其他方法预缴。

③ 纳税人预缴税款或年终进行汇算清缴时，应按规定填写《中华人民共和国企业所得税月(季)度预缴纳税申报表(B类)》，在规定的纳税申报时限内报送主管税务机关。

(5) 纳税人实行核定应纳所得税额方式的，按下列三项规定申报纳税：

① 企业应在月份或季度终了后 15 天内，依照核定的应税所得率计算纳税期间实际应缴纳的税额，进行预缴申报。按实际数额预缴有困难的，经主管税务机关同意，可按上一年度应纳税额的 1/12 或 1/4 预缴，或者按经主管税务机关认可的其他方法预缴。

② 在应纳所得税额确定以后，减除当年已预缴的所得税额，余额按剩余月份或季度均分，以此确定以后各月或各季度的应纳税额，由纳税人按月或按季填写《中华人民共和国企业所得税月(季)度预缴纳税申报表(B 类)》，在规定的纳税申报期限内进行纳税申报。

③ 纳税人年度终了后，在规定的时限内按照实际经营额或实际应纳税额向税务机关申报纳税。申报额超过核定经营额或应纳税额的，按申报额缴纳税款；申报额低于核定经营额或应纳税额的，按核定经营额或应纳税额缴纳税款。

(6) 对违反核定征收办法规定的行为，按照《中华人民共和国税收征收管理法》(简称《税收征管法》)及其实施细则的有关规定处理。

第五节 亏损弥补

一、亏损的确认

亏损，是指企业根据《企业所得税法》及其实施条例的规定将每一纳税年度的收入总额减除不征税收入、免税收入和各项扣除以后小于零的数额。在企业所得税法中，亏损是一个很重要的概念，其结转和弥补直接涉及应纳税所得额的计算问题。

税法中的亏损和财务会计中的亏损含义是不同的。财务会计上的亏损是指当年总收益小于当年总支出。

二、亏损弥补的相关税收政策

(1) 企业纳税年度发生的亏损，准予向以后年度结转，用以后年度的所得弥补，但结转年限最长不得超过5年。

(2) 企业在汇总计算缴纳企业所得税时，其境外营业机构的亏损不得抵减境内营业机构的盈利，但境外营业机构的应税所得可弥补境内亏损。

(3) 税务机关对企业以前年度纳税情况进行检查时调增的应纳税所得额，凡企业以前年度发生亏损且该亏损属于《企业所得税法》规定允许弥补的，应允许调增的应纳税所得额弥补该亏损。弥补该亏损后仍有余额的，按照《企业所得税法》规定计算缴纳企业所得税。[①]

(4) 根据《企业所得税法实施条例》规定，企业亏损仍可享受加计扣除优惠。企业的研究开发费用和安置残疾人员及国家鼓励安置的其他就业人员所支付的工资等符合国家加计扣除规定的，可以在计算应纳税所得额时加计扣除。

(5) 企业自开始生产经营的年度，为开始计算企业损益的年度。企业从事生产经营之前进行筹办活动期间发生筹办费用支出，不得计算为当期的亏损。[②]

(6) 企业实际资产损失发生年度扣除追补确认的损失后出现亏损的，应先调整资产损失发生年度的亏损额，再按弥补亏损的原则计算以后年度多缴的企业所得税税款。追补确认期限一般不得超过5年。[③]

(7) 根据《税收征管法》的有关规定，对企业发现以前年度实际发生的、按照税收规定应在企业所得税前扣除而未扣除或者少扣除的支出，企业作出专项申报及说明后，准

---

① 《国家税务总局关于查增应纳税所得额弥补以前年度亏损处理问题的公告》(国家税务总局公告2010年第20号)。

② 《国家税务总局关于贯彻落实企业所得税法若干税收问题的通知》(国税函〔2010〕79号)。

③ 《企业资产损失所得税税前扣除管理办法》(国家税务总局公告2011年第25号)。

予追补至该项目发生年度计算扣除，但追补确认期限不得超过 5 年。企业由于上述原因多缴的企业所得税税款，可以在追补确认年度企业所得税应纳税款中抵扣，不足抵扣的，可以向以后年度递延抵扣或申请退税。

亏损企业追补确认以前年度未在企业所得税前扣除的支出，或盈利企业经过追补确认后出现亏损的，应首先调整该项支出所属年度的亏损额，然后再按照弥补亏损的原则计算以后年度多缴的企业所得税款，并按前款规定处理。

(8) 企业发生合并(分立)业务，采用一般性税务处理的，被合并企业的亏损不得在合并企业结转弥补。企业分立，相关企业的亏损不得相互结转弥补；采用特殊性税务处理的，企业合并业务，每年可由合并企业弥补的被合并企业亏损的限额＝被合并企业净资产公允价值×截至合并业务发生当年年末国家发行的最长期限的国债利率。企业分立，被分立企业未超过法定弥补期限的亏损额可按分立资产占全部资产的比例进行分配，由分立企业继续弥补。①

预收账款
税务处理

(9) 企业计算清算所得时，允许依法弥补亏损。②

(10) 境外亏损。

① 如果企业当期境内外所得盈利额与亏损额加总后和为零或正数，则其当年度境外分支机构的非实际亏损额可无限期向后结转弥补。

② 如果企业当期境内外所得盈利额与亏损额加总后和为负数，则以境外分支机构的亏损额超过企业盈利额部分的实际亏损额，按企业所得税法规定用以后 5 个年度的所得弥补，未超过企业盈利额部分的非实际亏损额仍可无限期向后结转弥补。

企业应对境外分支机构的实际亏损额与非实际亏损额不同的结转弥补情况做好记录。

三、税法与会计差异分析

1. 亏损的界定不同

如果按国家统一会计制度计算的本年利润为负数，即为会计上的"亏损"。《企业所得税法》所称亏损，是指企业依照《企业所得税法》及其实施条例的规定将每一纳税年度的收入总额减除不征税收入、免税收入和各项扣除后小于零的数额。

2. 弥补亏损的方法不同

《企业所得税法》所称弥补亏损仅指税前所得弥补的情形。

企业发生亏损时，会计上弥补亏损主要有以下三条渠道：

(1) 用以后年度税前利润弥补。

(2) 用以后年度税后利润弥补。

(3) 以盈余公积弥补亏损。

---

① 《财政部 国家税务总局关于企业重组业务企业所得税处理若干问题的通知》(财税〔2009〕59 号)。

② 《财政部 国家税务总局关于企业清算业务企业所得税处理若干问题的通知》(财税〔2009〕60 号)。

案例 1-2　减免税期间的亏损弥补

2017 年某市国税局稽查人员对甲软件开发有限公司的企业所得税进行纳税检查。该企业 2011 年成立，2012 年经申请认定取得软件企业资格证书(同时为高新技术企业)。2011 年至 2016 年的纳税调整后所得和实际缴纳企业所得税如下表：

2011—2016 年纳税调整后所得和实际税额　　单位：万元

年度	2011	2012	2013	2014	2015	2016
纳税调整后所得	－130	150	30	40	50	70
实际税额	0	0	0	0	0	2.25

请分析企业实际缴纳的企业所得税正确吗？

解析：

根据《财政部 国家税务总局关于进一步鼓励软件产业和集成电路产业发展企业所得税政策的通知》(财税〔2012〕27 号)规定，我国境内新办的符合条件的软件企业，经认定后，在 2017 年 12 月 31 日前自获利年度起计算优惠期，第一年至第二年免征企业所得税，第三年至第五年按照 25%的法定税率减半征收企业所得税，并享受至期满为止。甲公司符合上述优惠，第一个获利年度为 2012 年，所以 2012 年、2013 年免税，2014 年、2015 年、2016 年减半征收。在享受减免税优惠期间应正常弥补以前年度亏损，而不能把免税期剔除在弥补亏损年限之外，人为延长亏损弥补年限。从甲公司自己申报的 2011 年至 2016 年的纳税调整后所得和实际缴纳企业所得税来看，显然在免税年度未弥补亏损，从减半征收年度才开始弥补亏损。同时，2014 年—2016 年应按照 25%的法定税率减半征收企业所得税。2014 年、2015 年、2016 年应纳税额分别为 5 万元、6.25 万元、8.75 万元。所以，企业实际缴纳的企业所得税是错误的。

案例 1-3　境内所得不得弥补境外亏损

中国居民企业 A 在 2016 年度的境内外净所得为 240 万元。其中：①中国境内所得的应纳税所得额为 450 万元；②设在 B 国的分支机构 2016 年度应纳税所得额为 150 万元；③设在 C 国的分支机构 2016 年度应纳税所得额为－450 万元；④中国居民企业 A 在 2016 年度从 C 国取得利息所得的应纳税所得额为 90 万元。如何确定中国居民企业 A 在 2016 年度的境内、外所得应纳税所得额？

解析：

中国居民企业 A 在 2016 年度的境内外净所得为 240 万元。根据《企业所得税法》规定，企业在汇总计算缴纳企业所得税时，其境外营业机构的亏损不得抵减境内营业机构的盈利。发生在 C 国分支机构的 2016 年度亏损额 450 万元，仅可以用从该国取得的利息 90 万元弥补，未弥补的非实际亏损额 360 万元，不得从 2016 年度企业其他盈利中弥补。经过相应调整后，中国居民企业A在2016年的境内、外应纳税所得额为：中国境内应纳税所得额450万元、B国应纳税所得额150万元、C国应纳税所得额−360万元。

经计算，中国居民企业A在2016年度的应纳税所得总额为600万元(中国境内应纳税所得额450+B国应纳税所得额150)。

中国居民企业A在2016年度的境外C国未能弥补的非实际亏损为360万元，允许中国居民企业A以其来自C国以后年度的所得无限期结转弥补。

案例1-4 企业合并转入亏损弥补

A公司、B公司的同一控制方为甲公司，现因合理的商业目的，A公司决定以股权支付对价吸收合并B公司，吸收合并后A公司存续，B公司解散。

吸收合并基准日(2017年3月16日)A公司的资产公允价为5 000万元，负债总额3 600万元，所有者权益1 400万元(其中：实收资本1 000万元)；B公司的资产公允价为3 000万元(其中：固定资产中含有房产及土地1 600万元、机器设备200万元、电子设备及其他50万元、存货450万元)，负债总额2 450万元，所有者权益550万元(其中：实收资本500万元)。B公司上年度亏损50万元。同期最长期限的国债利率5%。

解析：

A公司吸收合并B公司。吸收合并时选用特殊性税务处理，合并方A公司所取得资产的计税基础均为被合并方B公司各项资产的原计税基础。吸收合并后A公司存续，实收资本变更为1 500万元；B公司的所有债权债务由A公司承继，B公司解散。

B公司的存货、固定资产等由A公司承继，按税法规定，特殊重组的存货、机器设备、电子设备及其他免征增值税；房产及土地免征土地增值税、契税等。

在税法规定的弥补期限内，每年可由合并后存续方A公司弥补的合并后注销方B公司亏损限额为27.5万元(550×5%)。

四、审核要点

(1) 结合年度纳税申报表附表A106000《企业所得税弥补亏损明细表》第6行第2、第3、第4列审核企业本年度亏损金额的确认是否正确。

(2) 对于享受定期减免税的企业应注意审核弥补亏损的具体过程是否正确，有无延长弥补亏损年限的情况。

(3) 审核是否人为扩大亏损额。尤其注意审核因追补确认以前年度损失及追补扣除以前年度应扣未扣或少扣的支出导致企业发生的亏损，亏损金额及亏损年度的确定是否正确。

(4) 结合申报表主表、附表A108000《境外所得税收抵免明细表》、A108010《境外所得纳税调整后所得明细表》、A108020《境外分支机构弥补亏损明细表》、A108030《跨年度结转抵免境外所得税明细表》审核企业是否存在用境内所得弥补境外亏损的情况。

(5) 因企业合并形成的转入亏损额的年限是否填报正确，是否存在将合并前的亏损全部填报在合并年度而延长弥补亏损年限的情况。

第二章　收入总额的确认

内容摘要

收入的确认是影响应纳税所得额的一个重要因素。企业的收入有哪些、应如何确认收入实现及金额的计量是收入确认中的重中之重。同时，会计上的收入与企业所得税中的收入无论从口径还是确认条件方面都存在着诸多差异。因此，收入的调整也是纳税调整的核心内容之一。本章将分为营业收入、投资收益、资产处置收益、营业外收入、视同销售收入等内容从税收政策、会计与税法差异处理、申报与审核实务等方面分别介绍各类收入的税务处理方法及审核要点。

第一节　收入总额概述

一、收入总额内容

企业以货币形式和非货币形式从各种来源取得的收入，为收入总额。它包括：销售货物收入，提供劳务收入，转让财产收入，股息、红利等权益性投资收益，利息收入，租金收入，特许权使用费收入，接受捐赠收入，其他收入。企业取得收入的货币形式包括现金、银行存款、应收账款、应收票据、准备持有至到期的债券投资以及债务的豁免等。企业取得收入的非货币形式包括固定资产、无形资产、生物资产、股权投资、存货、不准备持有至到期的债券投资、劳务及有关权益等。

二、收入确认原则

分期收款方式税务处理

（一）权责发生制原则

企业应纳税所得额的计算，以权责发生制为原则，属于当期的收入和费用，不论款项是否收付，均作为当期的收入和费用；不属于当期的收入和费用，即使款项已经在当期收付，也不作为当期的收入和费用。

（二）实质重于形式原则

《企业会计准则——基本准则》第十六条规定：企业应当按照交易或者事项的经济实

质进行会计确认、计量和报告，不应仅以交易或者事项的法律形式为依据。此项条款规范了会计核算应遵循的一条原则，即实质重于形式原则。

除《企业所得税法》及其实施条例另有规定外，企业销售收入的确认，必须遵循权责发生制原则和实质重于形式原则。

（三）权责发生制原则的例外

1. 按合同约定收款日确认

利息收入、租金收入、特许权使用费收入及以分期收款方式销售货物收入的确认，依据《企业所得税法实施条例》的规定，应以合同约定的日期确认收入实现。

2. 按工作量或完工进度确认

企业受托加工制造大型机械设备、船舶、飞机等，以及从事建筑、安装、装配工程业务或者提供劳务等，持续时间超过12个月的，应按照纳税年度内完工进度或者完成的工作量确认收入的实现。

3. 按分得产品时间确认

采取产品分成方式取得收入的，按照企业分得产品的时间确认收入的实现，其收入额按照产品的公允价值（市场价格）确定。

4. 按实际收到捐赠资产时间确认

接受捐赠收入，在实际收到捐赠资产时确认收入的实现。

5. 按利润分配日确认

股息、红利等权益性投资收益，除国务院财政、税务主管部门另有规定外，按照被投资方作出利润分配决定的日期确认收入的实现，而不论企业是否实际收到股息、红利等收益款项。

企业权益性投资取得股息、红利等收入，应以被投资企业股东会或股东大会作出利润分配或转股决定的日期，确定收入的实现。[①]

三、收入总额税法与会计差异分析

（一）收入确认条件上的差异

税法的收入确认，根据经济交易完成的法律要件是否具备来判定，强调发出商品、提供劳务，同时收讫价款或索取价款的凭据。对会计出于谨慎性原则设置的收入确认条件不予认可，即不考虑企业有权取得的对价是否很可能收回。

（二）收入确认时间上的差异

会计上收入的确认应遵循权责发生制原则，而企业所得税收入的确认时间以权责发生制原则为主，但同时也存在少部分例外。

① 《国家税务总局关于贯彻落实企业所得税法若干税收问题的通知》（国税函〔2010〕79号）。

(三) 收入确认范围上的差异

会计收入的范围只涉及企业日常活动中形成的经济利益的流入。《企业会计准则第14号——收入》第2条指出，收入是指企业在日常活动中形成的、会导致所有者权益增加、与所有者投入资本无关的经济利益的总流入。根据这一定义，会计收入包括销售商品收入、提供劳务收入、建造合同收入和让渡资产使用权收入。所以，会计收入的范围只涉及企业日常活动中形成的经济利益的流入，而将在非日常活动中形成的、会导致所有者权益增加、与所有者投入资本无关的经济利益的流入作为利得加以确认，如企业接受的捐赠收入、无法偿付的应付款项等。在计算会计利润时，则应将"直接计入当期利润的利得"纳入计算的范围。

企业所得税收入的范围涉及企业所有经营活动的经济利益的流入。根据《企业所得税法》及其实施条例规定，企业所得税收入不仅包括销售货物收入、提供劳务收入、转让财产收入、股息红利等权益性投资收益、利息收入、租金收入、特许权使用费收入、接受捐赠收入、其他收入，同时还包括视同销售收入。

可见，企业所得税中收入的范围大于会计收入，除包括会计收入外，还包括视同销售收入、投资收益和利得。

(四) 收入确认金额上的差异

由于在收入确认范围、时间等方面存在会计与税法上的差异，所以，按照会计准则计算的收入与按税法计算的收入金额不一定一致。针对会计收入与企业所得税收入的差异，在会计核算时，企业应当按照会计准则确认收入，在计算交纳企业所得税时应当按照企业所得税法规定，以会计收入为基础进行纳税调整。

第二节　营 业 收 入

一、营业收入的界定

会计上，营业收入是指企业在从事销售商品、提供劳务、让渡资产使用权和建造合同等日常经营业务过程中所形成的经济利益的总流入。营业收入包括主营业务收入和其他业务收入。

主营业务收入是指企业经常性的、主要业务所产生的收入。例如，制造业的销售产品、半成品和提供工业性劳务作业的收入；商品流通企业的销售商品收入；旅游服务业的门票收入、客户收入、餐饮收入；房地产开发企业销售开发的房地产收入；建筑施工企业建造合同收入等。主营业务收入在企业收入中所占的比重较大，它对企业的经济效益有着举足轻重的影响。

其他业务收入是指除上述各项主营业务收入之外的其他业务收入。它包括材料销售、废旧物资销售、下脚料销售、提供劳务性作业收入、包装物出租收入等其他业务收入。其他业务收入在企业收入中所占的比重较小。

会计上的营业收入在税法中主要与销售货物收入、提供劳务收入、特许权使用费收入、租金收入等对应。

二、销售货物收入

（一）相关税收政策

1. 销售货物收入

销售货物收入，是指企业销售商品、产品、原材料、包装物、低值易耗品以及其他存货取得的收入。

委托代销税务处理

2. 销售货物收入的确认条件及原则

除《企业所得税法》及其实施条例另有规定外，企业销售收入的确认，必须遵循权责发生制原则和实质重于形式原则。

企业销售商品同时满足下列四个条件的，应确认收入的实现：

(1) 商品销售合同已经签订，企业已将商品所有权相关的主要风险和报酬转移给购货方。

(2) 企业对已售出的商品既没有保留通常与所有权相联系的继续管理权，也没有实施有效控制。

(3) 收入的金额能够可靠地计量。

(4) 已发生或将发生的销售方的成本能够可靠地核算。

3. 托收承付方式销售

销售商品采用托收承付方式的，在办妥托收手续时确认收入。

4. 预收款方式销售

销售商品采取预收款方式的，在发出商品时确认收入。

5. 销售需安装和检验的商品

销售商品需要安装和检验的，在购买方接受商品以及安装和检验完毕时确认收入。如果安装程序比较简单，可在发出商品时确认收入。

6. 支付手续费方式委托代销

销售商品采用的支付手续费方式委托代销，在收到代销清单时确认收入。

7. 售后回购

采用售后回购方式销售商品的，销售的商品按售价确认收入，回购的商品作为购进商品处理。有证据表明不符合销售收入确认条件的，如以销售商品方式进行融资，收到的款项应确认为负债，回购价格大于原售价的，差额应在回购期间确认为利息费用。

8. 以旧换新

销售商品以旧换新的，销售商品应当按照销售商品收入确认条件确认收入，回收的商品作为购进商品处理。

9. 商业折扣

企业为促进商品销售而在商品价格上给予的价格扣除属于商业折扣，商品销售涉及商业折扣的，应当按照扣除商业折扣后的金额确定销售商品收入金额。

10. 现金折扣

债权人为鼓励债务人在规定的期限内付款而向债务人提供的债务扣除属于现金折扣，销售商品涉及现金折扣的，应当按扣除现金折扣前的金额确定销售商品收入金额，现金折扣在实际发生时作为财务费用扣除。

11. 销售折让和退回

企业因售出商品的质量不合格等原因而在售价上给予的减让属于销售折让；企业因售出商品质量、品种不符合要求等原因而发生的退货属于销售退回。企业已经确认销售收入的售出商品发生销售折让和销售退回，应当在发生当期冲减当期销售商品收入。

12. 买一赠一

企业以买一赠一等方式组合销售本企业商品的，不属于捐赠，应将总的销售金额按各项商品的公允价值的比例来分摊确认各项的销售收入。

13. 分期收款销售

以分期收款方式销售货物的，按照合同约定的收款日期确认收入的实现。

14. 采取产品分成方式收入确认

采取产品分成方式取得收入的，应按照企业分得产品的日期确认收入的实现，其收入额按照产品的公允价值确定。

15. 减计收入

企业综合利用资源，生产符合国家产业政策规定的产品所取得的收入，可以在计算应纳税所得额时减计收入。

（二）税法与会计差异分析

1. 销售货物收入确认条件的差异

在销售商品收入确认条件方面国税函〔2008〕875号文件的四个条件基本与《企业会计准则》的规定一致，区别在于“相关的经济利益很可能流入企业”这一要件，税法除特别规定外，一般不作为企业所得税收入的确认条件。所谓相关经济利益很可能流入企业，是指销售商品价款收回的可能性大于不能收回的可能性，即商品价款收回的可能性超过50%。例如，企业在将商品销售后，假如发现对方存在严重的财务困难，或者存在欺诈行为等，估计货款收回的可能性不大，即使收入确认的其他四个条件均已满足，会计也不确认收入，但是应确认企业所得税销售货物收入并进行纳税调整。

案例 2-1 销售货物收入的税务处理

甲公司于2017年12月3日采用托收承付结算方式向乙公司销售一批商品，开出的增值税专用发票上注明售价为100万元，增值税税额为17万元，该批商品成本为70万元。甲公司在销售该批商品时已得知乙公司资金流转发生暂时困难，但为了减少存货积压，同时也为了维持与乙公司长期以来建立的商业关系，甲公司仍将商品发出，并办妥托收手续。

解析：

(1) 会计处理。

甲公司于2017年12月3日发出商品时，判断不满足“相关经济利益很可能流入企业”这个条件，所以作如下会计处理：

借：发出商品 700 000

　贷：库存商品 700 000

根据已经开具的增值税专用发票作如下会计处理：

借：应收账款 170 000

　贷：应交税费——应交增值税(销项税额) 170 000

(2) 税务处理。

根据税法规定2017年12月3日应确认收入100万元，同时准予扣除成本70万元，调增应纳税所得额30万元。

(3) 2017年度纳税申报表填报。

A105000 **纳税调整项目明细表** 单位:元

行次	项　目	账载金额	税收金额	调增金额	调减金额
		1	2	3	4
1	一、收入类调整项目(2+3+…+11)	*	*		
11	(九) 其他	0	1 000 000	1 000 000	
12	二、扣除类调整项目(13+14+…+30)	*	*		
30	(十七) 其他	0	700 000		700 000

自动生成主表A100000第15、16行数据。(填表略)

【后续管理提示】 若以后年度企业按照会计准则认为符合收入确认条件时，会计上确认“主营业务收入”100万元，结转“主营业务成本”70万元。由于此项所得已经在2017年确认并申报纳税，所以对应纳税所得额调减30万元。在后续管理中，当发现“收入类调整项目——其他”出现纳税调减，“扣除类调整项目——其他”出现调增时，需查明具体调整事项，以确定是否属于上述情形。如果属于，那么就需检查以前年度此项业务的会计处理及纳税申报情况。避免企业出现在发出商品年度会计未确认收入，未结转成本，而纳税申报时亦未进行纳税调整，但是在后期会计确认收入的年度却进行了纳税调减，造成少缴税款。

若以后年度此项收入无法收回，将形成资产损失，申报后准予税前扣除。同样也需审核企业以前年度的会计及税务处理情况。

2. 销售货物收入计量及确认时间的差异

《企业会计准则》规定应按照从购货方已收或应收的合同或协议价款确定销售货物

收入的金额,但已收或应收的合同或协议价款不公允的除外。《企业所得税法实施条例》第十三条规定,企业以非货币形式取得的收入,应当按照公允价值确定收入额。在销售货物收入计量及确认时间方面,会计与企业所得税基本趋同,当然仍存在一些差异。

(1) 会计对商业折扣按实际收取的价款确认销售商品收入;纳税人采取折扣方式销售货物,销售额和折扣额在同一张发票上分别注明是指销售额和折扣额在同一张发票上的"金额"栏分别注明,可按折扣后的销售额征收增值税,未在同一张发票"金额"栏注明折扣额,而仅在发票的"备注"栏注明折扣额的,折扣额不得从销售额中减除。[①] 在企业所得税年度纳税申报时,应进行纳税调整。

案例 2-2 商业折扣的税务处理

甲超市是增值税一般纳税人企业,增值税税率为17%。为抢抓商机,增加销量,2017年1月开展节前促销活动,乳制品柜开展"折扣销售"方式出售"A 奶粉",售价为46.8元/袋,成本为27元/袋。规定在促销期内凡在本柜消费者一次购买5袋的,按七折优惠价格成交,并将折扣部分与销售额开具在同一张发票上。月末结账前,经核算1月份消费者一次购买5袋的有200次,共出售了1 000袋,货款已结清。

解析:

第一,假定折扣部分与销售额开具在同一张发票上。

会计处理:

借:库存现金 32 760

　贷:主营业务收入 28 000

　　应交税费——应交增值税(销项税额) 4 760

同时,结转销售成本:

借:主营业务成本 27 000

　贷:库存商品 27 000

税务处理:由于折扣额与销售额开具在同一张发票上,所以企业所得税确认收入应按折扣后的金额28 000元确认。这种情况下税会无差异,无需调整。

第二,假定折扣部分与销售额开具在两张发票上。

会计处理与开具在一张发票基本一致。由于折扣额与销售额开具在两张发票上不符合税法规定,所以,应增加增值税销项税额2 040元,企业所得税应调增12 000元。

2017年度纳税申报表填报:

首先,在A101010《一般企业收入明细表》、A102010《一般企业成本支出明细表》中根据会计核算中的"主营业务收入""主营业务成本"金额如实填报。

其次,在A105000《纳税调整明细表》填报纳税调整情况。

---

① 《国家税务总局关于折扣额抵减增值税应税销售额问题通知》(国税函〔2010〕56号)。

A105000　　纳税调整项目明细表　　单位:元

行次	项　目	账载金额	税收金额	调增金额	调减金额
		1	2	3	4
1	一、收入类调整项目(2+3+…+11)	*	*		
10	（八）销售折扣、折让和退回	12 000	0	12 000	
11	（九）其他				

最后,自动生成主表A100000第15行(略)。

(2)《企业会计准则第14号——收入》第五条规定,企业应当按照从购货方已收或应收的合同或协议价款确定销售商品收入金额,但已收或应收的合同或协议价款不公允的除外。在分期收款销售商品方式下,企业将商品交付给购货方,通常表明与商品所有权有关的风险和报酬已经转移给购货方,在满足收入确认的其他条件时,应当根据应收款项的公允价值(或现行售价)一次确认收入。分期收款销售商品合同或协议价款的收取采用递延方式,实质上具有融资性质的,应当按照应收的合同或协议价款的公允价值确定销售收入金额,应收的合同或协议价款与其公允价值之间的差额,应当在合同或协议期间内采用实际利率法进行摊销,计入当期损益。

租金收入税务处理

企业所得税在分期收款方式销售货物业务中无论具有融资性质的分期收款销售还是不具有融资性质的分期收款销售,均按照合同约定的收款日期确认收入的实现。不具有融资性质的分期收款销售货物《企业会计准则》与税法在确认收入的时间上不一致,如果分期收款的时间跨年度,那么应将会计中多确认的收入和多结转的成本进行纳税调整,即调减或调增应纳税所得额,以后各期再进行反向处理。具有融资性质的分期收款销售货物在销售当期会计确认的收入大于税法确认的金额,需要对收入进行纳税调减处理,相应调整会计结转成本与税前扣除成本的差异,以后各期还应进行后续纳税调整处理。

案例2-3　未按权责发生制原则确认收入的税务处理

甲公司为增值税一般纳税人,主要从事数控设备制造,2017年1月8日采用分期收款方式销售数控设备多套,合同约定自销售的当年年末按5年分期收款,每年收取货款200万元(不含税),销售时一次性全额开具增值税专用发票,合计1 170万元。如果购货方在收到设备后一次付款,则只需支付936万元(含税)。该大型设备的总成本为700万元。企业经计算得出实际利率为7.93%。不考虑其他因素。

解析:

① 会计处理

2017年1月8日,企业作如下会计处理:

借:长期应收款　10 000 000
　　银行存款　1 700 000
　贷:主营业务收入　8 000 000
　　　应交税费——应交增值税　1 700 000
　　　未实现融资收益　2 000 000

借：主营业务成本　　7 000 000

　　贷：库存商品　　7 000 000

2017 年年末，企业作如下会计处理：

借：银行存款　　2 000 000

　　贷：长期应收款　　2 000 000

借：未实现融资收益　　634 400

　　贷：财务费用　　634 400

② 税务处理：根据《企业所得税法实施条例》第二十三条规定，分期收款方式销售货物，按照合同约定的收款日期确认收入的实现。所以，2017 年企业所得税应确认收入 200 万元，扣除 140 万元成本。

③ 甲公司 2017 年度纳税申报表填报：

按照会计核算填报附表 A101010《一般企业收入明细表》、A102010《一般企业成本费用明细表》和 A104000《期间费用明细表》。（填表略）

填报 A105020《未按权责发生制确认收入纳税调整明细表》如下：

A105020　　未按权责发生制确认收入纳税调整明细表　　单位：元

行次	项　目	合同金额（交易金额）	账载金额		税收金额		纳税调整金额
			本年	累计	本年	累计	
		1	2	3	4	5	6(4—2)
5	二、分期确认收入(6＋7＋8)						
6	（一）分期收款方式销售货物收入	10 000 000	8 000 000	8 000 000	2 000 000	2 000 000	—6 000 000

填报 A105000《纳税调整项目明细表》如下：

A105000　　纳税调整项目明细表　　单位：元

行次	项　目	账载金额	税收金额	调增金额	调减金额
		1	2	3	4
1	一、收入类调整项目(2＋3＋…＋11)	*	*		
3	（二）未按权责发生制原则确认的收入(填写 A105020)	8 000 000	2 000 000		6 000 000
12	二、扣除类调整项目(13＋14＋…＋30)	*	*		
22	（十）与未实现融资收益相关在当期确认的财务费用	—634 400	0		634 400
30	（十七）其他	7 000 000	1 400 000	5 600 000	

自动生成主表A100000第15行(略)。

【后续管理提示】 2018—2021年每年年末收取销售款的会计处理与2017年相同，确认财务费用的会计处理除金额有变化之外，其他均与2017年末相同，不再赘述。分期收款方式销售货物还需注意增值税纳税义务的确认时间，如果销售方是按照合同约定的收款时间及金额开具增值税发票，那么纳税义务在合同约定的收款时间确定；如果提前一次性开具发票，那么开具发票时确认增值税纳税义务。无论增值税如何确认纳税义务，企业所得税收入的确认均按合同约定的收款时间确认，所以，当我们进行增值税与企业所得税收入比对时出现增值税收入大于企业所得税收入的情况，并不能武断认为企业所得税申报不真实，而应具体分析产生差异额的原因。

(3) 房地产企业取得预收账款，需先按预计计税毛利率分季(或月)计算出当期毛利额，计入当期应纳税所得额，待开发产品完工后结算计税成本计算实际毛利额再行调整。按照《企业会计准则》规定，取得预收账款时计入"预收账款"科目贷方，不确认收入；完工时记入"主营业务收入"科目贷方，同时结转"主营业务成本"。

(4) 销售折让和销货退回在冲减收入时点方面存在差异。会计上，已确认收入的售出商品发生销售折让或退回如果属于资产负债表日后事项的，应按照有关资产负债表日后事项的相关规定进行处理。企业所得税方面，企业已经确认销售收入的售出商品发生销售折让和销售退回，应在发生当期冲减当期销售商品收入。①

案例2-4　销售退回的税务处理

甲公司2016年12月8日销售给乙公司机器设备一台，增值税专用发票上注明售价为100 000元，增值税17 000元；该机器设备成本80 000元，机器设备于2016年12月9日发出，乙公司12月15日付款。2017年3月20日，该设备出现严重问题，乙公司将该机器设备退回甲公司(财务报告批准报出日为4月20日)。5月26日企业完成了企业所得税汇算清缴。

解析：

① 会计处理。

如果销售退回是在资产负债表日至财务报告批准报出日之间发生的，则应将此退货业务作为资产负债表日后事项处理，即通过以前年度损益调整账户进行调整，并直接反映在报告年度利润表中。具体处理如下：

借：以前年度损益调整　　100 000

　　应交税费——应交增值税(销项税额)　　17 000

　贷：银行存款　　117 000

借：库存商品　　80 000

　贷：以前年度损益调整　　80 000

① 《国家税务总局关于确认企业所得税收入若干问题的通知》(国税函〔2008〕875号)。

甲公司在利润表上分别冲减主营业务收入 100 000 元和主营业务成本 80 000 元，当年利润总额减少 20 000 元。

② 税务处理。

《国家税务总局关于确认企业所得税收入若干问题的通知》(国税函〔2008〕875 号)规定，企业因售出商品质量、品种不符合要求等原因而发生的退货，属于销售退回。企业已确认销售收入的售出商品发生退回，应当在发生当期冲减当期销售商品收入。

本例中，甲公司 2016 年企业所得税纳税申报对企业利润上冲减的收入、成本不认可，调增应纳税所得额 20 000 元，在 2017 年度企业所得税纳税申报时，应冲减收入 100 000元，冲减成本 80 000 元，实际调减应纳税所得额 20 000 元。

③ 2017 年度纳税申报表填报。

A105000 纳税调整项目明细表 单位:元

行次	项 目	账载金额	税收金额	调增金额	调减金额
		1	2	3	4
1	一、收入类调整项目(2+3+…+11)	*	*		
10	(八) 销售折扣、折让和退回	0	−100 000		100 000
12	二、扣除类调整项目(13+14+…+30)	*	*		
30	(十七) 其他	0	−80 000	80 000	

自动生成主表 A100000 第 15 行(略)。

【后续管理提示】 如果销售退回是在财务报告批准报出日之后发生，会计上应调整 2017 年收入和成本，那么税会无差异。

(5) 附有销售退回条件的商品销售。附有销售退回条件的商品销售，是指购买方依照有关协议规定的条件，可以在一定期间内退货的销售方式。

特许权使用费税务处理

在会计上，企业一般根据以往的经验能够合理估计退货可能性且确认与退货相关的负债的，通常应在发出商品时确认收入；企业不能合理估计退货可能性的，通常应在售出商品退货期满时确认收入。

而在税法上无论附有销售退回条件售出的商品是否退回，均在商品发出时全额确认收入，计算缴纳增值税和企业所得税。对于退货，按退回开具红字发票冲减退回当期收入。

(6) 售后回购。在会计上，采用售后回购方式销售商品的，收到的款项应确认为负债；回购价格大于原售价的，差额应在回购期间按期计提利息，计入财务费用。有确凿证据表明售后回购交易满足销售商品确认条件的，销售的商品按售价确认其收入，回购的商品作为购进商品处理。

在税法上，采用售后回购方式销售商品的，销售的商品按售价确认收入，回购的商品作为购进商品处理。有证据表明不符合销售收入确认条件的，如以销售商品方式进行融资，收到的款项应确认为负债，回购价格大于原售价的，差额应在回购期间确认为利息费用。

通常情况下会计上对售后回购均在发出商品时确认为负债，未作收入处理，而税法只对有确凿证据表明不符合收入确认条件时，才确认为负债。否则就会产生差异。可见，在售后回购业务中，对于收到的货款是确认为当期收入还是确认为一项负债，会计与税法的确认顺序并不相同，表明会计与税法对于"实质重于形式"原则应用的差异。

案例 2-5　售后回购的税务处理

2017 年 5 月 1 日，甲公司向乙公司销售一批货物，开出的增值税专用发票上注明的销售价款为 100 万元，增值税税额为 17 万元。该批商品成本为 80 万元；商品已经发出，款项已经收到。协议约定，甲公司应于 9 月 30 日将所售商品购回，回购价为 110 万元(不含增值税额)。假定会计上不满足收入确认的条件，也没有确凿证据证明其具有融资性质。

解析：

① 会计处理。

5 月 1 日发出商品时：

借：银行存款　　1 170 000
　　贷：其他应付款　　1 000 000
　　　　应交税费——应交增值税(销项税额)　　170 000

借：发出商品　　800 000
　　贷：库存商品　　800 000

回购价大于原售价的差额，应在回购期间按期计提利息费用，计入当期财务费用。由于回购期间为 5 个月，货币时间价值影响不大，采用直线法计提利息费用，每月计提利息费用为 2 万元(10÷5)。

借：财务费用　　20 000
　　贷：其他应付款　　20 000

9 月 30 日回购商品时，收到的增值税专用发票上注明的商品价格为 110 万元，增值税税额为 18.7 万元。假定商品已验收入库，款项已经支付。

借：财务费用　　20 000
　　贷：其他应付款　　20 000

借：库存商品　　800 000
　　贷：发出商品　　800 000

借：其他应付款　　1 100 000

应交税费——应交增值税(进项税额)　　187 000

贷：银行存款　　128 7 000

会计在5月份未确认收入和结转成本，只确认了2万元财务费用。

② 税务处理：应确认销售收入100万元，结转成本80万元，调增应纳税所得额20万元，同时对不予扣除的财务费用5至9月均应调增应纳税所得额2万元。累计共调增应纳税所得额30万元。

③ 甲公司2017年度纳税申报表填报。

A105000　　**纳税调整项目明细表**　　单位：元

行次	项　目	账载金额	税收金额	调增金额	调减金额
		1	2	3	4
1	一、收入类调整项目(2+3+…+11)	*	*		
11	(九) 其他	0	1 000 000	1 000 000	
12	二、扣除类调整项目(13+14+…+30)	*	*		
18	(六) 利息支出	100 000	0	100 000	
30	(十七) 其他	0	800 000		800 000

【后续管理提示】 购回商品的账面价值80万元，而该批资产的计税基础应按实际买价110万元(不含税)确定。在处置该批资产时，会计基础与计税基础之间的差额30万元，应作纳税调减处理。

(三) 审核要点

(1) 结合企业签订的销售合同及会计核算资料审查企业A101010《一般企业收入明细表》填报的销售收入是否真实、准确。尤其是企业销售副产品、残次品、展览品、废品等收入，是否全额申报纳税。

(2) 结合企业生产情况审核是否对所有产品销售业务都建立了合同制度，有无未签订合同且未申报的销售收入。

(3) 如果企业发生分期收款销售及代销等业务，应结合企业"主营业务收入""主营业务成本""财务费用""其他业务收入""管理费用"等科目，分析会计处理与税法是否存在差异，审核在A105020《未按权责发生制确认收入纳税调整明细表》及A105000《纳税调整项目明细表》纳税调整是否正确。

(4) 审核销货退回、销售折扣、折让申报的准确性。企业发生销售折扣、折让、销货退回手续必须完整、合法，对不符合税法规定的，是否在附表A105000《纳税调整项目明细表》中进行了纳税调整。

(5) 审核收入实现时间的确认是否存在提前或延迟。

(6) 审核房地产开发企业签订正式《商品房预售合同》和《商品房销售合同》后，是否在企业所得税申报时及时确认开发产品销售收入实现。

（7）审核以旧换新业务是否按销售全额确认收入。特别注意金银首饰以旧换新增值税与企业所得税处理上的差异。

（8）以非货币形式取得销售收入，审核是否按非货币形式收入的公允价值确定收入额。

（9）审核是否存在以直接坐支后的销售款项余额计入销售收入的情况。

（10）结合《关联业务往来报告表》审核与关联方发生的关联交易价格是否符合独立交易原则。如不符合，是否已在A105000《纳税调整项目明细表》进行了调整。

三、提供劳务收入

建筑劳务收入税务处理

（一）相关税收政策

（1）劳务收入，是指企业从事建筑安装、修理修配、交通运输、仓储租赁、金融保险、邮电通信、咨询经纪、文化体育、科学研究、技术服务、教育培训、餐饮住宿、中介代理、卫生保健、社区服务、旅游、娱乐、加工以及其他劳务服务活动取得的收入。

（2）企业受托加工制造大型机械设备、船舶、飞机，以及从事建筑、安装、装配工程业务或者提供其他劳务等，持续时间超过12个月的，按照纳税年度内完工进度或者完成的工作量确认收入的实现。

（3）企业在各个纳税期末，提供劳务交易的结果能够可靠估计的，应采用完工进度（完工百分比）法确认提供劳务收入。

提供劳务交易的结果能够可靠估计，是指同时满足下列条件：

① 收入的金额能够可靠地计量。

② 交易的完工进度能够可靠地确定。

③ 交易中已发生和将发生的成本能够可靠地核算。

企业提供劳务完工进度的确定，可选用下列方法：

① 已完工作的测量。

② 已提供劳务占劳务总量的比例。

③ 发生成本占总成本的比例。

企业应按照从接受劳务方已收或应收的合同或协议价款确定劳务收入总额，根据纳税期末提供劳务收入总额乘以完工进度扣除以前纳税年度累计已确认提供劳务收入后的金额，确认为当期劳务收入；同时，按照提供劳务估计总成本乘以完工进度扣除以前纳税期间累计已确认劳务成本后的金额，结转为当期劳务成本。

（4）具体劳务收入的税收政策：

① 安装费。应根据安装完工进度确认收入。安装工作是商品销售附带条件的，安装费在确认商品销售实现时确认收入。

② 宣传媒介的收费。应在相关的广告或商业行为出现于公众面前时确认收入。广告的制作费应根据制作广告的完工进度确认收入。

③ 软件费。为特定客户开发软件的收费，应根据开发的完工进度确认收入。

④ 服务费。包含在商品售价内可区分的服务费，在提供服务的期间分期确认收入。

⑤ 艺术表演、招待宴会和其他特殊活动的收费。在相关活动发生时确认收入。收费涉及几项活动的，预收的款项应合理分配给每项活动，分别确认收入。

⑥ 会员费。申请入会或加入会员，只允许取得会籍，所有其他服务或商品都要另行收费的，在取得该会员费时确认收入。申请入会或加入会员后，会员在会员期内不再付费就可得到各种服务或商品，或者以低于非会员的价格销售商品或提供服务的，该会员费应在整个受益期内分期确认收入。

⑦ 特许权费。属于提供设备和其他有形资产的特许权费，在交付资产或转移资产所有权时确认收入；属于提供初始及后续服务的特许权费，在提供服务时确认收入。

⑧ 劳务费。长期为客户提供重复的劳务收取的劳务费，在相关劳务活动发生时确认收入。

(二) 税法与会计差异分析

(1) 跨年度劳务收入，在“提供劳务交易的结果能够可靠估计”的判断条件中，税法不包含“相关的经济利益很可能流入企业”这一条件，即不论经济利益是否很可能流入企业，只要满足税法上规定的收入确认条件，就应采用完工进度(完工百分比)法确认提供劳务收入与劳务成本。会计与税法处理存在差异，汇算清缴时需按照税法规定进行纳税调整。

(2) 提供劳务交易的结果不能可靠估计时，税法与会计存在差异。《企业会计准则第14号——收入》关于提供劳务收入规定，企业在资产负债表日提供劳务交易的结果如果不能可靠估计的，企业不能采用完工百分比法确认提供劳务收入，应分以下两种情况区别处理：

① 已发生的劳务成本预计能够得到补偿的，应当按照已经发生的能够得到补偿的劳务成本金额确认提供劳务收入，并按相同金额结转已经发生的劳务成本。

② 已发生的劳务成本预计全部不能够得到补偿的，应当将已经发生的劳务成本计入当期损益，不确认提供劳务收入。

劳务合同超过12个月且不满足国税函〔2008〕875号文件规定的“提供劳务交易的结果能够可靠估计”条件的劳务收入如何确认收入，税法无明确规定。

案例 2-6 安装劳务收入的税务处理

甲公司(增值税一般纳税人)于2017年11月1日接受乙公司一项设备安装任务，安装期为3个月，合同总收入600 000元(不含税)，11月底已预收安装费350 000元，实际发生安装费用为280 000元(假定均为安装人员薪酬)，估计还会发生安装费用120 000元。假定甲公司按实际发生的成本占估计总成本的比例确定劳务的完工进度。乙公司

12 月份财务出现困难，短时间内不会出现好转，相关经济利益很可能不会流入。

解析：

(1) 会计处理：

实际发生的成本占估计总成本的比例＝280 000÷(280 000＋120 000)＝70％

2017 年 12 月 31 日确认的劳务收入＝600 000×70％－0＝420 000(元)

2017 年 12 月 31 日结转的劳务成本＝(280 000＋120 000)×70％－0

＝280 000(元)

① 实际发生劳务成本时：

借：劳务成本　280 000

　贷：应付职工薪酬　280 000

② 预收劳务款时：

借：银行存款　350 000

　贷：预收账款　350 000

③ 2017 年 12 月 31 日确认劳务收入并结转劳务成本时：

借：应收账款　116 200

　　预收账款　350 000

　贷：主营业务收入　420 000

　　　应交税费——应交增值税(销项税额)　46 200

借：主营业务成本　280 000

　贷：劳务成本　280 000

(2) 税务处理：与会计处理一致，无需调整。

案例 2-7　提供劳务收入存在税会差异如何处理

甲公司与乙公司 2017 年 5 月签订一项安装合同，合同总金额 400 万元(不含税)，预计工期 3 年，预计劳务总成本 320 万元(含税)，当年发生劳务费用 100 万元(含税)，取得增值税普通发票。2017 年年末得知该企业经营发生重大损失，款项能否收到难以确定，已经发生劳务费用短期内难以得到补偿。

解析：

(1) 2017 年年末会计处理：

借：主营业务成本　1 000 000

　贷：劳务成本　1 000 000

借：应收账款　137 500

　贷：应交税费——应交增值税(销项税额)　137 500

完工进度＝100÷320＝31.25％

2017 年年末根据完工进度确认收入＝400×31.25％＝125(万元)

(2) 税务处理：收入调增 1 250 000 元，填写在 A105000《纳税调整明细表》第 11 行“(九)其他”第 3 列“调增金额”125 万元，然后自动生成主表 A100000 第 15 行数据。(填表略)

(三) 审核要点

(1) 企业受托加工制造大型机械设备、船舶、飞机，以及从事建筑、安装、装配工程业务或者提供其他劳务(服务)等，持续时间超过 12 个月的，审核是否按照纳税年度内完工进度或者完成的工作量确认收入的实现。

(2) 审核是否存在关联交易且交易价格不符合独立交易原则的情况。

(3) 结合劳务合同与“主营业务收入”“其他业务收入”“预收账款”等科目贷方发生额，审核提供劳务应税收入确认时间、金额是否准确、完整。

(4) 企业以提供劳务换取非货币性资产或无偿提供劳务等视同销售行为应结合会计核算资料进行审核，如果会计上未确认收入，企业是否在 A105010《视同销售及房地产开发企业特定业务纳税调整明细表》进行了填报。

(5) 营改增后注意审核提供劳务收入及成本申报的准确性。“营改增”后，因增值税属于价外税，所以无论一般纳税人还是小规模纳税人，均以不含税价确认收入。

四、建造合同

(一) 相关税收政策

(1) 企业受托加工制造大型机械设备、船舶、飞机，以及从事建筑、安装、装配工程业务或者提供其他劳务等，持续时间超过 12 个月的，按照纳税年度内完工进度或者完成的工作量确认收入的实现。

(2) 当建造合同跨年度时，企业在各个纳税期末，收入的确认与提供劳务收入确认相同，不再赘述。

(二) 税法与会计差异分析

1. 概念的税会差异

会计准则规定，建造合同是指为建造一项或数项在设计、技术、功能、最终用途等方面密切相关的资产而订立的合同。建造合同分为固定造价合同和成本加成合同。固定造价合同，是指按照固定的合同价或固定单价确定工程价款的建造合同。成本加成合同，是指以合同约定或其他方式议定的成本为基础，加上该成本的一定比例或定额费用确定工程价款的建造合同。《企业所得税法》没有单独的建造合同规定，但是建造合同收入应属于企业所得税法第六条第(二)项规定的提供劳务收入。企业受托加工制造大型机械设备、船舶、飞机等，以及从事建筑、安装、装配工程业务等而取得的建造合同收入，均应计入收入总额。依据会计准则规定，合同收入与合同费用的确认等方面，会计处理与税务处理存在着一定差异。

2. 结果不能够可靠估计的建造合同税会差异

在会计处理上，建造合同的结果不能可靠估计的，应当区别下列情况处理：

不动产销售税务处理

(1) 合同成本能够收回的，合同收入根据能够收回的实际合同成本予以确认，合同成本在其发生的当期确认为合同费用。

(2) 合同成本不可能收回的，在发生时立即确认为合同费用，不确认合同收入。

(3) 使建造合同的结果不能可靠估计的不确定因素不复存在的，应当按照准则的规定确认与建造合同有关的收入和费用。

在税务处理上，税法不认同建造合同的结果不能可靠估计的处理，应区别情况进行纳税调整：

(1) 合同成本能够收回的，合同收入应根据合同规定的建造合同收入计入收入总额。合同收入不能根据能够收回的实际合同成本予以确认，但合同成本在其发生的当期在计算应纳税所得额时扣除。

(2) 合同成本不可能收回的，不能直接不确认合同收入。应根据合同规定先确认建造合同收入，计入收入总额，等经过法律程序认定合同成本不能收回后，经主管税务机关核准，方可作为损失扣除。

3. 合同预计损失的税会差异

在会计处理上，合同预计总成本超过合同总收入的，则形成合同预计损失，应提取损失准备，将预计损失确认为当期费用。合同完工时，将已提取的损失准备冲减合同费用。

在税务处理上，根据《企业所得税法》第八条规定，合同预计总成本超过合同总收入形成合同预计损失，不属于实际发生的损失，在计算应纳税所得额时不得扣除。企业提取的损失准备，属于《企业所得税法》第十条第(七)项规定的未经核定的准备金支出，在计算应纳税所得额时不得扣除，不得将预计损失确认为当期费用，应按照税法的规定进行纳税调整。

(三) 审核要点

(1) 当跨年度的建造合同结果能够可靠估计时，注意审核年末完工进度的确定是否准确，会计和企业所得税收入是否按照完工进度确认。对应成本的核算和税前扣除是否按完工进度结转，是否存在收入与成本不匹配的情况。

(2) 当跨年度的建造合同结果不能可靠估计时，特别是当期成本较高而收入较低的情况，注意结合 A105000《纳税调整明细表》审核应税收入是否确认并进行了纳税调整。

五、让渡资产使用权收入

(一) 相关税收政策

(1) 租金收入，是指企业提供固定资产、包装物或者其他有形资产的使用权取得的收入。租金收入，按照合同约定的承租人应付租金的日期确认收入的实现。

（2）企业提供固定资产、包装物或者其他有形资产的使用权取得的租金收入，应按交易合同或协议规定的承租人应付租金的日期确认收入的实现。其中，如果交易合同或协议中规定租赁期限跨年度，且租金提前一次性支付的，根据收入与费用配比原则，出租人可对上述已确认的收入，在租赁期内分期均匀计入相关年度收入。

（3）企业新建的开发产品在尚未完工或办理房地产初始登记、取得产权证前，与承租人签订租赁预约协议的，自开发产品交付承租人使用之日起，出租方取得的预租价款按租金确认收入的实现。①

（4）特许权使用费收入，是指企业提供专利权、非专利技术、商标权、著作权以及其他特许权的使用权取得的收入。特许权使用费收入，按照合同约定的特许权使用人应付特许权使用费的日期确认收入的实现。

（5）新《企业所得税法》实施前已按其他方式计入当期收入的利息收入、租金收入、特许权使用费收入，在新《企业所得税法》实施后，凡与按合同约定支付时间确认的收入额发生变化的，应将该收入额减去以前年度已按照其他方式确认的收入额后的差额，确认为当期收入。

（二）税法与会计差异分析

（1）经营性租赁，租金收入会计按照权责发生制原则确认，《企业所得税法实施条例》规定租金收入，按照合同约定的承租人应付租金的日期确认收入的实现，更接近于收付实现制。如果合同约定的付款日期不符合权责发生制原则，那么合同期间某一年度税法与会计确认的收入金额则存在暂时性差异。但根据国税函〔2010〕79号文件规定，租赁期限跨年度且提前一次性支付的租金收入，可在租赁期内分期均匀计入相关年度收入，这种情况下租金收入的确认则体现了权责发生制和配比原则，那么此时税法与《企业会计准则》的规定趋于一致，不会产生暂时性差异。

（2）《企业会计准则》关于特许权使用费收入的规定：如果合同或协议规定一次性收取使用费，且不提供后续服务的，应当视同销售该项资产一次性确认收入；提供后续服务的，应在合同或协议规定的有效期内分期确认收入。如果合同或协议规定分期收取使用费的，应按合同或协议规定的收款时间和金额或规定的收费方法计算确定的金额分期确认收入。《企业所得税法实施条例》规定，特许权使用费收入按照合同约定的特许权使用人应付特许权使用费的日期确认纳税义务的发生，更接近收付实现制。

案例 2-8 租金收入的税务处理

2017年1月1日，甲公司将闲置的厂房租赁给乙企业，租赁期3年，每年租金200万元（不含税），2017年1月1日一次收取了3年的租金666万元（含税），并开具增值税专用发票注明税额66万元。

---

① 《国家税务总局关于印发〈房地产开发经营业务企业所得税处理办法〉的通知》（国税发〔2009〕31号）。

解析：

(1) 会计处理：

① 收取租金，应作以下会计处理：

借：银行存款 6 660 000

贷：预收账款 6 000 000

应交税费——应交增值税(销项税额) 660 000

② 结转收入：

借：预收账款 2 000 000

贷：其他业务收入 2 000 000

(2) 税务处理：按照《企业所得税法实施条例》第十九条，2017 年应确认应税收入 600 万元，属于税法与会计的差异，应纳税调增 400 万元。

(3) 甲公司 2017 年度纳税申报表填报：

① 根据会计核算资料填报 A101010《一般企业收入明细表》“其他业务收入”第 12 行“2. 出租固定资产收入”。

② 填报 A105020《未按权责发生制确认收入纳税调整明细表》。

A105020 **未按权责发生制确认收入纳税调整明细表** 单位：元

行次	项 目	合同金额(交易金额)	账载金额		税收金额		纳税调整金额
			本年	累计	本年	累计	
		1	2	3	4	5	6(4－2)
1	一、跨期收取的租金、利息、特许权使用费收入(2＋3＋4)	6 000 000	2 000 000	2 000 000	6 000 000	6 000 000	4 000 000
2	(一) 租金	6 000 000	2 000 000	2 000 000	6 000 000	6 000 000	4 000 000

③ 自动生成 A05 000《纳税调整明细表》。

A105000 **纳税调整项目明细表** 单位：元

行次	项 目	账载金额	税收金额	调增金额	调减金额
		1	2	3	4
1	一、收入类调整项目(2＋3＋…＋11)	*	*		
2	(一) 视同销售收入(填写 A105010)	*			*
3	(二) 未按权责发生制原则确认的收入(填写 A105020)	2 000 000	6 000 000	4 000 000	

自动生成主表 A100000 第 15 行。(填表略)

【后续管理提示】

2018 年、2019 年会计处理均为：

借：预收账款　　2 000 000

　　贷：其他业务收入　　2 000 000

2018 年、2019 年度汇算清缴时应分别调减 200 万元。

如果甲公司此项租金收入选择依据《国家税务总局关于贯彻落实企业所得税法若干问题的通知》(国税函〔2010〕79 号)，根据权责发生制原则确认，那么税收上每年应确认 200 万元收入，税法与会计一致，无需调整。

案例 2-9　特许权使用费收入的税务处理

A 公司将其一项商标使用权出租给 B 公司，合同规定出租期限为 3 年，即 2017 年 5 月至 2020 年 4 月，每月租金收入 2 万元(不含税)，每月月初收取当月租金。2017 年 5 月 4 日收到当月的租金及增值税合计 21 200 元，已存入银行。该商标权每月的摊销额为 1 万元。

解析：

(1) 会计处理：

① 2017 年 5 月 4 日取得(或确认)租金收入时：

借：银行存款　　21 200

　　贷：其他业务收入　　20 000

　　　　应交税费——应交增值税(销项税额)　　1 200

② 2017 年 5 月 31 日进行摊销时：

借：其他业务成本　　10 000

　　贷：累计摊销　　10 000

$$2017\text{ 年共计确认让渡资产使用权收入}=2\times 8=16(\text{万元})$$

$$\text{全年共计摊销}=1\times 8=8(\text{万元})$$

(2) 税务处理：此项特许权使用费收入的确认税法和会计一致，无需调整。

(3) 2017 年度纳税申报只需根据会计核算资料填报 A101010《一般企业收入明细表》、A102010《一般企业成本支出明细表》，然后生成主表即可。

(三) 审核要点

增值税余额对所得税影响

(1) 如果租赁期限跨年度，租金推后一次性收取，依据《企业所得税法实施条例》规定，应当按照合同约定的承租方应付租金的日期确认收入，而会计按照权责发生制确认收入。所以，企业所得税汇算清缴时，必然会出现前期调减后期调增的情况，应注意审核调整的延续性。

(2) 结合合同，审核企业是否存在将价外费用直接冲减费用而未确认收入的情况。

(3) 同一包装物反复出租，在扣除出租包装物成本时，审核是否存在重复填报(列支)其成本的情况。

(4) “营改增”后，注意预收租金的增值税与企业所得税处理可能存在差异，应审核相关税种处理的准确性。

(5) 结合合同双方的关系确定是否为关联企业，注意审核关联业务是否符合独立交易原则，如果价格不公允应进行纳税调整。

第三节 投资收益

一项投资活动，无论是债权性投资还是权益性投资，无论是持有期间的收益还是转让处置实现的收益，会计核算时，统一称为投资收益，并在“投资收益”科目核算。而根据企业所得税法规定，因持有投资期间形成的收益称为“利息收入”“股息、红利等权益性投资收益”，转让投资资产形成的收益称为“转让财产所得”。企业所得税法中的利息收入、股息红利、转让财产所得包括会计上的交易性金融资产、可供出售金融资产、持有至到期投资、长期股权投资持有和处置产生的收益。

一、持有收益

(一) 利息收入

1. 相关税收政策

(1) 利息收入，是指企业将资金提供他人使用但不构成权益性投资，或者因他人占用本企业资金取得的收入，包括存款利息、贷款利息、债券利息、欠款利息等收入。利息收入，按照合同约定的债务人应付利息的日期确认收入的实现。

(2) 金融企业按规定发放的贷款，属于未逾期贷款，应根据先收利息后收本金的原则，按贷款合同确认的利率和结算利息的期限计算利息，并于债务人应付利息的日期确认收入的实现；属于逾期贷款的，其逾期后发生的应收利息，应于实际收到的日期，或者虽未实际收到，但会计上确认为利息收入的日期，确认收入的实现。

金融企业已确认为利息收入的应收利息，逾期 90 天仍未收回，且会计上已冲减了当期利息收入的，准予抵扣当期应纳税所得额；金融企业已冲减了利息收入的应收未收利息，在以后年度收回时，应计入当期应纳税所得额计算纳税。①

(3) 国债利息收入(详见本书第五章“税收优惠”)。

① 企业取得的国债利息收入，为免税收入。

② 国债利息收入是指企业持有国务院财政部门发行的国债取得的利息收入。

(4) 对企业持有 2016—2018 年发行的以中国铁路总公司为发行和偿还主体的中国铁路建设债券取得的利息收入，减半征收企业所得税。②

---

① 《国家税务总局关于金融企业贷款利息收入确认问题的公告》(国家税务总局公告 2010 年第 23 号)。

② 《财政部 国家税务总局关于铁路债券利息收入企业所得税政策的通知》(财税〔2016〕30 号)。

(5) 对企业和个人取得的 2012 年及以后年度发行的地方政府债券(指经国务院批准同意,以省、自治区、直辖市和计划单列市政府为发行和偿还主体的债券)利息收入,免征企业所得税和个人所得税。①

2. 税法与会计差异分析

(1) 利息收入的确认时间及方法在税法与会计处理上存在差异。会计上,企业的存款利息、贷款利息收入同时满足下列条件的确认收入:一是相关经济利益很可能流入企业;二是收入金额能够合理地计量。按照他人使用本企业货币资金的时间和实际利率计算确定。债券投资应根据持有目的划分为交易性金融资产、可供出售金融资产、持有至到期投资,分别根据以下标准确认利息收入:

① 持有至到期投资如为分期付息、一次还本的债券,企业应当于付息日或资产负债表日计提债券利息,计提的利息通过"应收利息"科目核算,同时确认利息收入。付息日或资产负债表日,以持有至到期投资面值和票面利率计算确定应收利息,以持有至到期投资摊余成本和实际利率计算确定利息收入,按其差额确定利息调整额。

持有至到期投资如为到期一次还本付息的债券,企业应当于资产负债表日计提债券利息,计提的利息通过"持有至到期投资——应计利息"科目核算,同时按实际利率法确认利息收入并摊销利息调整。资产负债表日,以持有至到期投资面值和票面利率计算确定应收利息,以持有至到期投资摊余成本和实际利率计算确定利息收入,按其差额确定利息调整额。

② 可供出售金融资产如为债券投资,资产负债表日确认利息收入,与持有至到期投资处理一致。

企业所得税在确认收入时不考虑谨慎性原则,且按合同利率法确认利息收入,不采用实际利率法确认利息收入,会计与税法计算利息收入确认的方法及金额存在差异;会计按权责发生制原则,在每个资产负债表日确认利息收入,而税法要求按照合同约定的债务人应付利息的日期确认利息收入,会计和税法在利息收入确认时间上产生暂时性差异,需要按照税法规定进行纳税调整。

案例 2-10　可供出售金融资产利息收入调整

2017 年 1 月 1 日,甲公司支付价款 1 000 000 元(含交易费用)从上海证券交易所购入 A 公司同日发行的 5 年期公司债券 12 500 份,债券票面价值总额为 1 250 000 元,票面年利率为 4.72%,于年末支付本年利息(即每年利息为 59 000 元),本金在债券到期时一次性偿还。甲公司没有意图将该债券持有至到期,划分为可供出售金融资产。实际利率为 10%。

解析:

• 2017 年度

第一,会计处理:

① 《财政部 国家税务总局关于地方政府债券利息免征所得税问题的通知》(财税〔2013〕5 号)。

2017 年 1 月 1 日，甲公司购入 A 公司债券的会计处理：

借：可供出售金融资产——成本　　1 250 000
　贷：银行存款　　1 000 000
　　可供出售金融资产——利息调整　　250 000

2017 年 12 月 31 日，A 公司债券的公允价值为 900 000 元（不含利息），A 公司仍可支付债券当年的利息。

甲公司 2017 年年末的会计处理：

① 借：应收利息　　59 000
　可供出售金融资产——利息调整　　41 000
　贷：投资收益（1 000 000×10%）　　100 000

② 借：银行存款　　59 000
　贷：应收利息　　59 000

③ 借：其他综合收益　　141 000
　贷：可供出售金融资产——公允价值变动（1 041 000−900 000）　　141 000

第二，税务处理：2017 年企业所得税应确认利息收入为 59 000 元，会计计入当期投资收益的金额为 100 000 元，所以，应纳税调减 41 000 元。

注：2017 年年末此债券投资的摊余成本＝1 000 000＋41 000＝1 041 000（元）

2018 年年末可供出售金融资产的账面价值＝900 000（元）

公允价值＝账面价值

公允价值变动为 141 000 元，摊余成本不包括暂时性的公允价值变动，所以摊余成本不等同于账面价值。

• 2018 年

2018 年，由于产品缺乏竞争力、内部管理松懈，A 公司财务状况恶化，但仍可支付债券当年的利息；2018 年 12 月 31 日，A 公司债券的公允价值为 750 000 元（不含利息）。甲公司预计如果 A 公司不采取有效措施，该债券的公允价值会持续下跌。

第一，甲公司 2018 年年末的会计处理：

① 借：应收利息　　59 000
　可供出售金融资产——利息调整　　45 100
　贷：投资收益[（1 000 000＋41 000）×10%]　　104 100

② 借：银行存款　　59 000
　贷：应收利息　　59 000

③ 借：资产减值损失　　336 100
　贷：其他综合收益　　141 000
　　可供出售金融资产——公允价值变动　　195 100

注：2018 年年末此债券投资的摊余成本＝1 041 000×(1＋10％)－59 000＝1 086 100(元)

2018 年年末债券的公允价值＝750 000(元)

2018 年年末债券的累计损失＝1 086 100－750 000＝336 100(元)

2018 年年末可供出售金融资产应确认的追加损失＝336 100－141 000(2018 年年末计提的公允价值变动)＝195 100(元)

第二，税务处理：企业所得税应税利息收入应确认 59 000 元，调减应纳税所得额45 100元(104 100－59 000)。资产减值损失 336 100 元不得税前扣除，应调增应纳税所得额336 100 元。

(2) 国债利息收入税法与会计处理存在差异。《企业会计准则》规定，让渡资产使用权收入同时满足"相关的经济利益很可能流入企业""收入的金额能可靠地计量"两个条件，一律作为利息收入据实核算，企业将国债利息收入计入"投资收益"科目。税法规定，国债利息收入免征企业所得税，从而产生永久性差异。企业在进行企业所得税年度纳税申报时，将国债利息收入作纳税调减处理。

商品视同销售税务处理

案例 2-11 持有至到期投资利息收入调整

2017 年 1 月 1 日，甲公司从二级市场上购入某公司 3 年期国债，支付价款 800 万元(含交易费用)。该债券面值为 1 000 万元，票面年利率为 5％，到期一次还本付息，且利息不以复利计算。甲公司将该债券划分为持有至到期投资。实际利率为 12.86％。

解析：

(1) 会计处理如下：

① 2017 年 1 月 1 日，购入债券时：

借：持有至到期投资——成本　　10 000 000
　贷：银行存款　　8 000 000
　　　持有至到期投资——利息调整　　2 000 000

② 2017 年 12 月 31 日，确认实际利息收入：

借：持有至到期投资——应计利息　　500 000
　　　　　　　　　——利息调整　　528 800
　贷：投资收益　　1 028 800

③ 2018 年 12 月 31 日，确认实际利息收入：

借：持有至到期投资——应计利息　　500 000.00
　　　　　　　　　——利息调整　　661 103.68
　贷：投资收益　　1 161 103.68

④ 2019 年 12 月 31 日，确认实际利息收入：

借：持有至到期投资——应计利息　　　　500 000.00

——利息调整　　　　810 096.32

贷：投资收益　　　　1 310 096.32

⑤ 收到本金及利息时：

借：银行存款　　　　11 500 000

贷：持有至到期投资——成本　　　　10 000 000

——应计利息　　　　1 500 000

(2) 税务处理：税法按合同约定债券到期时一次性确认利息收入的实现，到期之前每年均应将会计确认的投资收益进行纳税调减处理，即 2017 年、2018 年分别调减1 028 800 元、1 161 103.68 元，两年纳税调减总额为 2 189 903.68 元。

2019 年到期时进行先纳税调增处理，调增金额＝10 000 000＋1 500 000－8 000 000－1 310 096.32＝2 189 903.68(元)，与前两年纳税调减总金额相等，说明利息收入确认过程中形成的差异属于暂时性差异。然后再作为免税收入调减 1 500 000 元。

(3) 甲公司 2017 年度企业所得税纳税申报表填报：

A105030　　投资收益纳税调整明细表　　单位:元

行次	项　目	持有收益		
		账载金额	税收金额	纳税调整金额
		1	2	3(2－1)
1	一、交易性金融资产			
2	二、可供出售金融资产			
3	三、持有至到期投资	1 028 800	0	－1 028 800

A105000　　纳税调整项目明细表　　单位:元

行次	项　目	账载金额	税收金额	调增金额	调减金额
		1	2	3	4
1	一、收入类调整项目(2＋3＋…＋11)	*	*		
4	(三) 投资收益(填写 A105030)	1 028 800	0		1 028 800

自动生成主表 A100000 第 15 行数据(填表略)。

【后续管理提示】 2018 年度企业所得税汇算清缴，按上述程序进行纳税调整，调减应纳税所得额 1161 103.68 元(填表略)。

2019 年度甲公司企业所得税纳税申报表填报：

A105030　　投资收益纳税调整明细表　　单位:元

行次	项目	持有收益		
		账载金额	税收金额	纳税调整金额
		1	2	3(2－1)
1	一、交易性金融资产			
3	三、持有至到期投资	1 310 096.32	3 500 000	2 189 903.68

A107010　　免税、减计收入及加计扣除优惠明细表　　单位:元

行次	项目	金额
1	一、免税收入(2＋3＋6＋7＋…＋16)	
2	(一) 国债利息收入	1 500 000

最后,将“投资收益”科目金额填入主表第9行,A107010《免税、减计收入及加计扣除优惠明细表》合计金额生成主表A100000第17行数据。(填表略)

3. 审核要点

(1) 注意审核“投资收益——利息收入”的数据是否与企业利润表一致。

(2) 由于企业所得税利息收入确认时间为合同约定的债务人应付利息的日期,往往与会计确认时点不一致,注意审核是否存在推迟或提前确认收入的情况。

(3) 结合“持有至到期投资”“可供出售金融资产”“交易性金融资产”“投资收益”等科目,审核会计按照实际利率确认的利息收入与税法按照合同利率确认的利息收入之间的差额调整是否准确。尤其注意国债利息收入享受免税待遇的金额一定为税收口径而非会计口径“投资收益”科目金额。根据交割单等凭证审核购入和出售的时间,只有持有期间的债券利息收入才纳入利息收入范畴。

(4) 注意审核企业是否按相关规定到主管税务机关进行了备案。如果已享受优惠而未办理备案手续应及时补充备案。

(二) 股息、红利等权益性投资收益

1. 相关税收政策

劳务视同销售问题

(1) 股息、红利等权益性投资收益,是指企业因权益性投资从被投资方取得的收入。股息、红利等权益性投资收益,除国务院财政、税务主管部门另有规定外,按照被投资方作出利润分配决定的日期确认收入的实现。

(2) 企业权益性投资取得股息、红利等收入,应以被投资企业股东会或股东大会作出利润分配或转股决定的日期,确定收入的实现。被投资企业将股权(票)溢价所形成的资本公积转为股本的,不作为投资方企业的股息、红利收入,投资方企业也不

得增加该项长期投资的计税基础。[①]

（3）符合条件的居民企业之间的股息、红利等权益性投资收益，以及在中国境内设立机构、场所的非居民企业从居民企业取得与该机构、场所有实际联系的股息、红利等权益性投资收益为免税收入。

符合条件的居民企业之间的股息、红利等权益性投资收益，是指居民企业直接投资于其他居民企业取得的投资收益。其中，不包括连续持有居民企业公开发行并上市流通的股票不足12个月取得的投资收益。

（4）2008年1月1日之前外商投资企业形成的累积未分配利润，在2008年以后分配给外国投资者的，免征企业所得税；2008年及以后年度外商投资企业新增利润分配给外国投资者的，依法缴纳企业所得税。[②]

（5）中国居民企业向境外H股非居民企业股东派发2008年及以后年度股息时，统一按10%的税率代扣代缴企业所得税。[③]

（6）QFII取得来源于中国境内的股息、红利和利息收入，应当按照《企业所得税法》规定缴纳10%的企业所得税。如果是股息、红利，则由派发股息、红利的企业代扣代缴；如果是利息，则由企业在支付或到期支付时代扣代缴。[④]

（7）自2017年1月1日起，对境外投资者从中国境内居民企业分配的利润，直接投资于鼓励类投资项目，凡符合规定条件的，实行递延纳税政策，暂不征收预提所得税。[⑤]

2. 税法与会计差异分析

（1）投资收益或损失确认的时间和金额差异。《企业会计准则》按照投资目的将权益性投资划分为交易性金融资产、可供出售金融资产和长期股权投资三项资产。对于持有期间分回的股息、红利，不同的投资类型确认的方式也不同。企业持有的交易性金融资产和可供出售金融资产，当被投资企业作出利润分配决定，并宣告发放现金股利时，投资方应直接确认为投资收益的实现。如果投资企业持有长期股权投资采用成本法核算，则被投资单位宣告分派现金股利或利润时，除取得投资时实际支付的价款或对价中包含的已宣告但尚未发放的现金股利或利润外，应当确认为当期的投资收益。如果长期股权投资采用权益法核算，投资方应在每个会计年度末，按应享有或应分担被投资企业当年实现的净利润或发生的净亏损的份额，确认投资收益或损失，并相应调整投资资产账面价值，而被投资企业宣告发放现金股利时，企业会计上应作冲减投资资产账面价值处理。

企业所得税法规定，不论会计上采用何种方法核算，在被投资企业股东会或股东大

---

① 《国家税务总局关于贯彻落实企业所得税法若干税收问题的通知》(国税函〔2010〕79号)。

② 《财政部 国家税务总局关于企业所得税若干优惠政策的通知》(财税〔2008〕1号)。

③ 《国家税务总局关于中国居民企业向境外H股非居民企业股东派发股息代扣代缴企业所得税有关问题的通知》(国税函〔2008〕897号)。

④ 《国家税务总局关于中国居民企业向QFII(合格境外机构投资者)支付股息、红利、利息代扣代缴企业所得税有关问题的通知》(国税函〔2009〕47号)。

⑤ 《关于境外投资者以分配利润直接投资暂不征收预提所得税政策问题的通知》(财税〔2017〕88号)。

会作出利润分配或转股决定的日期(包括以盈余公积和未分配利润转增资本),投资方企业应确认投资所得的实现;被投资企业发生的亏损,投资方企业不得调减其投资的计税基础,也不得确认投资损失。

(2) 税法从鼓励长期投资的角度出发,对居民企业直接投资于其他居民企业取得的投资收益(不包括连续持有居民企业公开发行并上市流通的股票不足 12 个月取得的投资收益)及在中国境内设立机构、场所的非居民企业,从居民企业取得与该机构、场所有实际联系的股息、红利等权益性投资收益,给予免税收入的税收优惠。会计上计入投资收益或冲减投资成本,从而形成税法与会计处理的差异。

(3) 股票股利的处理不同。会计上对持有期间从被投资企业取得的股票股利不作账务处理,但应于除权日注明所增加的股票数量,以反映股份的变化情况。企业所得税处理则将股票股利确认为持有期间的股息、红利计入收入总额,同时增加相应股权投资的计税基础。

案例 2-12 长期股权投资股息、红利

甲企业于 2017 年 1 月取得乙公司 20%有表决权股份,能够对乙公司施加重大影响。假定甲企业取得该项投资时,乙公司各项可辨认资产、负债的公允价值与其账面价值相同。乙公司 2017 年实现净利润为 1 600 万元。

解析:

(1) 会计处理:

甲公司在按照权益法确认应享有乙公司 2017 年净损益时,应进行以下会计处理:

借:长期股权投资——损益调整　　3 200 000

　贷:投资收益　　3 200 000

(2) 税务处理:

股息、红利应在被投资企业股东会或股东大会作出利润分配或转股决定的日期(包括以盈余公积和未分配利润转增资本)分配,同时投资方企业确认投资所得的实现,乙公司 2017 年股息并未作出分配决定,所以,应调减应纳税所得额 320 万元。

(3) 2017 年度纳税申报表填报:

A105030　　投资收益纳税调整明细表　　单位:元

行次	项　目	持有收益		
		账载金额	税收金额	纳税调整金额
		1	2	3(2−1)
6	六、长期股权投资	3 200 000	0	−3 200 000
10	合计(1+2+3+4+5+6+7+8+9)			

案例 2-13　可供出售金融资产股息、红利

(1) A 公司于 2016 年 1 月 1 日取得 B 公司 10%的股权，付出的对价为 1 200 万元，取得投资时 B 公司可辨认净资产公允价值总额为 13 000 万元(假定公允价值与账面价值相同)。因对被投资单位不具有重大影响，A 公司将该投资作为可供出售金融资产核算。

(2) 4 月 26 日，B 公司宣告分派现金股利 2 000 万元。

(3) 5 月 12 日，A 公司收到 B 公司分派的现金股利，款项已收存银行。

(4) B 公司 2016 年度实现净利润 4 500 万元。

(5) A 公司持有 B 公司 10%的股权在 2016 年 12 月 31 日的公允价值为 1 600 万元。

(6) 2017 年 1 月 1 日，A 公司又以 3 250 万元的款项取得 B 公司 20%的股权，当日 B 公司可辨认净资产公允价值总额为 17 000 万元。取得该部分股权后，按照 B 公司章程规定，A 公司能够派人参与 B 公司的生产经营决策，对该项长期股权投资转为采用权益法核算。假定不考虑投资单位和被投资单位的内部交易及其他因素的影响。A、B 均为居民企业(非上市公司)。(单位：万元)

解析：

(1) 2016 年 1 月 1 日取得 B 公司股权时：

借：可供出售金融资产——成本　　1 200

　　贷：银行存款　　1 200

4 月 26 日，宣告分配现金股利时：

借：应收股利(2 000×10%)　　200

　　贷：投资收益　　200

税务处理：根据企业所得税法规定，对居民企业直接投资于其他居民企业取得的投资收益(不包括连续持有居民企业公开发行并上市流通的股票不足 12 个月取得的投资收益)及在中国境内设立机构、场所的非居民企业从居民企业取得与该机构、场所有实际联系的股息、红利等权益性投资收益，给予免税收入的税收优惠。所以该现金股利 200 万元为免税收入，做纳税调减。

A107011　符合条件的居民企业之间的股息、红利等权益性投资收益优惠明细表　单位：万元

行次	被投资企业	被投资企业统一社会信用代码(纳税人识别号)	投资性质	投资成本	投资比例	被投资企业利润分配确认金额		合计
						被投资企业做出利润分配或转股决定时间	依决定归属于本公司的股息、红利等权益性投资收益金额	
	1	2	3	4	5	6	7	17 (7+10+16)
1	B 公司	略	直接投资	1 200	10%	4 月 26 日	200	200

A107010 **免税、减计收入及加计扣除优惠明细表** 单位:万元

行次	项 目	金 额
1	一、免税收入(2+3+6+7+…+16)	
3	(二) 符合条件的居民企业之间的股息、红利等权益性投资收益(填写 A107011)	200

5月12日,收到现金股利时:

借:银行存款 200
　　贷:应收股利 200

作为可供出售金融资产核算,B公司实现净利润,A公司不做账务处理。

12月31日,确认公允价值的变动:

借:可供出售金融资产——公允价值变动 400
　　贷:其他综合收益 400

税务处理:公允价值变动损益在企业所得税中不确认,且会计将其核算在“其他综合收益”科目,所以税会无差异,不做调整。

(2) 2017年1月1日,A公司应确认对B公司的长期股权投资:

借:长期股权投资——成本 5 100
　　贷:可供出售金融资产——成本 1 200
　　　　——公允价值变动 400
　　　　银行存款 3 250
　　　　营业外收入 250

借:其他综合收益 400
　　贷:投资收益 400

长期股权投资初始投资成本为4 850万元,当日B公司可辨认净资产公允价值总额为17 000万元,则对应享有的份额为5 100万元(17 000×30%),需对长期股权投资的初始投资成本进行调整。

税务处理:长期股权投资计税基础为4 450万元,所以应纳税调减650万元(250+400)。

A105000 **纳税调整项目明细表** 单位:元

行次	项 目	账载金额	税收金额	调增金额	调减金额
		1	2	3	4
1	一、收入类调整项目(2+3+…+11)	*	*		
5	(四) 按权益法核算长期股权投资对初始投资成本调整确认收益	*	*	*	2 500 000
7	(六) 公允价值变动净损益	4 000 000	*		4 000 000

自动生成主表 A100000 第 15 行(填表略)。

案例 2-14 超过投资比例分配利润的税务处理

A 公司与 B 公司 2017 年 1 月 8 日共同投资 2 000 万元成立 C 公司，其中 A 公司占股 40%，B 公司占股 60%。2017 年 2 月 26 日，C 公司召开股东会并决议分配 2015—2016 年利润 800 万元，其中分配给 A 公司 400 万元，B 公司 400 万元。A 公司超过投资比例分配的利润 80 万元是否需要缴纳企业所得税?

解析：

财政性资增值税处理

《中华人民共和国公司法》第三十五条规定，股东按照实缴的出资比例分取红利；公司新增资本时，股东有权优先按照实缴的出资比例认缴出资。但是，全体股东约定不按照出资比例分取红利或者不按照出资比例优先认缴出资的除外。

《企业所得税法》第二十六条第二款规定，符合条件的居民企业之间的股息、红利等权益性投资收益收入为免税收入。

《企业所得税法实施条例》第十七条规定，企业所得税法第六条第(四)项所称股息、红利等权益性投资收益，是指企业因权益性投资从被投资方取得的收入。

股息、红利等权益性投资收益，除国务院财政、税务主管部门另有规定外，按照被投资方作出利润分配决定的日期确认收入的实现。

《企业所得税法实施条例》第八十三条规定，企业所得税法第二十六条第(二)项所称符合条件的居民企业之间的股息、红利等权益性投资收益，是指居民企业直接投资于其他居民企业取得的投资收益。企业所得税法第二十六条第(二)项和第(三)项所称股息、红利等权益性投资收益，不包括连续持有居民企业公开发行并上市流通的股票不足 12 个月取得的投资收益。

《符合条件的居民企业之间的股息、红利等权益性投资收益优惠明细表》(A107011)填报说明第 7 列"依决定归属于本公司的股息、红利等权益性投资收益金额"填报纳税人按照投资比例或者其他方法计算的，实际归属于本公司的股息、红利等权益性投资收益金额。若被投资企业将股权(票)溢价所形成的资本公积转为股本的，不作为投资方企业的股息、红利收入，投资方企业也不得增加该项长期投资的计税基础。

综上所述，现行法规认可"全体股东约定不按照出资比例分取红利"的行为，投资方根据全体股东约定取得的超过投资比例的分红，也属于企业所得税法下的权益性投资收益，符合规定的条件的，A 公司超过投资比例分配的利润 80 万元可以作为免税投资收益申报。

【后续管理提示】 依据《中华人民共和国公司法》(简称《公司法》)规定，必须全体股东约定不按照出资比例分取红利或者不按照出资比例优先认缴出资的，才是合法的。如果未经全体股东同意不按出资比例分配的股息、红利税法上不允许享受免税收入优惠。注意审核企业备案的被投资企业的最新公司章程，以确定其合法性。

（三）审核要点

（1）审核股息、红利是否按照被投资方作出利润分配决定的日期确认收入的实现，与会计确认股息、红利的时间点存在的差异是否进行了准确调整。

（2）被投资企业将股权（票）溢价所形成的资本公积转为股本的，审核投资方企业是否调整了该项长期股权投资的计税基础。

（3）被投资企业将盈余公积和未分配利润转为股本的，审核投资方企业是否确认了股息红利收入，是否调整了该项长期股权投资的计税基础。

（4）企业是否正确区分持有被投资企业股权期间取得的股息、红利与投资资产的处置收益，有无将处置收益按照免税收入进行纳税调减的情况。

（5）对于连续持有居民企业公开发行并上市流通的股票不足12个月取得的股息、红利不得作为免税收入进行纳税调减，审核企业申报是否准确。

（6）审核企业从境外被投资企业取得的股息、红利是否并入当期应纳税所得计税，应用抵免法计算境外所得应纳税额时是否准确。

（7）通过“长期股权投资”科目及企业投资协议确定企业在境外投资情况，尤其注意注册地设在避税地的被投资方利润分配情况。审核是否存在企业境外的受控企业非因合理的经营需要而对利润不作分配或者减少分配的情况。

（8）通过企业留存备查资料审核不按照出资比例分取股息、红利的合法性。

二、投资资产处置收益（损失）

财政性资金所得税处理

（一）相关税收政策

（1）企业对外投资期间，投资资产的成本在计算应纳税所得额时不得扣除。

（2）投资资产，是指企业对外进行权益性投资和债权性投资形成的资产。企业在转让或者处置投资资产时，投资资产的成本准予扣除。投资资产按照以下方法确定成本：

① 通过支付现金方式取得的投资资产，以购买价款为成本。

② 通过支付现金以外的方式取得的投资资产，以该资产的公允价值和支付的相关税费为成本。

（3）居民企业以非货币性资产对外投资确认的非货币性资产转让所得，可在不超过5年期限内，分期均匀计入相应年度的应纳税所得额，按规定计算缴纳企业所得税。居民企业以非货币性资产对外投资，应对非货币性资产进行评估并按评估后的公允价值扣除计税基础后的余额，计算确认非货币性资产转让所得。居民企业以非货币性资产对外投资，应于投资协议生效并办理股权登记手续时，确认非货币性资产转让收入的实现。关联企业之间发生的非货币性资产投资行为，投资协议生效后12个月内尚未完成股权变更登记手续的，应于投资协议生效时，确认非货币性资产转让收入的实现。居民企业以非货币性资产对外投资而取得被投资企业的股权，应以非货币性资产的原计税成本为计税基础，加上每年确认的非货币性资产转让所得，逐年进行调整。[①]

(4) 企业或个人以技术成果投资入股到境内居民企业，被投资企业支付的对价全部为股票(权)的，企业或个人可选择继续按现行有关税收政策执行，也可选择适用递延纳税优惠政策。选择技术成果投资入股递延纳税政策的，经向主管税务机关备案，投资入股当期可暂不纳税，允许递延至转让股权时，按股权转让收入减去技术成果原值和合理税费后的差额计算缴纳所得税。[②]

(5) 企业转让股权收入，应于转让协议生效且完成股权变更手续时，确认收入的实现。转让股权收入扣除为取得该股权所发生的成本后的余额，为股权转让所得。企业在计算股权转让所得时，不得扣除被投资企业未分配利润等股东留存收益中按该项股权所可能分配的金额。

(6) 企业对外进行权益性投资所发生的损失，在经确认的损失发生年度，作为企业损失在计算企业应纳税所得额时一次性扣除。[③]

(7) 符合税法规定条件的投资损失准予申报扣除(详见本书第三章"税前扣除项目的确定")。

(8) 投资企业从被投资企业撤回或减少投资，其取得的资产中相当于初始出资的部分，应确认为投资收回；相当于被投资企业累计未分配利润和累计盈余公积按减少实收资本比例计算的部分，应确认为股息所得；其余部分确认为投资资产转让所得。被投资企业发生的经营亏损，由被投资企业按规定结转弥补；投资企业不得调整减低其投资成本，也不得将其确认为投资损失。[④]

(9) 被清算企业的股东分得的剩余资产的金额，其中相当于被清算企业累计未分配利润和累计盈余公积中按该股东所占股份比例计算的部分，应确认为股息所得；剩余资产减除股息所得后的余额，超过或低于股东投资成本的部分，应确认为股东的投资转让所得或损失。

(10) 企业转让上市公司限售股。转让限售股取得收入的企业(包括事业单位、社会团体、民办非企业单位等)，为企业所得税的纳税义务人。

第一，因股权分置改革造成原由个人出资而由企业代持有的限售股，企业在转让时按以下规定处理：

① 企业转让上述限售股取得的收入，应作为企业应税收入计算纳税。

上述限售股转让收入扣除限售股原值和合理税费后的余额，为该限售股转让所得。企业未能提供完整、真实的限售股原值凭证，不能准确计算该限售股原值的，主管税务机

---

① 《财政部 国家税务总局关于非货币性资产投资企业所得税政策问题的通知》(财税〔2014〕116号)。

② 《财政部 国家税务总局关于完善股权激励和技术入股有关所得税政策的通知》(财税〔2016〕101号)。

③ 《国家税务总局关于企业股权投资损失所得税处理问题的公告》(国家税务总局公告2010年第6号)。

④ 《国家税务总局关于企业所得税若干问题的公告》(国家税务总局公告2011年第34号)。

关一律按该限售股转让收入的15%，核定为该限售股原值和合理税费。

依照规定完成纳税义务后的限售股，转让收入余额转付给实际所有人时不再纳税。

② 依法院判决、裁定等原因，通过证券登记结算公司，企业将其代持的个人限售股直接变更到实际所有人名下的，不视同转让限售股。

第二，企业在限售股解禁前将其持有的限售股转让给其他企业或个人(以下简称受让方)，其企业所得税问题按以下规定处理：

① 企业应将减持在证券登记结算机构登记的限售股取得的全部收入，计入企业当年度应税收入计算纳税。

② 企业持有的限售股在解禁前已签订协议转让给受让方，但未变更股权登记、仍由企业持有的，企业实际减持该限售股取得的收入，依照上述第①项规定纳税后，其余额转付给受让方的，受让方不再纳税。①

(11) 企业混合性投资业务，是指兼具权益和债权双重特性的投资业务。混合性投资业务，同时符合下列条件②：

① 被投资企业接受投资后，需要按投资合同或协议约定的利率定期支付利息(或定期支付保底利息、固定利润、固定股息，下同)。

② 有明确的投资期限或特定的投资条件，并在投资期满或者满足特定投资条件后，被投资企业需要赎回投资或偿还本金。

③ 投资企业对被投资企业净资产不拥有所有权。

④ 投资企业不具有选举权和被选举权。

⑤ 投资企业不参与被投资企业日常生产经营活动。

符合上述规定的混合性投资业务，按下列规定进行企业所得税处理：

① 对于被投资企业支付的利息，投资企业应于被投资企业应付利息的日期，确认收入的实现并计入当期应纳税所得额；被投资企业应于应付利息的日期，确认利息支出，并按税法和《国家税务总局关于企业所得税若干问题的公告》(国家税务总局公告2011年第34号)第一条的规定，进行税前扣除。

② 对于被投资企业赎回的投资，投资双方应于赎回时将赎价与投资成本之间的差额确认为债务重组损益，并分别计入当期应纳税所得额。

(12) 国债转让所得计算③。

① 国债转让收入确认时间。

企业转让国债应在转让国债合同、协议生效的日期，或者国债移交时确认转让收入的实现。

---

① 《国家税务总局关于企业转让上市公司限售股有关所得税问题的公告》(国家税务总局公告2011年第39号)。

② 《国家税务总局关于企业混合性投资业务企业所得税处理问题的公告》(国家税务总局公告2013年第41号)。

③ 《国家税务总局关于企业国债投资业务企业所得税处理问题的公告》(国家税务总局公告2011年第36号)。

企业投资购买国债，到期兑付的，应在国债发行时约定的应付利息的日期，确认国债转让收入的实现。

② 国债转让收益(损失)计算。

企业转让或到期兑付国债取得的价款，减除其购买国债成本，并扣除其持有期间按照公式计算的国债利息收入以及交易过程中相关税费后的余额，为企业转让国债收益(损失)。公式为：

国债利息收入＝国债金额×(适用年利率÷365)×持有天数

企业转让国债应作为转让财产，其取得的收益(损失)应作为企业应纳税所得额计算纳税。

③ 国债成本。

a. 通过支付现金方式取得的国债，以买入价和支付的相关税费为成本。

b. 通过支付现金以外的方式取得的国债，以该资产的公允价值和支付的相关税费为成本。

企业在不同时间购买同一品种国债的，其转让时的成本计算方法，可在先进先出法、加权平均法、个别计价法中选用一种。计价方法一经选用，不得随意改变。

(二) 税法与会计差异分析

1. 长期股权投资税法与会计的差异分析

政府补贴
会计处理

(1) 权益法核算的长期股权投资取得环节，会计成本与计税基础存在差异。权益法核算的长期股权投资，根据《企业会计准则》规定，其初始投资成本大于投资时应享有被投资单位可辨认净资产公允价值份额的，不调整长期股权投资的初始投资成本。长期股权投资的初始投资成本小于投资时应享有被投资单位可辨认净资产公允价值份额的，其差额计入当期损益(营业外收入)，同时调整长期股权投资的成本。

投资资产的计税基础按照取得投资时的实际货币支出，或者非货币资产的公允价值和相关税费确定。所以，当投资资产的计税基础小于投资时应享有被投资单位可辨认净资产公允价值份额的，其差额不得调整长期股权投资的计税基础，也不作为收益。

(2) 权益法核算的长期股权投资持有期间，会计成本与计税基础存在差异。《企业会计准则》规定，长期股权投资采用权益法核算，投资方应在每个会计年度末，按应享有或应分担被投资企业当年实现的净利润或发生的净亏损的份额，确认投资收益或损失，并相应调整投资资产账面价值，而被投资企业宣告发放现金股利时，企业会计上作冲减投资资产账面价值处理。《企业所得税法实施条例》规定，企业持有各项资产期间资产增值或者减值，除国务院财政、税务主管部门规定可以确认损益外，不得调整该资产的计税基础。

(3) 权益法核算的长期股权投资处置收益(损失)存在差异。《企业会计准则》规定，长期股权投资的处置成本是长期股权投资账户累计结转至处置时的账面价值。《企业所得税法实施条例》规定，企业在转让或处置投资资产时，投资资产的成本(计税基础)准予扣除。由于股权(权益性)投资的会计成本与计税基础的不同，必然导致处置或转让收益(损失)的差异。

采用成本法核算的长期股权投资，在投资成本、投资收益的确认与计量方面，税法与企业会计准则的规定基本一致。在计算企业所得税应纳税所得额时，只需对符合免税收入条件的股息、红利及计提的减值准备作相应的纳税调整，其他项目无须作纳税调整。

2. 交易性金融资产税法与会计差异分析

(1) 根据《企业会计准则第 22 号——金融工具确认和计量》规定，交易性金融资产的初始计量，应将该金融资产取得时的公允价值作为其初始确认金额，并记入“交易性金融资产——成本”科目，相关交易费用应当直接计入当期损益；企业取得金融资产所支付的价款中包含的已宣告但尚未发放的债券利息或现金股利，应当单独确认为“应收股利”或“应收利息”进行会计处理。

根据《企业所得税法》及其实施条例规定，企业的各项资产应以历史成本为计税基础。在确定交易性金融资产的计税基础时，应包括相关交易费用，但不应包括已宣告但尚未发放的债券利息或现金股利。

(2) 交易性金融资产期末计量的会计核算。对于按照公允价值进行后续计量的金融资产，其公允价值变动形成利得或损失，除与套期保值有关外，应当计入当期损益。根据《企业会计准则第 22 号——金融工具确认和计量》及其应用指南的规定，资产负债表日，交易性金融资产的公允价值高于其账面余额的差额记入“交易性金融资产——公允价值变动”科目借方、“公允价值变动损益”科目贷方；公允价值低于其账面余额的差额作相反的会计分录。

交易性金融资产期末计量的税务处理。企业持有各项资产期间资产增值或者减值，除国务院财政、税务主管部门规定可以确认损益外，不得调整该资产的计税基础，也不确认“公允价值变动损益”。

因此，交易性金融资产期末形成的“公允价值变动损益”应进行纳税调减或调增。

(3) 处置收益金额存在差异。企业处置交易性金融资产时，将处置时该交易性金融资产公允价值与初始入账金额之间的差额确认为投资收益，同时调整公允价值变动损益。

《企业所得税法》规定，企业在转让或处置投资资产时，投资资产的成本(计税基础)准予扣除。股权(权益性)投资的会计成本与计税基础的不同，会导致处置或转让收益(损失)的差异。

3. 可供出售金融资产税法与会计差异分析

(1) 可供出售金融资产初始确认时，会计上应按公允价值计量，且相关交易费用应计入初始入账金额。所以，初始入账价值与计税基础相同。

(2) 会计上，资产负债表日，可供出售金融资产应当以公允价值计量，且公允价值变动计入“其他综合收益”。在税务处理上，不调整该资产的计税基础，也不确认“公允价值变动损益”。所以，无须进行纳税调整。

(3) 处置可供出售金融资产时，应将取得的价款与该金融资产账面价值之间的差额，记入“投资收益”科目；同时，将原计入“其他综合收益”的公允价值变动累计额对应处置部分的金额转出，记入“投资收益”科目。税务处理上，“可供出售金融资产”属于《企业所得税法》第十四条规定的投资资产，企业在转让或者处置投资资产时，投资资产的成本（计税基础）准予扣除。可供出售金融资产发生减值时，在企业实际出售可供出售金融资产前，不允许在企业所得税税前扣除减值损失，已计入当期损益的，应进行纳税调整。所以，可供出售的金融资产出售时，税法与会计可能存在差异，需要作出相应的纳税调整。

案例 2-15 交易性金融资产投资收益的税务处理

甲公司 2017 年 5 月 10 日从证券交易所购入乙公司发行的股票 10 万股，准备短期持有，以银行存款支付投资款 916 000 元，其中含有 6 000 元相关交易费用。2017 年 9 月 10 日，乙公司宣告发放现金股利 8 000 元（已收到），2017 年 12 月 31 日该股票的市价为 10 元/股。

解析：

(1) 2017 年 5 月 10 日，作如下会计处理：

借：交易性金融资产——成本　　910 000
　　投资收益　　6 000
　　贷：银行存款　　916 000

税务处理：根据税法规定，该投资资产的计税基础为 916 000 元。所以，应纳税调增应纳税所得额 6 000 元。

(2) 2017 年 9 月 10 日，作如下会计处理：

借：应收股利　　8 000
　　贷：投资收益　　8 000

税务处理：根据税法规定，乙公司宣告发放现金股利时，甲公司确认股息、红利 8 000 元。由于此项股息为持有上市流通股票不足 12 个月而取得的，不符合免税收入条件，因此税会无差异，无需纳税调整。

借：银行存款　　8 000
　　贷：应收股利　　8 000

(3) 2017 年 12 月 31 日，作如下会计处理：

借：交易性金融资产——公允价值变动　　90 000
　　贷：公允价值变动损益　　90 000

税务处理：根据税法规定，持有资产期间，资产的增值减值除另有规定外，不得调整其计税基础。所以，企业所得税不确认此项公允价值变动损益，应纳税调减 90 000 元。

如果 2018 年 4 月 18 日，甲公司将所持的乙公司的股票出售，共取得收入 104 万元（含税）。

会计处理如下：

（1）按售价与账面余额之差确认投资收益：

借：银行存款	1 040 000.00	
贷：交易性金融资产——成本		910 000.00
——公允价值变动		90 000.00
应交税费——转让金融商品应交增值税		2 264.15
投资收益		37 735.85

（2）按初始成本与账面余额之差确认投资收益（损失）：

借：公允价值变动损益	90 000	
贷：投资收益		90 000

税务处理：此项投资资产处置所得为 121 735.85 元（1 040 000－2 264.15－916 000），会计计入当期损益的金额为 37 735.85 元，所以应纳税调增 8.4 万元。

案例 2-16 混合投资的税务处理

2017 年 1 月 18 日，A 公司以 100 万元投资于 B 公司，投资协议约定：①被投资企业接受投资后，需要按投资合同或协议约定的利率定期支付利息，投资期限 5 年，年利息 18 万元，于年底支付；②投资期限 5 年，投资期满后，被投资企业以 120 万元赎回投资；③投资企业对被投资企业净资产不拥有所有权；④投资企业不具有选举权和被选举权；⑤投资企业不参与被投资企业日常生产经营活动。此项投资业务应如何进行税务处理？

解析：

依据《国家税务总局关于企业混合性投资业务企业所得税处理问题的公告》（国家税务总局公告 2013 年第 41 号）第一条所列的五个条件，本例所述投资业务完全符合该公告，应按混合性投资业务进行税务处理。

投资方 A 公司：

（1）2017 年至 2021 年每年收到的利息 18 万元，计入应纳税所得额。

（2）投资期限届满时，20 万元计入债务重组所得。

被投资方 B 公司：

（1）2017 年至 2021 年每年支付的利息 18 万元，可以进行税前扣除。

（2）投资期限届满时，赎回投资支付的 120 万元中，100 万元属于偿还借款，20 万元属于债务重组损失。

（三）审核要点

（1）结合企业对外投资的合同、协议，了解投资性质、持股比例、核算方法，结合“权益法核算的长期股权投资”“交易性金融资产”会计核算资料审核初始成本差异的调整，是否已直接在附表A105000《纳税调整项目明细表》中填报。

（2）审核按照公允价值计量且其变动进入当期损益的金融资产、金融负债以及投资性房地产类项目，其公允价值变动净损益是否进行了纳税调整，同时应注意审核处置该类资产时，因计税基础与会计成本的不同造成当期会计利润与应纳税所得额的差异是否做了调整。

（3）由于A105030《投资收益纳税调整明细表》只填报税收上的处置收益而不能填报处置损失，所以应注意审核当出现处置损失时，是否在A105090《资产损失税前扣除及纳税调整明细表》中进行了纳税申报或调整。

（4）计算股权转让所得时，审核是否将持有期间被投资企业未分配利润等股东留存收益中按该项股权所可能分配的金额进行了扣除，缩小股权转让所得，造成少交税。

（5）减资、撤资时，投资方投资收益的税务处理与清算时投资方投资收益的税务处理存在差异，审核企业是否准确使用政策计算持有收益和处置收益。

第四节　资产处置收益

财政部新修订的《利润表》[①]新增了“资产处置收益”项目，该项目反映企业出售划分为持有待售的非流动资产（金融工具、长期股权投资和投资性房地产除外）和处置组时确认的处置利得或损失，以及处置未划分为持有待售的固定资产、在建工程、生产性生物资产及无形资产而产生的处置利得或损失。在债务重组中，因处置非流动资产产生的利得或损失和非货币性资产交换产生的利得或损失，也包括在本项目内。该项目应根据在损益类科目新设置的“资产处置损益”科目的发生额分析填列；如为处置损失，以“－”号填列。

企业所得税法所称转让财产收入，是指企业转让固定资产、生物资产、无形资产、股权、债权等财产取得的收入。与会计“资产处置收益”核算范围不尽相同。

一、相关税收政策（本节不包含投资资产转让）

所得税亏损计算

（1）企业转让资产，该项资产的净值，准予在计算应纳税所得额时扣除。

（2）转让财产所得，以收入全额减除财产净值后的余额为应纳税所得额。“资产的净值”和“财产净值”，是指有关资产、财产的计税基础减除已经

① 《财政部关于修订印发一般企业财务报表格式的通知》（财会〔2017〕30号）。

按照规定扣除的折旧、折耗、摊销、准备金等后的余额。

(3) 技术转让所得。一个纳税年度内，居民企业符合条件的技术转让所得不超过500万元的部分，免征企业所得税；超过500万元的部分，减半征收企业所得税。

(4) 企业发生非货币性资产交换，以及将货物、财产、劳务用于捐赠、偿债、赞助、集资、广告、样品、职工福利或者利润分配等用途的，应当视同销售货物、转让财产或者提供劳务，但国务院财政、税务主管部门另有规定的除外。

(5) 企业取得财产(包括各类资产、股权、债权等)转让收入、债务重组收入、接受捐赠收入、无法偿付的应付款收入等，不论是以货币形式、还是以非货币形式体现，除另有规定外，均应一次性计入确认收入的年度计算缴纳企业所得税。①

(6) 企业或个人以技术成果投资入股到境内居民企业，被投资企业支付的对价全部为股票(权)的，企业或个人可选择继续按现行有关税收政策执行，也可选择适用递延纳税优惠政策。选择技术成果投资入股递延纳税政策的，经向主管税务机关备案，投资入股当期可暂不纳税，允许递延至转让股权时，按股权转让收入减去技术成果原值和合理税费后的差额计算缴纳所得税。②

二、税法与会计差异分析

(1) 收入确认条件存在差异。当企业转让财产同时满足下列条件时，会计上应当确认转让财产收入：一是企业获得已实现经济利益或潜在的经济利益的控制权；二是与交易相关的经济利益能够流入企业；三是相关的收入和成本能够合理地计量。企业所得税确认转让财产收入时，不需要满足“与交易相关的经济利益能够流入企业”这一条件。

(2) 确认转让财产收入金额存在差异。转让固定资产、无形资产所有权，《企业会计准则》通过“营业外收入”科目或“营业外支出”科目反映转让净收益或净损失。根据《财政部关于修订印发一般企业财务报表格式的通知》(财会〔2017〕30号)规定，自2017年起企业出售划分为持有待售的非流动资产(金融工具、长期股权投资和投资性房地产除外)或处置组时确认的处置利得或损失，以及处置未划分为持有待售的固定资产、在建工程、生产性生物资产及无形资产而产生的处置利得或损失应在“资产处置损益”科目核算。而企业所得税转让财产收入指的是全额。

(3) 企业计提的资产减值准备，除经核准的以外不得税前扣除，按照税法规定应进行纳税调整。

(4) 转让债券无论是持有期间的利息还是转让(处置)收益会计均核算在“投资收益”科目，但税法需将其划分为持有期间收益和转让收益，区别应用不同的税收政策。

---

① 《国家税务总局关于企业取得财产转让等所得企业所得税处理问题的公告》(国家税务总局公告2010年第19号)。

② 《财政部 国家税务总局关于完善股权激励和技术入股有关所得税政策的通知》(财税〔2016〕101号)。

（5）符合条件的技术转让所得享受企业所得税的减征、免征所得额或递延纳税的优惠，而会计核算中无论应税项目还是减免税项目均正常核算损益，年度纳税申报时在申报表中调整，不作账务调整。

案例 2-17　无形资产处置的税务处理

2017年7月1日，B公司（一般纳税人）拥有某项专利技术的成本为1 000万元，已摊销金额为500万元，已计提的减值准备为20万元。该公司于2017年将该项专利技术出售给C公司，取得出售收入636万元（含税）。

解析：

B公司的账务处理为：

借：银行存款　6 360 000

　累计摊销　5 000 000

　无形资产减值准备　200 000

　贷：无形资产　10 000 000

　　资产处置损益　1 200 000

　　应交税费——应交增值税（销项税额）　360 000

税务处理：根据税法规定，未经核准的准备金不得税前扣除，那么此项无形资产转让所得为100万元（600－1 000＋500），当期会计上确认的收益为120万元，所以应纳税调减20万元。

B公司2017年度纳税申报表填报：

A105000　**纳税调整项目明细表**　单位：元

行次	项　目	账载金额	税收金额	调增金额	调减金额
		1	2	3	4
31	三、资产类调整项目（32＋33＋34＋35）	*	*		
33	（二）资产减值准备金	－200 000	*		200 000
34	（三）资产损失（填写A105090）				

自动生成主表A100000第15行数据。（填表略）

【后续管理提示】　如果此项技术转让符合享受所得减免的条件（具体政策见第五章税收优惠），企业应在年度汇算清缴时备案，享受优惠。同时审核附表A107020《所得减免优惠明细表》时注意数据的表间、表内关系。

假设上述案例中甲公司当期利润总额为200万元，仅享受技术转让所得减免优惠，除此项技术转让外无其他调整事项。附表A107020《所得减免优惠明细表》第12行、第22行第11列“减免所得额”均填报100万元。填报主表数据如下：

A100000　　中华人民共和国企业所得税年度纳税申报表(A类)　　单位:元

行次	类别	项　目	金　额
13	利润总额计算	三、利润总额(10+11−12)	2 000 000
14	应纳税所得额计算	减:境外所得(填写 A108010)	
15		加:纳税调整增加额(填写 A105000)	
16		减:纳税调整减少额(填写 A105000)	200 000
17		减:免税、减计收入及加计扣除(填写 A107010)	
18		加:境外应税所得抵减境内亏损(填写 A108000)	
19		四、纳税调整后所得(13−14+15−16−17+18)	1 800 000
20		减:所得减免(填写 A107020)	1 000 000
21		减:弥补以前年度亏损(填写 A106000)	
22		减:抵扣应纳税所得额(填写 A107030)	
23		五、应纳税所得额(19−20−21−22)	800 000

如果该公司转让该项专利技术取得收入为 4 000 000 元(不含税),则 B 公司的账务处理为:

借:银行存款　　4 240 000
　　累计摊销　　5 000 000
　　无形资产减值准备　　200 000
　　资产处置损益　　800 000
　　贷:无形资产　　10 000 000
　　　　应交税费——应交增值税(销项税额)　　240 000

税务处理:此项无形资产转让所得为−100 万元(400−1 000+500),当期会计上确认的损失为 80 万元,所以应纳税调减 20 万元。假设上述案例中甲公司当期利润总额为 200 万元,仅享受技术转让所得减免优惠,除此项技术转让外无其他调整事项。

B 公司 2017 年度纳税申报表填报:

(1) 表 A105090 填报如下:

A105090　　资产损失税前扣除及纳税调整明细表　　单位:元

行次	项目	资产损失的账载金额	资产处置收入	赔偿收入	资产计税基础	资产损失的税收金额	纳税调整金额
		1	2	3	4	5(4−2−3)	6(1−5)
1	一、清单申报资产损失(2+3+4+5+6+7+8)						
2	(一) 正常经营管理活动中,按照公允价格销售、转让、变卖非货币资产的损失	800 000	4 000 000	0	5 000 000	1 000 000	−200 000

（2）表 A105000 填报如下：

A105000　　纳税调整项目明细表　　单位：元

行次	项　目	账载金额 1	税收金额 2	调增金额 3	调减金额 4
31	三、资产类调整项目(32+33+34+35)	*	*		
34	（三）资产损失(填写 A105090)	800 000	1 000 000		200 000

（3）根据附表 A107020《所得减免优惠明细表》填报说明“第 11 列＝第 9 列＋第 10 列×50%；当(第 9 列＋第 10 列×50%)<0 时，第 11 列＝0。”所以第 12 行、第 22 行第 11 列“减免所得额”均填报 0 万元。

（4）主表 A100000 填报如下：

A100000　　中华人民共和国企业所得税年度纳税申报表(A 类)　　单位：元

行次	类别	项　目	金　额
13	利润总额计算	三、利润总额(10+11−12)	2 000 000
14	应纳税所得额计算	减：境外所得(填写 A108010)	
15		加：纳税调整增加额(填写 A105000)	
16		减：纳税调整减少额(填写 A105000)	200 000
17		减：免税、减计收入及加计扣除(填写 A107010)	
18		加：境外应税所得抵减境内亏损(填写 A108000)	
19		四、纳税调整后所得(13−14+15−16−17+18)	1 800 000
20		减：所得减免(填写 A107020)	0
21		减：弥补以前年度亏损(填写 A106000)	
22		减：抵扣应纳税所得额(填写 A107030)	
23		五、应纳税所得额(19−20−21−22)	1 800 000

三、审核要点

吸收合并计算

（1）审核企业是否将资产处置损益核算在“主营业务收入”“其他业务收入”科目，造成业务招待费、广告费和业务宣传费扣除不准确。

（2）转让资产时，若因资产减值准备形成的税会差异，不得同时在“资产减值准备金”及“资产损失”或“收入类调整项目——其他”进行重复调减。

（3）注意审核无形资产转让业务，属于所有权转让抑或使用权转让。无形资产使用权转让通常核算在“主营业务收入”“其他业务收入”等科目，无形资产所有权转让核算在“资产处置损益”或“营业外收入”科目，结合会计核算资料确定申报是否正确。

（4）注意结合“应付账款”“营业外支出”“长期股权投资”“应付股利”等科目，审核是否存在视同资产处置行为，企业是否进行了纳税调整。

（5）审核资产处置损失是否按照企业所得税资产损失税前扣除的管理要求进行了清单或专项申报，未申报不得税前扣除。

（6）审核资产处置的双方是否为关联企业，其交易价格是否符合独立交易原则。

第五节　营业外收入

会计上，营业外收入反映企业发生的营业利润以外的收益，主要包括债务重组利得、与企业日常活动无关的政府补助、盘盈利得、捐赠利得等。主要与企业所得税法中接受捐赠收入及其他收入对应。

一、接受捐赠收入

相关税收政策

（1）接受捐赠收入，是指企业接受的来自其他企业、组织或者个人无偿给予的货币性资产、非货币性资产。接受捐赠收入，按照实际收到捐赠资产的日期确认收入的实现。

（2）企业以非货币形式取得的收入，应当按照公允价值确定收入额。公允价值，是指按照市场价格确定的价值。

（3）企业取得财产（包括各类资产、股权、债权等）转让收入、债务重组收入、接受捐赠收入、无法偿付的应付款收入等，不论是以货币形式、还是非货币形式体现，除另有规定外，均应一次性计入确认收入的年度计算缴纳企业所得税。2008 年 1 月 1 日至国家税务总局公告 2010 年第 19 号文件施行前，各地就上述收入计算的所得，已分 5 年平均计入各年度应纳税所得额计算纳税的，在国家税务总局公告 2010 年第 19 号文件发布后，对尚未计算纳税的应纳税所得额，应一次性作为本年度应纳税所得额计算纳税。①

（4）企业接收股东划入资产（包括股东赠与资产、上市公司在股权分置改革过程中接收原非流通股股东和新非流通股股东赠与的资产、股东放弃本企业的股权，下同），凡合同、协议约定作为资本金（包括资本公积）且在会计上已做实际处理的，不计入企业的收入总额，企业应按公允价值确定该项资产的计税基础。企业接收股东划入资产，凡作为收入处理的，应按公允价值计入收入总额，计算缴纳企业所得税，同时按公允价值确定该项资产的计税基础。②

（5）对国家电网公司和中国南方电网有限责任公司及其所属全资、控股企业接收用户资产应缴纳的企业所得税不征收入库，直接转增国家资本金。用户资产，是指由

① 《国家税务总局关于企业取得财产转让等所得企业所得税处理问题的公告》（国家税务总局公告 2010 年第 19 号）。

② 《国家税务总局关于企业所得税应纳税所得额若干问题的公告》（国家税务总局公告 2014 年第 29 号）。

用户出资建设的、专门用于电力接入服务的专用网架及其附属设备、设施等供电配套资产，包括：由用户出资建设的城市电缆下地等工程形成的资产；由用户出资建设的小区配电设施形成的资产；用户为满足自身用电需要，出资建设的专用输变电、配电及计量资产等。上文所称用户，包括政府、机关、军队、企业事业单位、社会团体、居民等电力用户。有关电网企业对接收的用户资产，可按接收价值计提折旧，并在企业所得税税前扣除。①

二、税法与会计差异分析

(1) 由于《企业会计准则》将接受捐赠资产记入“营业外收入”科目与税法的处理不存在差异。所以，企业无须对接受捐赠资产进行纳税调整。企业会计制度规定，接受捐赠应记入“资本公积”科目，与企业所得税存在差异，汇算清缴时应在《A105000 纳税调整项目明细表》进行纳税调增。

(2) 在接受捐赠收入的计量及确认时间方面税法与《企业会计准则》一致。

(3)《财政部关于做好执行会计准则企业 2008 年年报工作的通知》(财会函〔2008〕60 号)规定：“企业接受的捐赠和债务豁免，按照会计准则规定符合确认条件的，通常应当确认为当期收益。如果接受控股股东或控股股东的子公司直接或间接的捐赠，从经济实质上判断属于控股股东对企业的资本性投入，应作为权益性交易，相关利得计入所有者权益(资本公积)。”

企业接受代为偿债、债务豁免或捐赠，按照《企业会计准则》规定符合确认条件的，通常应当确认为当期收益；但是，企业接受非控股股东(或非控股股东的子公司)直接或间接代为偿债、债务豁免或捐赠，经济实质表明属于非控股股东对企业的资本性投入，应当将相关利得计入所有者权益(资本公积)。②

企业发生破产重整，其非控股股东因执行人民法院批准的破产重整计划，通过让渡所持有的该企业部分股份向企业债权人偿债的，企业应将非控股股东所让渡股份按照其在让渡之日的公允价值计入所有者权益(资本公积)，减少所豁免债务的账面价值，并将让渡股份公允价值与被豁免的债务账面价值之间的差额计入当期损益。控股股东按照破产重整计划让渡了所持有的部分该企业股权向企业债权人偿债的，该企业也按此原则处理。③

企业会计准则的上述处理同《国家税务总局关于企业所得税应纳税所得额若干问题的公告》(国家税务总局公告 2014 年第 29 号)的规定一致。

案例 2-18　接受捐赠收入的税务处理

甲公司执行企业会计准则，2017 年 6 月接受一台设备捐赠，捐赠方无偿提供市场价

① 《财政部 国家税务总局关于电网企业接受用户资产有关企业所得税政策问题的通知》(财税〔2011〕35 号)。

②③ 《财政部 关于印发〈企业会计准则解释第 5 号〉的通知》(财会〔2012〕19 号)。

格为 20 万元的设备，增值税专用发票注明价款 20 万元，增值税 34 000 元；甲公司自行支付运费 3 330 元，取得运输公司开具的运费增值税专用发票。支付高速公路通行费并取得通行费发票，注明的收费金额为 103 元。

解析：

作如下会计处理：

借：固定资产　　203 100

　　应交税费——应交增值税（进项税额）　　34 333

　　贷：营业外收入　　234 000

　　　　银行存款　　3 433

税务处理：依据《财政部 国家税务总局关于收费公路通行费增值税抵扣有关问题的通知》（财税〔2016〕86 号）规定，增值税一般纳税人支付的道路、桥、闸通行费，暂凭取得的通行费发票（不含财政票据，下同）上注明的收费金额按照下列公式计算可抵扣的进项税额：高速公路通行费可抵扣进项税额＝高速公路通行费发票上注明的金额÷（1＋3%）×3%。

当期进项税额＝34 000＋3 330÷（1＋11%）×11%＋103÷（1＋3%）×3%＝34 333（元）。

受赠非货币资产计入应纳税所得额的内容包括受赠资产的公允价值和由捐赠企业代为支付的增值税，但不包括由受赠企业另外支付的相关税费。所以，应税捐赠收入金额与会计"营业外收入"金额一致，不作纳税调整，只需在附表 A101010 第 22 行"（六）捐赠利得"填报 234 000 元即可。

【后续管理提示】 接受捐赠的资产特别注意应取得合法、有效的凭证，否则将影响以后成本、折旧、摊销的税前扣除。

（三）审核要点

（1）结合会计核算资料及纳税申报表，审核企业是否存在取得捐赠资产不入账，或计入"资本公积"未作纳税调整的情况。

税前扣除真实性

（2）根据捐赠协议及相关单据，核实接受捐赠非货币性资产收入金额确认是否准确，是否存在价格不公允的情况。

（3）根据股东划入资产的相关协议及"实收资本""资本公积"科目核算情况审核企业接受股东划入资产应确定为股东投资或是捐赠，不能盲目作为接受捐赠收入申报，造成多缴税款。

三、其他收入

《企业所得税法》所称其他收入，包括企业资产溢余收入、逾期未退包装物押金收入、确实无法偿付的应付款项、已作坏账损失处理后又收回的应收款项、债务重组收入、补贴收入、违约金收入、汇兑收益等。这里的补贴收入包含企业无偿取得的货币性资产或非货币性资产等形式的政府补助收入的内容。

（一）政府补助

1. 相关税收政策

1）财政拨款

财政拨款，是指各级人民政府对纳入预算管理的事业单位、社会团体等组织拨付的财政资金，但国务院和国务院财政、税务主管部门另有规定的除外。纳入预算管理的事业单位、社会团体等组织按照核定的预算和经费报领关系收到的由财政部门或上级单位拨入的财政补助收入，准予作为不征税收入，在计算应纳税所得额时从收入总额中减除，但国务院和国务院财政、税务主管部门另有规定的除外。①

2）依法收取并纳入财政管理的行政事业性收费、政府性基金

行政事业性收费，是指依照法律法规等有关规定，按照国务院规定程序批准，在实施社会公共管理，以及在向公民、法人或者其他组织提供特定公共服务过程中，向特定对象收取并纳入财政管理的费用。

政府性基金，是指企业依照法律、行政法规等有关规定，代政府收取的具有专项用途的财政资金。

企业按照规定缴纳的、由国务院或财政部批准设立的政府性基金以及由国务院和省、自治区、直辖市人民政府及其财政、价格主管部门批准设立的行政事业性收费，准予在计算应纳税所得额时扣除。

企业缴纳的不符合上述审批管理权限设立的基金、收费，不得在计算应纳税所得额时扣除。企业收取的各种基金、收费，应计入企业当年收入总额。对企业依照法律、法规及国务院有关规定收取并上缴财政的政府性基金和行政事业性收费，准予作为不征税收入，于上缴财政的当年在计算应纳税所得额时从收入总额中减除；未上缴财政的部分，不得从收入总额中减除。

3）国务院规定的其他不征税收入

国务院规定的其他不征税收入，是指企业取得的由国务院财政、税务主管部门规定专项用途并经国务院批准的财政性资金。

4）来源于政府及其有关部门的财政补助、补贴、贷款利息及其他各类财政专项资金

企业取得的来源于政府及其有关部门的财政补助、补贴、贷款利息，以及其他各类财政专项资金，包括直接减免的增值税和即征即退、先征后退、先征后返的各种税收（不包括企业按规定取得的出口退税款），除属于国家投资和资金使用后要求归还本金的外，均应计入企业当年收入总额。对企业取得的由国务院财政、税务主管部门规定专项用途并经国务院批准的财政性资金，准予作为不征税收入，在计算应纳税所得额时从收入总额中减除。

5）从县级以上各级人民政府财政部门及其他部门取得的应计入收入总额的财政性

---

① 《财政部 国家税务总局关于财政性资金、行政事业性收费、政府性基金有关企业所得税政策问题的通知》（财税〔2008〕151 号）。

资金

企业从县级以上各级人民政府财政部门及其他部门取得的应计入收入总额的财政性资金，凡同时符合以下条件的，可以作为不征税收入，在计算应纳税所得额时从收入总额中减除。

① 企业能够提供资金拨付文件，且文件中规定该资金的专项用途。

② 财政部门或其他拨付资金的政府部门对该资金有专门的资金管理办法或具体管理要求。

③ 企业对该资金以及以该资金发生的支出单独进行核算。

上述不征税收入用于支出所形成的费用，不得在计算应纳税所得额时扣除；用于支出所形成的资产，其计算的折旧、摊销不得在计算应纳税所得额时扣除。

企业将符合规定条件的财政性资金作不征税收入处理后，在5年(60个月)内未发生支出且未缴回财政或其他拨付资金的政府部门的部分，应重新计入取得该资金第6年的收入总额；重新计入收入总额的财政性资金发生的支出，允许在计算应纳税所得额时扣除。①

6) 国有资产划入

县级以上人民政府(包括政府有关部门，下同)将国有资产明确以股权投资方式投入企业，企业应作为国家资本金(包括资本公积)处理。该项资产如为非货币性资产，应按政府确定的接收价值确定计税基础。

县级以上人民政府将国有资产无偿划入企业，凡指定专门用途并按《财政部 国家税务总局关于专项用途财政性资金企业所得税处理问题的通知》(财税〔2011〕70号)规定进行管理的，企业可作为不征税收入进行企业所得税处理。其中，该项资产属于非货币性资产的，应按政府确定的接收价值计算不征税收入。②

7) 核力发电企业取得的增值税退税款

自2008年1月1日起，核力发电企业取得的增值税退税款，专项用于还本付息，不征收企业所得税。③

8) 软件生产企业实行增值税即征即退政策所退还的税款

符合条件的软件企业按照《财政部 国家税务总局关于软件产品增值税政策的通知》(财税〔2011〕100号)规定取得的即征即退增值税款，由企业专项用于软件产品研发和扩大再生产并单独进行核算，可以作为不征税收入，在计算应纳税所得额时从收入总额中减除。④

9) 动漫企业实行增值税即征即退政策所退还的税款

---

① 《财政部 国家税务总局关于专项用途财政性资金企业所得税处理问题的通知》(财税〔2011〕70号)。

② 《国家税务总局关于企业所得税应纳税所得额若干问题的公告》(国家税务总局公告2014年第29号)。

③ 《财政部 国家税务总局关于核电行业税收政策有关问题的通知》(财税〔2008〕38号)。

④ 《财政部 国家税务总局关于进一步鼓励软件产业和集成电路产业发展企业所得税政策的通知》(财税〔2012〕27号)。

经认定的动漫企业自主开发、生产动漫产品，可申请享受国家现行鼓励软件产业发展的所得税优惠政策。①

10）社会保障基金投资收入

对社保基金理事会、社保基金投资管理人管理的社保基金银行存款利息收入，社保基金从证券市场中取得的收入，包括买卖证券投资基金、股票、债券的差价收入，证券投资基金红利收入，股票的股息、红利收入，债券的利息收入及产业投资基金收益、信托投资收益等其他投资收入，作为企业所得税不征税收入。

对社保基金投资管理人、社保基金托管人从事社保基金管理活动取得的收入，依照税法的规定征收企业所得税。②

2. 政府补助税法与会计差异分析

1）会计处理

（1）根据《企业会计准则第16号——政府补助》（财会〔2017〕15号）规定，政府补助分为与资产相关的政府补助和与收益相关的政府补助。与资产相关的政府补助，是指企业取得的、用于购建或以其他方式形成长期资产的政府补助。与收益相关的政府补助，是指除与资产相关的政府补助之外的政府补助。

税前扣除合法性

（2）政府补助同时满足下列条件的，才能予以确认：

① 企业能够满足政府补助所附条件。

② 企业能够收到政府补助。

（3）政府补助为货币性资产的，应当按照收到或应收的金额计量。政府补助为非货币性资产的，应当按照公允价值计量；公允价值不能可靠取得的，按照名义金额计量。

（4）与资产相关的政府补助，应当冲减相关资产的账面价值或确认为递延收益。与资产相关的政府补助确认为递延收益的，应当在相关资产使用寿命内按照合理、系统的方法分期计入损益。按照名义金额计量的政府补助，直接计入当期损益。相关资产在使用寿命结束前被出售、转让、报废或发生毁损的，应当将尚未分配的相关递延收益余额转入资产处置当期的损益。

与收益相关的政府补助，应当分情况按照以下规定进行会计处理：

① 用于补偿企业以后期间的相关成本费用或损失的，确认为递延收益，并在确认相关成本费用或损失的期间，计入当期损益或冲减相关成本。

② 用于补偿企业已发生的相关成本费用或损失的，直接计入当期损益或冲减相关成本。

政府补助准则提出政府补助的会计处理有两种方法：一是总额法，将政府补助全额确认为收益；二是净额法，将政府补助作为相关成本费用的扣减。

---

① 《财政部 国家税务总局关于扶持动漫产业发展有关税收政策问题的通知》（财税〔2009〕65号）。

② 《财政部 国家税务总局关于全国社会保障基金有关企业所得税问题的通知》（财税〔2008〕136号）。

（5）财政贴息的会计处理。

企业取得政策性优惠贷款贴息的，应当区分财政将贴息资金拨付给贷款银行和财政将贴息资金直接拨付给企业两种情况，分别进行会计处理。

财政将贴息资金拨付给贷款银行，由贷款银行以政策性优惠利率向企业提供贷款的，以实际收到的借款金额作为借款的入账价值，按照借款本金和该政策性优惠利率计算相关借款费用。企业也可以按照借款的公允价值作为借款的入账价值并按照实际利率法计算借款费用，实际收到的金额与借款公允价值之间的差额确认为递延收益。递延收益在借款存续期内采用实际利率法摊销，冲减相关借款费用。企业选择了上述两种方法之一后，应当一致地运用，不得随意变更。

财政将贴息资金直接拨付给企业，企业应当将对应的贴息冲减相关借款费用。

（6）政府补助退回的会计处理。

企业已确认的政府补助需要退回的，应当在需要退回的当期分情况按照以下规定进行会计处理：

① 初始确认时冲减相关资产账面价值的，调整资产账面价值。

② 存在相关递延收益的，冲减相关递延收益账面余额，超出部分计入当期损益。

③ 属于其他情况的，直接计入当期损益。

2）税会差异分析

《企业所得税法》在判断政府补助的属性时，将政府补助划分为征税收入和不征税收入。《企业所得税法》第七条的财政拨款、行政事业性收费及符合财税〔2011〕70号文件规定条件的专项用途财政性资金为不征税收入。如果是符合税法规定的不征税收入条件的政府补助，在会计与税法上存在差异，收入应作纳税调减处理。无论是与收益相关的政府补助，还是与资产相关的政府补助，凡政府补助（递延收益）已作不征税收入处理，如果从取得政府补助的次月起连续60个月未发生相关支出，也未缴回财政部门或其他拨付资金的政府部门，应于第61个月的当年将递延收益一次性调增所得，为避免重复征税，当年及以后期间将递延收益结转损益的金额应作纳税调减处理。以后期间发生的相关费用或相关资产折旧、摊销额，允许在税前扣除，不作纳税调整。

若属于应税的政府补助，"与收益相关的一次性计入当期损益或冲减相关成本的政府补助"会计与税法都要求在收到的当期确认，两者没有差异，无须调整；"用于补偿企业以后期间的相关成本费用或损失的政府补助"，会计确认为递延收益，并在确认相关成本费用或损失的期间，计入当期损益或冲减相关成本；根据税法规定应一次性确认收入，两者存在时间性差异，需要进行纳税调整。当该政府补助与资产相关且会计核算采用冲减相关资产的账面价值的方法，税收上应按全额在当期一次性确认收入，那么政府补助收入的确认、以后各期资产折旧、摊销的税前扣除及处置损益与税法存在差异，需进行纳税调整。

案例 2-19　此项收入是政府补助吗?

2017 年 12 月,甲公司收到市财政部门拨款 2 000 万元,系对甲公司 2017 年执行国家计划内政策价差的补偿。甲公司 A 商品单位不含税售价为 5 万元/台,成本为 2.5 万元/台,但在纳入国家计划内政策体系后,甲公司对国家规定范围内的用户销售 A 商品的售价为 3 万元/台,国家财政给予 2 万元/台的补贴。2017 年甲公司共销售政策范围内 A 商品 1 000 件。

解析:

甲公司从市财政部门取得该款项与具有明确商业实质的交易相关,不是公司自国家无偿取得的现金流入,该款项不属于政府补助,应作为企业正常销售价款的一部分。会计处理如下:

借:应收账款、银行存款	58 500 000	
贷:主营业务收入		50 000 000
应交税费——应交增值税(销项税额)		8 500 000
借:主营业务成本	25 000 000	
贷:库存商品		25 000 000

税务处理:由于甲企业取得的此项价格补贴属于财政性资金,但是企业未分别核算,所以不满足财税〔2011〕70 号文件关于不征税收入的条件,应作为应税收入申报。无税会差异,不做纳税调整。

案例 2-20　专项用途财政性资金的税务处理

按照国家有关政策,企业购置环保设备可以申请补贴,以补偿其环保支出,拨付资金的政府部门制定了相关资金管理办法。甲企业于 2017 年 1 月向某市政府有关部门提交了 420 万元的补助申请,作为对其购置环保设备的补贴。2017 年 3 月 15 日,甲企业收到政府补助 420 万元,与日常活动相关。2017 年 4 月 20 日甲企业购入不需要安装环保设备,实际成本为 960 万元,使用寿命 10 年,采用直线法计提折旧,不考虑净残值,假设该设备用于污染物排放测试。如果 2023 年 4 月将此设备转让,转让价格为 420 万元(不含税)。暂不考虑增值税。

解析:

会计、税务处理如下:

总额法和净额法下的会计、税务处理　　单位:万元

方法一:总额法会计、税务处理	方法二:净额法会计、税务处理
(1) 2017 年 3 月 15 日,实际收到财政拨款确认递延收益。	
借:银行存款　420 　贷:递延收益　　420	借:银行存款　420 　贷:递延收益　　420

（续表）

方法一:总额法会计、税务处理	方法二:净额法会计、税务处理
税务处理:由于此项财政性资金满足不征税收入条件,且企业也选择按照不征税收入申报,会计核算在“递延收益”对当期损益无影响,所以,税会无差异。	税务处理:由于此项财政性资金满足不征税收入条件,且企业也选择按照不征税收入申报,会计核算在“递延收益”对当期损益无影响,所以,税会无差异。
(2) 2017 年 4 月 20 日购入设备。	
借:固定资产 960 　贷:银行存款 960	借:固定资产 960 　贷:银行存款 960 同时: 借:递延收益 420 　贷:固定资产 420
(3) 自 2017 年 5 月起,每个资产负债表日(月末)计提折旧,同时分摊的递延收益。	
① 计提折旧: 借:制造费用 8 　贷:累计折旧 8 ② 月末分摊递延收益: 借:递延收益 3.5 　贷:其他收益 3.5	计提折旧: 借:制造费用 4.5 　贷:累计折旧 4.5
税务处理:此项收入为不征税收入,所以,调减 28 万元(3.5×8);与不征税收入相关的资产折旧不得税前扣除,所以,调增 28 万元(3.5×8)。	税务处理:因此项政府补助直接冲减了固定资产价值,计入“制造费用”的折旧 36 万元(4.5×8)属于允许税前扣除的金额,所以,无需调整。
(4) 2023 年 4 月出售设备同时转销递延收益余额。	
① 出售设备: 借:固定资产清理 384 　累计折旧[960/10×(8+5×12+4)/12] 576 　贷:固定资产 960 借:银行存款 420 　贷:固定资产清理 384 　　资产处置损益 36 ② 转销的递延收益余额: 借:递延收益[420−420/10×(8+5×12+4)/12] 168 　贷:营业外收入 168	出售设备: 借:固定资产清理 216 　累计折旧[540/10×(8+5×12+4)/12] 324 　贷:固定资产(960−420) 540 借:银行存款 420 　贷:固定资产清理 216 　　资产处置损益 204
税务处理:固定资产净值 384 万元中 168 万元不得在税前扣除,调增应纳税所得额 168 万元。 因符合不征税收入确认的三个条件,本期营业外收入贷方发生额 168 万元作纳税调减处理。	税务处理:无需调整。

② 2017年度纳税申报表填报(总额法)

A105040　　专项用途财政性资金纳税调整明细表　　单位:万元

行次	项目	取得年度	财政性资金	其中:符合不征税收入条件的财政性资金		以前年度支出情况					本年支出情况	
				金额	其中:计入本年损益的金额	前五年度	前四年度	前三年度	前二年度	前一年度	支出金额	其中:费用化支出金额
		1	2	3	4	5	6	7	8	9	10	11
6	本　年	2017年	420	420	28	*	*	*	*	*	420	0
7	合计(1+2+…+6)	*				*	*	*	*	*		

A105080　　资产折旧、摊销及纳税调整明细表　　单位:万元

行次	项　目	账载金额			税收金额					纳税调整额
		资产原值	本年折旧、摊销额	累计折旧、摊销额	资产计税基础	税收折旧额	享受加速折旧政策的资产按税收一般规定计算的折旧、摊销额	加速折旧统计额	累计折旧、摊销额	
		1	2	3	4	5	6	7=5-6	8	9(2-5)
1	一、固定资产(2+3+4+5+6+7)						*	*		
3	(二)飞机、火车、轮船、机器、机械和其他生产设备	960	64	64	540	36	*	*	36	28

A105000　　纳税调整项目明细表　　单位:万元

行次	项　目	账载金额	税收金额	调增金额	调减金额
		1	2	3	4
1	一、收入类调整项目(2+3+…+11)	*	*		
8	(七)不征税收入	*	*		
9	其中:专项用途财政性资金(填写A105040)	*	*		28
31	三、资产类调整项目(32+33+34+35)	*	*		
32	(一)资产折旧、摊销(填写A105080)			28	

自动生成主表 A100000 第 15 行、16 行数据。（填表略）

税前扣除相关性

（二）固定资产盘盈收入

1. 相关税收政策

企业资产（包含固定资产）溢余收入属于其他收入，计入应纳税所得额，当年和以后年度计提的折旧额可在税前扣除。

2. 税法与会计差异分析

《企业会计准则》规定，固定资产盘盈属于会计差错，应作为前期差错处理，通过"以前年度损益调整"科目核算，不确认当期收入。在纳税申报时通过调整本年应纳税所得额进行反映。

案例 2-21 固定资产盘盈的税务处理

甲公司 2017 年 6 月月末进行资产盘点时，盘盈设备 1 台，其重置完全成本 100 万元，估计七成新。企业适用企业的所得税税率为 25%，该公司按 10%提取盈余公积。

解析：

会计处理如下：

借：固定资产　　1 000 000
　贷：累计折旧　　300 000
　　以前年度损益调整　　700 000

借：以前年度损益调整　　700 000
　贷：应交税费——应交所得税　　175 000
　　盈余公积　　52 500
　　利润分配——未分配利润　　472 500

税务处理：应当调增当年的应纳税所得额 700 000 元。

甲公司 2017 年度纳税申报表填报：

A105000　　纳税调整项目明细表　　单位：元

行次	项　目	账载金额	税收金额	调增金额	调减金额
		1	2	3	4
1	一、收入类调整项目(2+3+…+11)	*	*		
11	(九)其他	0	700 000	700 000	

自动生成主表 A100000 第 15 行数据。（填表略）

（三）其他收入的审核要点

(1) 结合"营业外收入""资产处置损益""财务费用"等科目的会计核算资料，审核 A101010《一般企业收入明细表》、A104000《期间费用明细表》、A105000《纳税调整项目明细表》、A105040《专项用途财政性资金纳税调整明细表》等数据关系的逻辑合理性、真实性、准确性。

(2) 审核“资本公积”科目明细,确定该账户是否核算有“确实无法偿付的应付款项”“罚没收入”“包装物押金”等其他收入,而纳税申报时未进行纳税调整的情况。

(3) 结合企业现金流量变动及资金拨付文件,审核政府补助收入的确认时间,是否存在推迟确认时间的问题。

(4) 企业在对符合条件的“不征税收入”进行调整时,必须结合会计上计入当期损益的情况进行填报。审核企业是否存在取得符合条件的“不征税收入”而会计核算上全部计入“递延收益”,且当期转入“营业外收入”“其他收益”的金额为零时,无需纳税调整却进行纳税调减的情况。

(5) 注意审核不征税收入的后续调整。不征税收入用于支出所形成的费用,不得在计算应纳税所得额时扣除;用于支出所形成的资产,其计算的折旧、摊销不得在计算应纳税所得额时扣除。纳税申报时,尤其应关注不征税收入用于购置资产,其折旧、摊销的后续调整,以及满 60 个月后结余资金的处理,以保证申报的准确性。

第六节 视同销售收入

一、相关税收政策

(1) 企业发生非货币性资产交换,以及将货物、财产、劳务用于捐赠、偿债、赞助、集资、广告、样品、职工福利或者利润分配等用途的,应当视同销售货物、转让财产或者提供劳务,但国务院财政、税务主管部门另有规定的除外。

(2) 企业发生下列情形的处置资产,除将资产转移至境外以外,由于资产所有权属在形式和实质上均不发生改变,可作为内部处置资产,不视同销售确认收入,相关资产的计税基础延续计算。

① 将资产用于生产、制造、加工另一产品。

② 改变资产形状、结构或性能。

③ 改变资产用途(如自建商品房转为自用或经营)。

④ 将资产在总机构及其分支机构之间转移。

⑤ 上述两种或两种以上情形的混合。

⑥ 其他不改变资产所有权属的用途。

企业将资产移送他人的下列情形,因资产所有权属已发生改变而不属于内部处置资产,应按规定视同销售确定收入。

税前扣除合理性

① 用于市场推广或销售。

② 用于交际应酬。

③ 用于职工奖励或福利。

④ 用于股息分配。

⑤ 用于对外捐赠。

⑥ 其他改变资产所有权属的用途。

企业发生上述视同销售情形时，除另有规定外，应按照被移送资产的公允价值确定销售收入。[①]

(3) [②]自 2016 年 1 月 1 日起，企业向公益性社会团体实施的股权捐赠，应按规定视同转让股权，股权转让收入额以企业所捐赠股权取得时的历史成本确定。前款所称的股权，是指企业持有的其他企业的股权、上市公司股票等。

企业实施股权捐赠后，以其股权历史成本为依据确定捐赠额，并依此按照企业所得税法有关规定在所得税前予以扣除。公益性社会团体接受股权捐赠后，应按照捐赠企业提供的股权历史成本开具捐赠票据。

公益性社会团体，是指注册在中华人民共和国境内，以发展公益事业为宗旨、且不以营利为目的，并经确定为具有接受捐赠税前扣除资格的基金会、慈善组织等公益性社会团体。

股权捐赠行为，是指企业向中华人民共和国境内公益性社会团体实施的股权捐赠行为。企业向中华人民共和国境外的社会组织或团体实施的股权捐赠行为不适用上述规定。

(4) 企业以买一赠一等方式组合销售本企业商品的，不属于捐赠，应将总的销售金额按各项商品的公允价值的比例来分摊确认各项的销售收入。

(5) 房地产开发经营业务企业特殊事项的税务处理。

企业将开发产品用于捐赠、赞助、职工福利、奖励、对外投资、分配给股东或投资人、抵偿债务、换取其他企事业单位和个人的非货币性资产等行为，应视同销售，于开发产品所有权或使用权转移，或于实际取得利益权利时确认收入(或利润)的实现。确认收入(或利润)的方法和顺序如下所述：

① 按本企业近期或本年度最近月份同类开发产品市场销售价格确定；

② 由主管税务机关参照当地同类开发产品市场公允价值确定；

③ 按开发产品的成本利润率确定。开发产品的成本利润率不得低于 15%，具体比例由主管税务机关确定。

企业以本企业为主体联合其他企业、单位、个人合作或合资开发房地产项目，且该项目未成立独立法人公司的，按下列规定进行处理。

凡开发合同或协议中约定向投资各方(即合作、合资方，下同)分配开发产品的，企业在首次分配开发产品时，如该项目已经结算计税成本，其应分配给投资方开发产品的计

---

① 《国家税务总局关于企业所得税有关问题的公告》(国家税务总局公告 2016 年第 80 号)。

② 《财政部 国家税务总局关于公益股权捐赠企业所得税政策问题的通知》(财税〔2016〕45 号)。

税成本与其投资额之间的差额计入当期应纳税所得额；如未结算计税成本，则将投资方的投资额视同销售收入进行相关的税务处理。①

二、税法与会计差异分析

（一）非货币性资产交换税会差异

《企业会计准则》规定，非货币性资产交换，是指交易双方主要以存货、固定资产、无形资产和长期股权投资等非货币性资产进行的交换，该交换不涉及或只涉及少量的货币性资产（即补价）。认定涉及少量货币性资产的交换为非货币性资产交换，通常以补价占整个资产交换金额的比例低于25%作为参考。

《企业会计准则》规定，如果非货币性资产交换同时符合两个条件：一是该项交易具有商业实质；二是换入资产或换出资产的公允价值能够可靠计量，应当以换出资产的公允价值作为确定换入资产成本的基础，但有确凿证据表明换入资产的公允价值更加可靠的除外。如果非货币性资产交换不具有商业实质，或者换入资产和换出资产的公允价值都不能可靠地计量，则应当以换出资产的账面价值和应支付的相关税费作为换入资产的成本，不确认损益。

企业会计制度规定，企业之间发生非货币性资产交换，交易双方均不视为资产的销售处理，而是以换出资产的账面价值加上相关税费作为换入资产的入账价值。

无论会计上对非货币性资产交换如何核算，税收上均应将其分解为销售（处置）一项非货币性资产和购置另一项非货币性资产两项业务。按照公允价值确认收入，按照公允价值确认换入资产的计税基础。

（二）货物、财产、劳务视同销售税会差异

《企业会计准则》规定，企业将自产或委托加工的货物用于在建工程、管理部门、捐赠等方面，不符合确认销售商品收入的条件，不作为销售处理。企业将自产的产品作为非货币性福利发放给职工，应按公允价值确认销售收入，计入相关资产成本或当期损益，同时确认应付职工薪酬及结转销售成本。企业将自产、委托加工、外购的货物分配给股东或投资者，应按公允价值确认销售收入，同时结转销售成本。当会计不确认销售收入时（如捐赠、集资、广告、样品、赞助等），税法应视同销售，产生税法与会计差异。

案例 2-22　公益性股权捐赠的税务处理

2017年5月1日甲公司将其拥有10 000股乙公司的股票全部捐赠给中国青少年基金会，用于发展中国的慈善事业，并办妥了相关的股权转让手续。已知乙公司股票为2016年5月购入，每股市价100元，甲公司将购入的乙公司股票作为交易性金融资产核算。2016年12月31日，乙公司股价上涨，每股市价为110元。2017年5月1日捐赠时股价为每股价格为114元。甲公司本年会计利润为1 000万元，企业所得税税率为25%。

① 《国家税务总局关于印发〈房地产开发经营业务企业所得税处理办法〉的通知》（国税发〔2009〕31号）。

解析：

2016 年 5 月购入时，会计处理如下：

借：交易性金融资产——成本　　1 000 000

　　贷：银行存款　　1 000 000

2016 年 12 月 31 日，乙公司股价上涨，公允价值高于账面价值时：

借：交易性金融资产——公允价值变动　　100 000

　　贷：公允价值变动损益　　100 000

借：公允价值变动损益　　100 000

　　贷：本年利润　　100 000

税务处理：甲公司产生的公允价值变动损益在税法上不确认，应在年度纳税申报时，调减应纳税所得额 10 万元。

2017 年 5 月 1 日捐赠时，会计处理：

借：交易性金融资产——公允价值变动　　40 000

　　贷：公允价值变动损益　　40 000

借：营业外支出　　1 147 924.53

　　贷：交易性金融资产——成本　　1 000 000

　　　　交易性金融资产——公允价值变动　　140 000

　　　　应交税费——转让金融商品应交增值税　　7 924.53

转让金融商品应交增值税＝(1 140 000－100 0000)÷(1＋6%)×6%＝7 924.53(元)

借：公允价值变动损益　　140 000

　　贷：投资收益　　140 000

税务处理：甲公司产生的公允价值变动损益在税法上不确认，应在年度纳税申报时，调减应纳税所得额 4 万元。企业向公益性社会团体实施的股权捐赠，应按规定视同转让股权，股权转让收入额以企业所捐赠股权取得时的历史成本 100 万元确定，股权转让成本为 100 万元，所以，视同股权转让所得为 0 元。企业实施股权捐赠后，以其股权历史成本为依据确定捐赠额，所以捐赠额为 1 007 924.53 元(1 000 000＋7 924.53)，依此按照企业所得税法有关规定在所得税前予以扣除。当年会计利润为 1 000 万元，本年度无其他捐赠支出，那么本年度公益性捐赠扣除限额为 120 万元，税收上确认的捐赠额为 1 007 924.53 元，1 007 924.53 元小于公益性捐赠扣除限额，所以税前扣除公益性捐赠额为1 007 924.53元。而会计上计入“营业外支出”的金额为 1 147 924.53 元，应调增应纳税所得额 140 000 元。

案例 2-23　非货币性资产交换的所得税处理

甲公司为增值税一般纳税人，于 2017 年 12 月 5 日以一批商品换入乙公司的一项非专利技术，该交换具有商业实质。甲公司换出商品的账面价值为80万元，不含增值税的公允价值为100万元，增值税税额为17万元；另收到乙公司补价10万元。甲公司换入非专利技术的原账面价值为60万元，公允价值无法可靠计量，未取得增值税专用发票。假定不考虑其他因素。

解析：

2017年12月5日，会计处理如下：

借：无形资产　　1 070 000
　　银行存款　　100 000
　贷：主营业务收入　　1 000 000
　　　应交税费——应交增值税（销项税额）　　170 000

借：主营业务成本　　800 000
　贷：库存商品　　800 000

税务处理：由于此项非货币性资产交换业务企业按照公允价模式核算，确认收入及结转成本，与企业所得税处理一致，所以无需视同销售进行纳税调整。只需根据会计核算在附表A101010《一般企业收入明细表》第4行“其中：非货币性资产交换收入”填报100万元，在附表A102010《一般企业成本支出明细表》第4行“其中：非货币性资产交换成本”填报80万元即可。

如果甲企业判断此项非货币性资产交换业务不具有商业实质，那么会计处理如下：

借：无形资产　　870 000
　　银行存款　　100 000
　贷：库存商品　　800 000
　　　应交税费——应交增值税（销项税额）　　170 000

税务处理：由于此项非货币性资产交换业务企业未确认收入，所以根据企业所得税法规定应当视同销售，确认视同销售收入100万元，视同销售成本80万元。

2017年度纳税申报表填报：

A105010　　视同销售和房地产开发企业特定业务纳税调整明细表　　单位：元

行次	项目	税收金额	纳税调整金额
		1	2
1	一、视同销售（营业）收入（2＋3＋4＋5＋6＋7＋8＋9＋10）		
2	（一）非货币性资产交换视同销售收入	1 000 000	1 000 000
11	二、视同销售（营业）成本（12＋13＋14＋15＋16＋17＋18＋19＋20）		
12	（一）非货币性资产交换视同销售成本	800 000	－800 000

A105000　　纳税调整项目明细表　　单位:元

行次	项　目	账载金额	税收金额	调增金额	调减金额
		1	2	3	4
1	一、收入类调整项目(2+3+…+11)	*	*		
2	(一)视同销售收入(填写A105010)	*		1 00 0000	*
12	二、扣除类调整项目(13+14+…+30)	*	*		
13	(一)视同销售成本(填写A105010)	*		*	8 00 000

自动生成主表A100000第15行、16行数据。(略)

【后续管理提示】 当此项非货币性资产交换业务不具有商业实质时,甲公司取得无形资产的账面成本与计税基础有差异,账面成本为87万元,计税基础为107万元,后续管理中应注意无形资产摊销的税会差异调整。

三、审核要点

(1) 审核时,应关注视同销售的来源账户,如"库存商品""固定资产""在建工程""无形资产""长期股权投资""应付款项"和其他记录非货币性资产交换的有关科目,确定企业是否发生视同销售行为,再结合纳税申报表核实视同销售收入及成本的纳税调整情况。

(2) 企业发生视同销售业务,如果其会计上已计入当期损益,则无需再按照视同销售进行纳税申报,注意审核企业是否重复申报造成多缴税款。企业如发生不具有商业实质的非货币性资产交换行为,审核是否按规定依法进行了纳税调整。

(3) 企业发生视同销售业务,除另有规定外,均按公允价值确认视同销售收入,应注意审核企业是否存在按成本确认视同销售收入而不符合税法规定的情况。

税前扣除权责发生制

(4) 由于公益性股权捐赠视同销售收入规定的特殊性,应注意审核视同销售收入、成本确认的准确性。尤其注意公益性股权捐赠税前扣除金额的确定及纳税调整情况。

(5) 存货、固定资产、无形资产等资产发生非货币性资产交换或其他视同销售用途,且会计在以前年度已计提跌价准备的情况下,会计上要求将以前年度已计提的存货跌价准备,作为存库商品或产成品的备抵项目,冲减以前年度已计提的"存货跌价准备",申报时应进行纳税调整。

第三章　税前扣除项目的确定

内容摘要　企业所得税的任何税前扣除项目均须符合税前扣除的基本原则，在此前提之下根据具体项目的定性、定量标准再加以规范，以保障税前扣除的规范性。税前扣除项目的处理既是企业所得税计算的核心，也是容易出现涉税风险之处。

第一节　税前扣除原则及内容

税前扣除项目是纳税人每一纳税年度发生的与取得应纳税收入有关的所有必要和正常的成本、费用、税金、损失和其他支出。税前扣除项目的确定和计算是应纳税所得额的重要组成部分，也是企业所得税的核心问题之一。

一、税前扣除基本原则

企业申报的税前扣除项目应真实、合法、合理且与取得应税收入直接相关。真实是指能提供证明有关支出确属已经实际发生的适当凭据；合法是指符合国家税收规定，其他法规规定与税收法规规定不一致的，以税收法规规定为准；合理是纳税人可扣除费用的计算和分配方法应符合一般的生产经营常规。除税收法规另有规定外，税前扣除一般应遵循以下原则：

(1) 权责发生制原则，是指企业应纳税所得额的计算，以权利和风险的发生来决定收入和费用的归属期，属于当期的收入和费用，不论款项是否收付，均作为当期的收入和费用；不属于当期的收入和费用，即使款项已经在当期收付，均不作为当期的收入和费用。《企业所得税法实施条例》和国务院财政、税务主管部门另有规定的除外。

(2) 真实性原则，是指在企业所得税前扣除的支出必须是实际发生的。要求纳税人对企业所得税税前扣除的成本、费用、税金、损失和其他支出能够提供形式和内容都为真实的凭证。真实性原则并不是要求纳税人扣除的支出是当期支付的，符合权责发生制即可。

企业的扣除项目一般都是发生当期进行税前扣除，而对于企业发现以前年度实际发生的、按照税收规定应在企业所得税前扣除而未扣除或者少扣除的支出的特殊情况，根据《国家税务总局关于企业所得税应纳税所得额若干税务处理问题的公告》(国家税务总局公告 2012 年第 15 号)规定，企业需要作出专项申报及说明以后，追补至发生年度扣除，并且追补期限不得超过 5 年。

(3) 相关性原则，是指在企业所得税税前扣除的支出必须是与取得收入有关的支出。相关性的具体判断应当从支出发生的根源和性质方面进行分析，而不是从费用支出的结果分析。

(4) 合理性原则，符合生产经营活动常规，应当计入当期损益或者有关资产成本的必要和正常的支出。

(5) 配比原则，是指企业发生的费用应当与收入配比扣除。除特殊规定外，企业发生的费用不得提前或滞后申报扣除。

(6) 划分收益性支出和资本性支出原则。企业发生的支出应当区分收益性支出和资本性支出。收益性支出在发生当期直接扣除；资本性支出应当分期扣除或者计入有关资产成本，不得在发生当期直接扣除。

(7) 税法优先原则或纳税调整原则，在计算应纳税所得额时，企业财务、会计处理办法与税收法律、行政法规的规定不一致的，应当依照税收法律、行政法规的规定计算。《国家税务总局关于企业所得税应纳税所得额若干税务处理问题的公告》(国家税务总局公告 2012 年第 15 号)第六条规定，根据《企业所得税法》第二十一条规定，对企业依据财务会计制度规定，并实际在财务会计处理上已确认的支出，凡没有超过《企业所得税法》和有关税收法规规定的税前扣除范围和标准的，可按企业实际会计处理确认的支出，在企业所得税前扣除，计算其应纳税所得额。因此，在税法没有特别条款的情况下，会计准则和制度也构成税法的一部分。

(8) 不得重复扣除原则。除《企业所得税法》及其实施条例另有规定外，企业实际发生的成本、费用、税金、损失和其他支出，不得重复扣除。

(9) 凭合法凭据扣除原则，是指企业应当凭借合法有效的凭据进行企业所得税税前扣除。《国家税务总局关于印发〈进一步加强税收征管若干具体措施〉的通知》(国税发〔2009〕114 号)规定，未按规定取得合法有效凭据不得在税前扣除。企业当年度实际发生的相关成本、费用，由于各种原因未能及时取得该成本、费用的有效凭证，企业在预缴季度所得税时，可暂按账面发生金额进行核算；但在汇算清缴时，应补充提供该成本、费用的有效凭证。[①]

二、税前扣除凭证

税前扣除凭证，是指纳税人申报扣除的任何费用必须能够提供证明其支出确实已经

① 《国家税务总局关于企业所得税若干问题的公告》(国家税务总局公告 2011 年第 34 号)。

实际发生的合法、有效凭证。根据凭证的取得来源，税前扣除凭证可分为外部凭证和内部凭证。

营改增后，根据是否应缴纳增值税，外部凭证可分为应税项目凭证和非应税项目凭证。支付应税项目的支出，应取得发票作为有效凭证。根据《中华人民共和国发票管理办法》规定，应税项目是指企业购买货物、无形资产、不动产，接受加工、修理修配劳务或应税服务时，销售方或提供劳务、服务方应缴纳增值税的项目和免税项目。企业发生应税项目支出时，应取得发票，按规定进行税前扣除，发票管理有特殊规定的除外。非应税项目是指企业在生产经营过程中发生的支出，收入方依法不征收增值税的项目。企业发生非应税项目支出时，不需取得发票但应取得其他有效凭证，按规定进行税前扣除。非应税项目由税务部门或其他部门代收的，可以代收凭据依法在税前扣除。

内部凭证主要指自制凭证，如工资费用分配表等，自制凭证也是合法有效的。

（一）常见的税前扣除有效凭证

1. 发票

借款利息资本化

（1）购买货物、劳务、服务，受让不动产、无形资产，支付给境内企业单位或者个人的应税项目款项，该企业单位或者个人开具的增值税发票（包含道路、桥、闸通行费发票）。

单位和个人从中国境外取得的与纳税有关的发票，税务机关在纳税审查时有疑义的，可以要求其提供境外公证机构或者注册会计师的确认证明，经税务机关审核认可后，方可作为记账核算的凭证。

（2）支付给行政机关、事业单位、军队等非企业性单位的租金等经营性应税收入，该单位开具（税务机关代开）的发票。

（3）从境内的农（牧）民手中购进免税农产品，农（牧）民开具的农产品销售发票或者企业自行开具的农产品收购发票。

2. 缴款书、完税证明

主要有缴纳税款的完税证明、社会保险费专用缴款书及住房公积金汇（补）缴书和银行转账单据、非税收入一般缴款书等，都是税收、社会保险费、住房公积金、非税收入支出的重要凭据。

3. 签收单

这类支出主要是支付境外的，考虑到境外大部分国家和地区都没有发票，所以该类支出只能以境外单位或者个人的签收单据为合法有效凭证。税务机关对签收单据有疑义的，可以要求其提供境外公证机构的确认证明。

4. 借款利息

非金融企业实际发生的借款利息，应分别不同情况处理：

（1）向银行金融企业借款的利息支出，该企业开具的银行利息结算单据。

（2）向非银行金融企业、非金融企业或个人借款而支付的利息，须有借款合同（或协议)、付款单据和发票;在按照合同要求首次支付利息并进行税前扣除时,应提供"(本省任何一家)金融企业的同期同类贷款利率情况说明"。

(3) 为向银行或非银行金融机构借款而支付的融资服务费、融资顾问费,应取得符合规定的发票。

5. 行程单

航空运输电子客票暂使用《航空运输电子客票行程单》作为旅客购买电子客票的付款凭证或报销凭证。行程单纳入税务部门发票管理,由国家税务总局监制。

6. 财政票据

缴纳政府性基金、行政事业性收费,征缴部门开具的财政票据。支付的土地出让金,国土部门开具的财政票据

7. 工会经费收入专用收据

拨缴职工工会经费,工会组织开具的《工会经费收入专用收据》。

8. 代收凭据

由税务部门或其他部门代收的且允许扣除的工会经费代收凭据。

9. 捐赠票据

通过公益性社会团体或者县级以上人民政府及其部门用于法定公益事业的捐赠,财政部门监制的捐赠票据。

10. 判决书、裁定书等

根据法院判决、调解、仲裁等发生的支出,以法院判决书、裁定书、调解书,以及可由人民法院执行的仲裁裁决书、公证债权文书和付款单据。

11. 其他

支付给境内单位和个人的既非应税项目又非政府部门收取的费金,如非价外费用的违约金、赔偿费,解除劳动合同(辞退)补偿金、拆迁补偿费等,凭盖有收款单位印章的收据或收款个人签具的收据、收条或签收花名册等单据以及已签订的合同,并附有收款单位或个人的证照或身份证明复印件为辅证。

(二) 税前扣除及扣除凭证管理的特殊规定

(1) 工资扣除,须有工资分配方案、工资结算单、企业与职工签订的劳动合同、个人所得税扣缴情况以及社保机构盖章的社会保险名单清册。

(2) 会议费支出,须有召开会议的文件、通知、会议纪要、参会人员的签到单等能够证明会议真实性的资料以及会议费用明细单等。

(3) 企业集团或其成员企业统一向金融机构借款分摊集团内部其他成员企业使用的,借入方凡能出具从金融机构取得借款的证明文件,可以在使用借款的企业间合理的分摊利息费用,使用借款的房地产企业分摊的合理利息准予在税前扣除。

(4) 纳税人所取得的发票、收据等凭证,票据自身和内容及开具均须真实且符合相关规定;不符合规定的发票,伪造、变造、虚假的票据等不得作为有效扣除凭证。进一步

核查日常检查中发现的虚假发票，凡虚假发票，一律不得用于税前扣除、抵扣税款、办理出口退税和财务报销。[①]

(5) 特殊支付项目还应将相关资料作为附件或备查资料。有些支出即使符合规定比例，也取得有效凭证，但仍不能扣除。

(6) 现行企业所得税征缴方式为按季(月)预缴、年终汇算清缴。企业当年度实际发生的相关成本、费用，由于各种原因未能及时取得该成本、费用的有效凭证，在预缴季度所得税时，可暂按账面发生金额进行核算；但在汇算清缴时，应补充提供该成本、费用的有效凭证。[②]

三、税前扣除项目的范围

《企业所得税法》规定，企业实际发生的与取得收入有关的、合理的支出，包括成本、费用、税金、损失和其他支出，准予在计算应纳税所得额时扣除。

(一) 成本

成本是指企业在生产经营活动中发生的销售成本、销货成本、业务支出以及其他耗费，即企业销售商品(产品、材料、下脚料、废料、废旧物资等)、提供劳务、转让固定资产、无形资产(包括技术转让)的成本。

企业必须将经营活动中发生的成本合理划分为直接成本和间接成本。直接成本是指可直接计入有关成本计算对象或劳务的经营成本中的直接材料、直接人工等。间接成本是指多个部门为同一成本对象提供服务的共同成本，或者同一种投入可以制造、提供两种或两种以上的产品或劳务的联合成本。

直接成本可根据有关会计凭证、记录直接计入有关成本计算对象或劳务的经营成本中。间接成本必须根据与成本计算对象之间的因果关系、成本计算对象的产量等，以合理的方法分配计入有关成本计算对象中。

(二) 费用

费用是指企业每一个纳税年度为生产、经营商品和提供劳务等所发生的销售(经营)费用、管理费用和财务费用，已经计入成本的有关费用除外。

销售费用是指应由企业负担的为销售商品而发生的费用，包括广告费、运输费、装卸费、包装费、展览费、保险费、销售佣金(能直接认定的进口佣金调整商品进价成本)、代销手续费、经营性租赁费及销售部门发生的差旅费、工资、福利费等费用。

管理费用是指企业的行政管理部门为管理组织经营活动提供各项支援性服务而发生的费用。

财务费用是指企业筹集经营性资金而发生的费用包括利息净支出、汇兑净损失、金融机构手续费以及其他非资本化支出。

---

① 《国家税务总局关于进一步加强商业预付卡税收管理的通知》(国税函〔2011〕413号)。

② 《国家税务总局关于企业所得税若干问题的公告》(国家税务总局公告2011年第34号)。

(三) 税金

税金是指企业发生的除企业所得税和允许抵扣的增值税以外的企业缴纳的各项税金及其附加,即企业按规定缴纳的消费税、营业税(已废止)、城市维护建设税、关税、资源税、土地增值税、房产税、车船使用税、车辆购置税、土地使用税、印花税、教育费附加等税金及附加。这些已纳税金税前扣除的方式有两种:一是在发生当期扣除;二是在发生当期计入相关资产的成本,在以后各期分摊扣除。

(四) 损失

损失是指企业在生产经营活动中发生的固定资产和存货的盘亏、毁损、报废损失,转让财产损失,呆账损失,坏账损失,自然灾害等不可抗力因素造成的损失以及其他损失。

企业发生的损失减除责任人赔偿和保险赔款后的余额依照国务院财政、税务主管部门的规定扣除。

企业已经作为损失处理的资产,在以后纳税年度又全部收回或者部分收回时,应当计入当期收入。

(五) 扣除的其他支出

扣除的其他支出是指除成本、费用、税金、损失外,企业在生产经营活动中发生的与生产经营活动有关的、合理的支出。

融资费用资本化

实务中,计算应纳税所得额时还应注意以下两点:

(1) 企业的不征税收入用于支出所形成的费用及形成资产计算的折旧、摊销均不得税前扣除。

(2) 关于以前年度发生应扣未扣支出的税务处理问题。根据《税收征管法》的有关规定,对企业发现以前年度实际发生的、按照税收规定应在企业所得税前扣除而未扣除或者少扣除的支出,企业作出专项申报及说明后,准予追补至该项目发生年度计算扣除,但追补确认期限不得超过5年。企业由于上述原因多缴的企业所得税税款,可以在追补确认年度企业所得税应纳税款中抵扣,不足抵扣的,可以向以后年度递延抵扣或申请退税。亏损企业追补确认以前年度未在企业所得税前扣除的支出,或盈利企业经过追补确认后出现亏损的,应首先调整该项支出所属年度的亏损额,然后再按照弥补亏损的原则计算以后年度多缴的企业所得税款,并按税法规定处理。①

第二节 成　本

税法所称成本,是指企业在生产经营活动中发生的销售成本、销货成本、业务支出以及其他耗费。成本税前扣除正确与否直接关系到企业所得税应纳税所得额的准确性。

① 《国家税务总局关于企业所得税应纳税所得额若干税务处理问题的公告》(国家税务总局公告2012年第15号)。

一、相关税收政策

（1）成本，是指企业在生产经营活动中发生的销售成本、销货成本、业务支出以及其他耗费。

销售成本主要是针对以制造业为主的生产性企业而言的成本概念。销货成本主要是针对以商业企业为主的流通性企业而言的成本概念。业务支出主要是针对服务业而言的成本概念。其他耗费是保证企业发生的与取得收入有关的、合理的支出得以税前扣除的兜底规定。

（2）企业使用或者销售存货，按照规定计算的存货成本，准予在计算应纳税所得额时扣除。

（3）存货，是指企业持有以备出售的产品或者商品、处在生产过程中的在产品、在生产或者提供劳务过程中耗用的材料和物料等。

存货按照以下方法确定成本：

① 通过支付现金方式取得的存货，以购买价款和支付的相关税费为成本。

② 通过支付现金以外的方式取得的存货，以该存货的公允价值和支付的相关税费为成本。

③ 生产性生物资产收获的农产品，以产出或者采收过程中发生的材料费、人工费和分摊的间接费用等必要支出为成本。

（4）企业使用或者销售的存货的成本计算方法，可以在先进先出法、加权平均法、个别计价法中选用一种。计价方法一经选用，不得随意变更。

（5）未经核准的准备金支出不得税前扣除。

二、税法与会计差异分析

（一）成本概念和范围的差异分析

税法所指成本的概念与一般会计上的成本概念有所不同。会计上成本是指企业在生产产品、提供劳务过程中劳动对象、劳动手段和活劳动的耗费，是对象化的费用，针对一定的产出物计算归集的。在实务中，成本一般包括直接材料、燃料和动力、直接人工、制造费用等成本项目。对于制造企业来说，直接材料，是指构成产品实体的原材料以及有助于产品形成的主要材料和辅助材料；燃料和动力，是指直接用于产品生产的燃料和动力；直接人工，是指直接从事产品生产的工人的职工薪酬；制造费用，是指企业为生产产品和提供劳务而发生的各项间接费用，包括企业生产部门（如生产车间）发生的水电费、固定资产折旧、无形资产摊销、管理人员的职工薪酬、劳动保护费、国家规定的有关环保费用、季节性和修理期间的停工损失等。

税法上的成本一般是指纳税申报期间已经申报确认的销售商品（包括产品、材料、下脚料、废料和废旧物资等）、提供劳务、转让、处置固定资产和无形资产的成本、营业外支出以及视同销售成本等，即会计上已销产品的成本或者说有记入损益类科目的成本金额及视同销售成本金额才能在税前扣除。

(二) 成本核算方法差异分析

成本核算是指将企业在生产经营过程中发生的各种耗费按照一定的对象进行分配和归集,以计算总成本和单位成本。成本核算通常以会计核算为基础,以货币为计算单位。成本核算是成本管理的重要组成部分,对于企业的成本预测和企业的经营决策等存在直接影响。《企业所得税法》只规定了税前扣除成本的范围及存货的成本计价方法,对其他相关成本计算、间接成本分配方法等未作规定,企业应严格按照新《企业产品成本核算制度(试行)》计算各项成本,《企业所得税法》遵循会计规定。但在成本计量上可能存在不一致,包括职工薪酬支出多列支的部分、固定资产折旧费多计提部分,前两者既包括永久性差异,也包括时间性差异。另外建造期超过 12 个月存货,其利息资本化金额可能超过税法规定标准而造成差异。

(三) 存货跌价准备处理的差异

企业会计准则规定,资产负债表日,存货应当按照成本与可变现净值孰低计量。存货成本高于其可变现净值的,应当计提存货跌价准备,计入当期损益。企业存货的跌价准备,通过"存货跌价准备"科目进行核算。本科目期末贷方余额,反映企业已计提但尚未转销的存货跌价准备。资产负债表日,存货发生减值的,按存货可变现净值低于成本的差额,借记"资产减值损失"科目,贷记"存货跌价准备"科目。已计提跌价准备的存货价值以后又得以恢复,应在原已计提的存货跌价准备金额内,按恢复增加的金额,借记"存货跌价准备"科目,贷记"资产减值损失"科目。发出存货结转存货跌价准备的,借记"存货跌价准备"科目,贷记"主营业务成本""生产成本"等科目。

企业所得税允许扣除的项目,原则上必须遵循据实扣除的原则,未经核准的各种跌价、减值准备,在计算应纳税所得额时不得扣除。

提取存货跌价准备时进行纳税调增,提取了跌价准备的存货因价值回升,需要对提取的存货跌价准备转回,根据会计准则,应该减少"存货跌价准备",并同时减少"资产减值损失"。资产减值损失属于利润表中损失科目,"资产减值损失"的减少直接影响了税前利润。因为转回的存货跌价准备在提取年度已经进行了纳税调增,未在企业所得税前扣除。现在转回是资产减值损失的减少,又增加了本年的利润,所以应进行纳税调减。

案例 3-1　存货跌价准备的税务处理

2016 年年底甲公司库存的 A 商品因市场销路不畅价格下降,该商品账面价值 100 万元,提取了 40 万元的存货跌价准备。2017 年 6 月 30 日,A 商品行情好转,价格回升,甲公司转回了存货跌价准备 20 万元。

解析:

2016 年提取存货跌价准备时:

借:资产减值损失——存货跌价损失　　400 000

　贷:存货跌价准备——A 商品　　400 000

税务处理：2016年度企业所得税汇算清缴时，因提取的资产减值损失不允许税前扣除，调增应纳税所得额40万元。

2017年6月30日，企业转回跌价准备时：

借：存货跌价准备——A商品 200 000

贷：资产减值损失——存货跌价损失 200 000

税务处理：年度纳税申报时，对因存货价值回升冲回的准备，要调减应纳税所得额20万元。

企业将提取存货跌价准备的货物销售时，在结转销售货物成本的同时，要对其已计提的存货跌价准备进行结转。因提取存货跌价准备在上一年度已经进行了纳税调增，所以在本年度企业所得税纳税申报时因销售存货而冲销的准备应该进行纳税调减。

如果2017年12月，甲公司将库存的A商品全部销售出去，取得收入120万元(不含税)。

对外出售时，会计处理为：

借：银行存款 1 404 000

贷：主营业务收入 1 200 000

应交税费——应交增值税(销项税额) 204 000

借：主营业务成本 800 000

存货跌价准备——A商品 200 000

贷：库存商品 1 000 000

税务处理：年度纳税申报时，对因销售货物转出的准备，要调减应纳税所得额20万元。

2017年度纳税申报表填报：由于上述差异均因“存货跌价准备”所致，所以应在A105000《纳税调整明细表》第33行“(二)资产减值准备金”进行填报。然后自动生成主表A100000相关行次数据。(填表略)

案例3-2 未取得发票的材料成本的税务处理

某公司2016年购入原材料价值40 000万元，该公司采取加权平均法计价，购入原材料有10 000万元到汇算清缴时仍未取得发票，该年度消耗该项原材料30 000万元，运用约当产量法计算，其中还有3 000万元包含在“在产品”中、“5 000万元”包含在“库存商品”中，22 000万元已经计入了“销售成本”。

解析：

会计处理：企业不用考虑到暂估入账对成本核算的影响，按正常的成本核算程序进行成本核算。

税务处理：购入原材料价值40 000万元，其中有10 000万元原材料到汇算清缴时仍未取得发票，占比为30 000/40 000；该年度消耗该项原材料30 000万元，已耗用原材料计入销售成本的22 000万元中，占比为22 000/30 000。未取得发票的部分税前不予扣除，不允许扣除金额＝30 000/40 000×22 000/30 000×10 000＝5 500(万元)。

2016 年度纳税申报表填报：

在进行企业所得税年度申报时，在附表 A105000《纳税调整项目明细表》第 30 行“(十七)其他”的“账载金额”列填入 22 000 万元，在“税收金额”列填入 16 500 万元，“调增金额”列填入 5 500 万元。

【后续管理提示】 未取得发票的 10 000 万元，根据领用及成本结转情况，本年仅调增了 5 500 万元，要注意后期余额 4 500 万元在结转成本的当期进行纳税调增；同时，如果估计入账的存货已作纳税调增处理，以后 5 年内取得发票的，则应考虑将前期已作纳税调增作相反的纳税调减。

三、审核要点

实际资产与法定资产损失

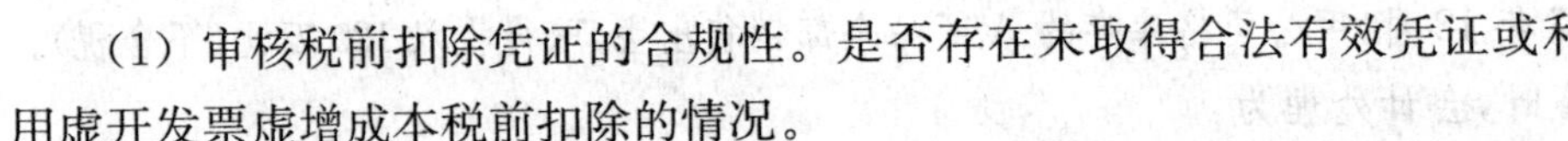

(1) 审核税前扣除凭证的合规性。是否存在未取得合法有效凭证或利用虚开发票虚增成本税前扣除的情况。

(2) 如存在汇算清缴前未取得税前扣除凭证的原材料，注意纳税调整时应结合计入当期损益的情况进行调整，并注意审核后续成本的调整情况。

(3) 存货成本的计算方法，税法规定可以在先进先出法、加权平均法、个别计价法中选用一种。计价方法一经选用，不得随意变更。注意审核企业实际采用的计算方法是否与 A000000《基础信息表》或会计核算备案资料一致，是否存在一个纳税年度内随意变更计算方法的情况。

(4) 纵向比较本年度存货成本计算方法与以前年度是否一致，如有变更，应注意审核企业变更存货成本计算方法的原因是否为合理商业目的，即是否以不缴、少缴税款为目的。

(5) 结合原始凭证审核是否存在将固定资产当作低值易耗品进行税前扣除的情况。

(6) 审核企业是否存在将在建工程、福利等部门耗用或发出的料、工、费直接计入生产成本等。

(7) 审核成本与收入的配比性。如提供跨年度劳务收入按完工进度确认，而成本未按完工进度扣除，全部一次性扣除的问题。

(8) 审核销货退回是否存在只冲减销售收入，不冲减销售成本的情况。

(9) 审核销售数量及金额的准确性，是否存在多记或少记销售数量，多转或少转销售成本的问题。

(10) 审核材料成本差异，是否存在不按时准确结转的问题。商品流通企业注意审核商品进销差价的结转情况。

(11) 结合企业所得税申报表、增值税申报表，通过企业所得税成本与增值税进项税额的关系比对，审核是否存在将应计入成本的支出计入期间费用，并在当期直接扣除的情况。

(12) 审核原材料盘盈、盘亏和毁损的处理。根据“待处理财产损溢——待处理流动资产损溢”科目与“材料盘点表”及“材料盈亏报告表”，审核其数量和金额是否相符，有无压低盘盈价格和提高盘亏价格的问题；对于盘盈的原材料是否存在经过批准核销而未作账务处理，减少当期损益；对于盘亏的原材料审核企业是否进行了申报，证据材料是否齐全。

第三节　期间费用

企业会计准则规定，费用通常分为生产成本和期间费用。生产成本由直接材料、直接人工和制造费用组成。期间费用是企业当期发生的费用中的重要组成部分，是指本期发生的、不能直接或间接归入某种产品成本的、直接计入损益的各项费用，包括管理费用、销售费用和财务费用。期间费用与一定期间相联系，当期的期间费用是全额从当期损益中扣除的，其发生额不影响下一个会计期间。

会计准则界定的“销售费用”科目，核算企业销售商品和材料、提供劳务的过程中发生的各种费用；界定的“管理费用”科目，核算企业为组织和管理企业生产经营所发生的管理费用；界定的“财务费用”科目，核算企业为筹集生产经营所需资金等而发生的筹资费用。

《企业所得税法实施条例》第三十条规定，企业所得税法第八条所称费用，是指企业在生产经营活动中发生的销售费用、管理费用和财务费用，已经计入成本的有关费用除外。

因职工薪酬支出在税法上较为特殊，本书将该项目单独作为一节进行介绍，因此期间费用的差异及调整不涉及职工薪酬支出。

一、管理费用

《企业会计准则》界定的管理费用，是指企业为组织和管理企业生产经营所发生的各种费用。它包括企业在筹建期间内发生的开办费、董事会和行政管理部门在企业的经营管理中发生的或者应当由企业统一负担的公司经费(包括行政管理部门职工工资及福利费、物料消耗、低值易耗品摊销、办公费和差旅费等)、工会经费、董事会费(包括董事会成员津贴、会议费和差旅费等)、聘请中介机构费、咨询费(含顾问费)、诉讼费、业务招待费、房产税、车船税、城镇土地使用税、印花税、技术转让费、矿产资源补偿费、研究费用、排污费以及企业生产车间(部门)和行政管理部门等发生的固定资产修理费用等。税法没有规定管理费用的内容。

(一) 业务招待费

1. 相关税收政策

(1) 企业发生的与生产经营活动有关的业务招待费支出，按照发生额的 60%扣除，但最高不得超过当年销售(营业)收入的 5‰。

(2) 企业在计算业务招待费、广告费和业务宣传费等费用扣除限额时，其销售（营业）收入额应包括《企业所得税法实施条例》第二十五条规定的视同销售（营业）收入额。

(3) 对从事股权投资业务的企业（包括集团公司总部、创业投资企业等），其从被投资企业所分配的股息、红利以及股权转让收入，可以按规定的比例计算业务招待费扣除限额。①

(4) 企业在筹建期间，发生的与筹办活动有关的业务招待费支出，可按实际发生额的60%计入企业筹办费，并按有关规定在税前扣除。

2. 税法与会计差异分析

(1) 会计上对业务招待费可据实列支，而税法则根据实际发生额的60%与当年销售（营业）收入的5‰，采用孰低原则进行税前扣除，扣除额与实际发生额的差额应进行纳税调整，属永久性差异。

(2) 企业在筹建期间发生的业务招待费计入"筹办费"，企业会计制度规定，在开始生产经营的当月起一次计入生产经营当月的损益；企业会计准则规定，实际发生时直接计入"管理费用"。税法规定，实际发生额的60%计入企业筹办费，并按有关规定在税前扣除。

案例 3-3 区分业务招待费与会议费

某工业企业主要生产各种类型的音响制品。2017 年组织重要的关系客户到附近的旅游胜地召开产品推广会，根据企业附报的资料显示，推广会为期 3 天，部分管理人员也参加，同时还会邀请重要单位的客户，并附参会人员名单，费用合计为 50 万元，企业财务人员直接将其计入"管理费用——会议费"，入账发票为某旅行社开具的旅游服务增值税普通发票和某酒店开具的租赁会议室费用 5 000 元增值税普通发票。

解析：

审核企业提供的会议资料，如会议具体内容、会议标准、与旅行社签订的合同等相关资料。在审核相关资料后发现所谓的产品推广会，确定会期仅为半天，其余大部分时间在旅游胜地游玩。

根据企业提供的会议资料判断属于会议费的金额为 5 000 元，可以据实扣除，其余全部应调整为业务招待费，按照业务招待费的相关规定税前扣除。

案例 3-4 业务招待费的扣除

某公司 2017 年账载"主营业务收入"15 000 万元，"其他业务收入"300 万元，按《企业所得税实施条例》第二十五条规定的视同销售（营业）收入额 200 万元，账面列支"管理费用——业务招待费"115 万元、"销售费用——业务招待费"100 万元。

解析：

税务处理：企业实际发生的业务招待费包含分别核算中"管理费用""销售费用"中的

① 《国家税务总局关于贯彻落实企业所得税法若干税收问题的通知》(国税函〔2010〕79 号)。

金额，共计215万元(115+100)。215×60%=129(万元)，销售(营业)收入=15 000+300+200=15 500(万元)，15 500×0.5%=77.5(万元)，税前准予扣除的业务招待费为77.5万元，超出的137.5万元应作纳税调整增加。

2017年度纳税申报表填报：

A104000　　期间费用明细表　　单位:元

行次	项　目	销售费用	其中：境外支付	管理费用	其中：境外支付	财务费用	其中：境外支付
		1	2	3	4	5	6
4	四、业务招待费	1 000 000	*	1 150 000	*	*	*

A105000　　纳税调整项目明细表　　单位:元

行次	项　目	账载金额	税收金额	调增金额	调减金额
		1	2	3	4
12	二、扣除类调整项目(13+14+…+30)	*	*		
15	(三) 业务招待费支出	2 150 000	775 000	1 375 000	*

自动生成主表A100000第15行数据。(填表略)

【后续管理提示】　如果企业当期有"在建工程",应注意审核是否存在将业务招待费计入"在建工程"的情况。如果存在,则需关注"在建工程"完工转入"固定资产"后折旧的差异调整。

案例3-5　筹办期业务招待费的扣除

甲企业自2014年底筹办开业，筹办期间发生费用30万元，其中：业务招待费支出10万元、其他支出20万元。

2017年1月1日，甲企业领取了工商营业执照。2017年当年实现销售收入1 000万元，发生业务招待费支出8万元。

假设甲企业选择一次性摊销筹办费。计算甲企业2017年度准予税前扣除的业务招待费。

解析：

甲企业执行《企业会计制度》，会计处理如下：

甲企业成立期间发生筹办费的会计处理如下：

借：长期待摊费用——筹办费业务招待费　　100 000
　　长期待摊费用——筹办费——其他　　200 000
　贷：银行存款　　300 000

2017年度的会计核算如下：

借：管理费用——业务招待费 80 000

管理费用——筹办费 300 000

贷：银行存款 80 000

长期待摊费用 300 000

税务处理：

2017 年准予扣除筹办期业务招待费的限额为 6 万元(10×60%)。

2017 年准予扣除生产经营期业务招待费的限额为 4.8 万元(8×60%)，与销售收入 5 万元(1 000×5‰)相比，根据孰低原则，确认准许扣除的业务招待费为 4.8 万元。

2017 年准予扣除的业务招待费合计为 10.8 万元(6+4.8)。

2017 年业务招待费的纳税调整额为 7.2 万元(10+8−10.8)。调增应纳税所得额 7.2 万元。

3. 审核要点

坏账准备
税前扣除

(1) 审核业务招待费的范围。在实践中，通常将业务招待费的支付范围界定为餐饮、住宿费、香烟、食品、茶叶、礼品、正常的娱乐活动、安排客户旅游产生的费用等其他支出。同时注意结合交际应酬支出证明资料，审核是否属于业务招待费。应严格区分给客户的回扣、贿赂等非法支出及会议费、业务宣传费核算内容及扣除标准。

(2) 审核“主营业务收入”“其他业务收入”科目和视同销售收入，核实全年销售(营业)收入，确定业务招待费是否依据规定的比例计算扣除限额，并进行纳税调整。

(3) 审核企业支付业务招待费，是否取得有关合法凭证。

(4) 结合“管理费用——业务招待费”对应科目审核，核实企业是否存在视同销售行为。

(5) 注意结合附表 A104000《期间费用明细表》、A105000《纳税调整明细表》及会计核算资料，审核企业是否存在将业务招待费核算在“销售费用”“在建工程”等科目，未进行纳税调整的情况。

(二) 开办费

1. 相关税收政策

(1) 新税法中开(筹)办费未明确列作长期待摊费用，企业可以在开始经营之日的当年一次性扣除，也可以按照新税法有关长期待摊费用的处理规定处理，但一经选定，不得改变。①

(2) 企业自开始生产经营的年度，为开始计算企业损益的年度。企业从事生产经营之前进行筹办活动期间发生筹办费用支出，不得计算为当期的亏损，应按照上述第(1)条规定执行。

① 《国家税务总局关于企业所得税若干税务事项衔接问题的通知》(国税函〔2009〕98 号)。

（3）企业在筹建期间，发生的与筹办活动有关的业务招待费支出，可按实际发生额的60%计入企业筹办费，并按有关规定在税前扣除；发生的广告费和业务宣传费，可按实际发生额计入企业筹办费，并按有关规定在税前扣除。①

2. 税法与会计差异分析

1）开办费扣除方法的差异

《企业会计准则》规定开办费一次性计入当期损益，在“管理费用”中核算。《企业所得税法实施条例》则规定开办费可以在税前一次性扣除，也可以比照长期待摊费用的规定处理。若企业选择开办费一次性扣除，并且在一个纳税年度内筹建完成，则会计与税收没有差异；如果筹建期跨年度，或者企业选择摊销年限不低于3年扣除，则会计与税收之间存在差异，需通过年度纳税申报表调整。

2）开办费扣除金额的差异

《企业会计准则》规定，企业发生的开办费通过“管理费用”据实列支；税法则对企业在筹建期间发生的有关费用（如业务招待费）规定了相应的税前扣除标准。

案例3-6　筹建期开办费的税务处理

甲公司成立于2017年8月，至2017年12月，未实际生产经营，仍处于筹建期。本年度在“管理费用”中列支业务招待费12万元，“营业外支出”中反映向市教育局捐赠助学10万元，“利润表”反映利润总额－60万元。假定无资本化支出，分析甲公司2017年企业所得税纳税调整事项。

解析：

《国家税务总局关于企业所得税应纳税所得额若干税务处理问题的公告》（国家税务总局公告2012年第15号）规定，企业在筹建期间，发生的与筹办活动有关的业务招待费支出，可按实际发生额的60%计入筹办费，并按有关规定在税前扣除。2017年发生的业务招待费，在以后生产经营年度可税前扣除金额＝12×60%＝7.2（万元）。

关于捐赠支出。按《企业所得税法实施条例》第五十三条规定，企业发生的公益性捐赠支出，不超过年度利润总额12%的部分，准予扣除。年度会计利润总额，是指企业依照国家统一会计制度的规定计算的年度会计利润。甲公司在筹建期间发生的开办费，不符合资产定义，计入当期损益，确认会计利润－60万元。但税法未对筹建期间公益性捐赠支出作出特别规定，所以可税前扣除金额为0，应纳税调增10万元。

筹建期间不确认为亏损年度。《国家税务总局有关于贯彻落实企业所得税法若干税收问题的通知》（国税函〔2010〕79号）规定，企业自开始生产经营的年度，为开始计算企业损益的年度。企业从事生产经营之前进行筹办活动期间发生的筹办费用支出，不得计算为当期的亏损，应按照《国家税务总局关于企业所得税若干税务事项衔接问题的通知》

① 《国家税务总局关于企业所得税应纳税所得额若干税务处理问题的公告》（国家税务总局公告2012年第15号）。

(国税函〔2009〕98 号)文件执行，即企业可以在开始经营之日的当年一次性扣除，也可以按照新税法有关长期待摊费用的处理规定处理，但一经选定，不得改变。甲公司当年会计利润－60 万元，经纳税调整计算，以后年度可税前扣除金额为 60－10－(12－7.2)＝45.2(万元)，应作为长期待摊费用处理，在以后生产经营年度选择一次性扣除，也可按不低于 3 年期限均匀税前扣除，而不认定为 2017 年的税收亏损。

3. 审核要点

(1) 结合企业设立的开办费台账，根据开办费会计列支情况，对当期企业应纳税所得额调整进行审核。审核企业正式经营年度税收允许扣除的开办费金额，并对未扣除的余额进行跟踪管理。

(2) 企业开办费可以在税前一次性扣除，也可以比照长期待摊费用的规定处理，但是不能中途改变扣除方式。注意审核，企业是否存在改变开办费扣除方式的情况。

(3) 结合开办费明细审核企业是否存在将应资本化的支出计入筹办费进行扣除的情况。

(三) 企业之间支付的管理费、内部营业机构之间支付的租金和特许权使用费、非银行企业内营业机构之间支付利息的差异及调整

1. 相关税收政策

(1)《企业所得税实施条例》第四十九条规定，企业之间支付的管理费、内部营业机构之间支付的租金和特许权使用费、非银行企业内营业机构之间支付的利息，不得扣除。

(2)《国家税务总局关于母子公司间提供服务支付费用有关企业所得税处理问题的通知》(国税发〔2008〕86 号)规定：

① 母公司为其子公司(简称子公司)提供各种服务而发生的费用，应按照独立企业之间公平交易原则确定服务的价格，作为企业正常的劳务费用进行税务处理。母子公司未按照独立企业之间的业务往来收取价款的，税务机关有权予以调整。

② 母公司向其子公司提供各项服务，双方应签订服务合同或协议，明确规定提供服务的内容、收费标准及金额等，凡按上述合同或协议规定所发生的服务费，母公司应作为营业收入申报纳税；子公司作为成本费用在税前扣除。

③ 母公司向其多个子公司提供同类项服务，其收取的服务费可以采取分项签订合同或协议收取；也可以采取服务分摊协议的方式，即，由母公司与各子公司签订服务费用分摊合同或协议，以母公司为其子公司提供服务所发生的实际费用并附加一定比例利润作为向子公司收取的总服务费，在各服务受益子公司(包括盈利企业、亏损企业和享受减免税企业)之间按《企业所得税法》第四十一条第二款规定合理分摊。

④ 母公司以管理费形式向子公司提取费用，子公司因此支付给母公司的管理费，不得在税前扣除。

⑤ 子公司申报税前扣除向母公司支付的服务费用，应向主管税务机关提供与母公司签订的服务合同或者协议等与税前扣除该项费用相关的材料。不能提供相关材料的，

支付的服务费用不得税前扣除。

(3) 非居民企业在中国境内设立的机构、场所，就其中国境外总机构发生的与该机构、场所生产经营有关的费用，能够提供总机构出具的费用汇集范围、定额、分配依据和方法等证明文件，并合理分摊的，准予扣除。

2. 税法与会计差异分析

企业之间支付的管理费、内部营业机构之间支付的租金和特许权使用费、非银行企业内营业机构之间支付的利息应作为成本费用列入损益，准则上对上述费用的列支未作单独规定。

案例 3-7　企业之间支付管理费的税务处理

甲公司是 A 集团下属的一家子公司，2017 年，A 集团以经常为子公司提供员工培训，业务咨询、监督管理为由提取管理费 6 000 万元，该公司据此支付管理费。A 集团为职工提供的管理并未与子公司签订的服务合同或者协议。

解析：

会计处理：该公司的将支付管理费 6 000 万元列入"管理费用"。

税务处理：母公司向其子公司提供各项服务，应按独立企业之间公平交易原则确定服务的价格，双方应签订服务合同或协议，明确规定提供服务的内容、收费标准及金额等，本例中 A 集团未签订服务合同或者协议，在账面提取为子公司服务的管理费，子公司据此支付的费用税前不予扣除，应作纳税调增。

3. 审核要点

(1) 结合"管理费用"明细科目及纳税申报表审核企业是否列支了母子公司的管理费。

(2) 母公司向其子公司提供各项服务，根据双方签订的服务合同或协议，审核是否符合独立企业之间公平交易原则。

(四) 劳动保护费

1. 相关税收政策

(1) 企业发生的合理的劳动保护支出，准予扣除。

(2) 企业根据其工作性质和特点，由企业统一制作并要求员工工作时统一着装所发生的工作服饰费用，根据《企业所得税法实施条例》第二十七条的规定，可以作为企业合理的支出给予税前扣除。

2. 税法与会计差异分析

《企业会计准则》规定，劳动保护费支出通过"制造费用""管理费用"等科目核算；税法规定企业实际发生的合理的劳动保护支出可以税前扣除；不合理的支出应作纳税调整。

3. 审核要点

(1) 注意区分劳动保护支出中的防暑降温用品与职工福利费中的防暑降温费，审核企业是否存在将属于职工福利费的防暑降温费混入劳动保护支出进行税前扣除的情况。

(2) 审核劳动保护支出是否存在发放货币形式的问题。

(3) 审核劳动保护支出中列支的工作服饰是否合理，是否存在福利费性质。

(4) 审核企业是否存在将劳动保护支出采用货币形式发放而不符合劳动保护支出性质的情况。

(五) 研发支出

1. 相关税收政策

存货资产损失

(1) 企业开发新技术、新产品、新工艺发生的研究开发费用可以在计算应纳税所得额时加计扣除。

(2) 研究开发费用的加计扣除，是指企业为开发新技术、新产品、新工艺发生的研究开发费用，未形成无形资产计入当期损益的，在按照规定据实扣除的基础上，按照研究开发费用的50%加计扣除；形成无形资产的，按照无形资产成本的150%摊销。

(3) 科技型中小企业开展研发活动中实际发生的研发费用，未形成无形资产计入当期损益的，在按规定据实扣除的基础上，在2017年1月1日至2019年12月31日期间，再按照实际发生额的75%在税前加计扣除；形成无形资产的，在上述期间按照无形资产成本的175%在税前摊销。[①]

2. 税法与会计差异分析

《企业会计准则》对企业自行研发无形资产分为研究与开发两个阶段，并相应规定了每个阶段支出的核算方法；而税法没有对研究开发阶段进行划分，税法认可《企业会计准则》的划分，税会一致。

(1) 扣除金额差异。研究开发阶段发生的费用化支出，《企业会计准则》规定全部计入当期损益；而税法规定，对这部分费用在据实扣除的基础上，可按税法规定的研发费用口径加计扣除50%。开发阶段符合资本化条件的支出，《企业会计准则》规定按年进行摊销；而税法规定按计税成本的150%摊销，从而使摊销额发生差异。具体操作时，企业作纳税调减处理。

(2) 研发费用的具体范围不完全一致。研发费用加计扣除政策是我国“大众创业、万众创新”的一项重要优惠措施，涉及内容、审核要点较详实，本书将在第五章“税收优惠项目”进行详细介绍。

(六) 财产保险

企业参加财产保险，按照规定缴纳的保险费，准予扣除。

(七) 维简费和安全生产费用

1. 相关税收政策

(1) 煤矿企业实际发生的维简费支出和高危行业企业实际发生的安全生产费用支

---

① 《财政部 国家税务总局 科技部关于提高科技型中小企业研究开发费用税前加计扣除比例的通知》(财税〔2017〕34号)。

出，属于收益性支出的，可直接作为当期费用在税前扣除；属于资本性支出的，应计入有关资产成本，并按《企业所得税法》规定计提折旧或摊销费用在税前扣除。企业按照有关规定预提的维简费和安全生产费用，不得在税前扣除。[①]

(2) 企业实际发生的维简费支出，属于收益性支出的，可作为当期费用税前扣除；属于资本性支出的，应计入有关资产成本，并按《企业所得税法》规定计提折旧或摊销费用在税前扣除。企业按照有关规定预提的维简费，不得在当期税前扣除。[②]

2. 税法与会计差异分析

根据《企业会计准则解释第3号》的规定：高危行业企业按照国家规定提取的安全生产费，应当计入相关产品的成本或当期损益，同时记入"4301 专项储备"科目。企业使用提取的安全生产费时，属于费用性支出的，直接冲减专项储备。企业使用提取的安全生产费形成固定资产的，应当通过"在建工程"科目归集所发生的支出，待安全项目完工达到预定可使用状态时确认为固定资产；同时，按照形成固定资产的成本冲减专项储备，并确认相同金额的累计折旧。该固定资产在以后期间不再计提折旧。根据税法规定，维简费支出和高危行业企业的安全生产费用支出，提取时不得税前扣除，实际发生时才可税前扣除。

案例 3-8 维简费的扣除

甲公司执行小企业会计准则，2017年1月计提维简费390万元，在管理费用中列支。2017年2月，甲公司把计提的维简费200万元，用来购买固定资产，当月投入使用。假定甲公司2017年实现利润总额为400万元，企业所得税税率为25%，暂不考虑增值税及其他纳税调整因素，残值为0，那么甲公司2017年该如何申报缴纳企业所得税？

解析：

2017年1月计提维简费会计处理：

借：管理费用　　3 900 000

　　贷：专项储备　　3 900 000

2017年2月甲公司把计提的维简费200万元，用来购买固定资产：

借：固定资产　　2 000 000

　　贷：银行存款　　2 000 000

借：专项储备　　2 000 000

　　贷：累计折旧　　2 000 000

税务处理：由于甲公司2017年计提的维简费支出，计入了管理费用，影响了当期损

① 《国家税务总局关于煤矿企业维简费和高危行业企业安全生产费用企业所得税税前扣除问题的公告》(国家税务总局公告2011年第26号)。

② 《国家税务总局关于企业维简费支出企业所得税税前扣除问题的公告》(国家税务总局公告2013年第67号)。

益，计提时不得税前扣除，先调增 390 万元；2 月购买固定资产，当月投入使用，该固定资产折旧可以税前扣除。本年度折旧＝200÷10÷12×10＝16.666 7（万元），纳税调减 16.666 7 万元。

2017 年应申报缴纳企业所得税＝（400＋390－16.666 7）×25%＝193.333 325（万元）。

2017 年度纳税申报表填报：

A105000　　　　**纳税调整项目明细表**　　　　单位：元

行次	项　目	账载金额	税收金额	调增金额	调减金额
		1	2	3	4
12	二、扣除类调整项目（13＋14＋…＋30）	*	*		
26	（十三）跨期扣除项目	3 900 000	166 667	3 733 333	

自动生成主表 A100000 第 15 行数据。（填表略）

【后续管理提示】 该固定资产后续折旧可以税前扣除，但会计上不计提折旧，注意差异调整。

案例 3-9　安全生产费用的扣除

甲公司为建筑公司（增值税一般纳税人），从事房屋建筑工程，2017 年房屋建筑工程造价4 000万元（不含税），其中分包给建筑企业乙公司工程金额 1 200 万元（不含税）。除此之外，甲公司 2017 年发生符合规定的收益性支出 10 万元，购置安全生产设备价款 30 万元（不含税）取得增值税专用发票，按税法规定最低年限计算当年设备折旧 6 万元。该建筑企业适用 25%的企业所得税税率。

企业依据《企业安全生产费用提取和使用管理办法》（财企〔2012〕16 号）第七条规定："房屋建筑工程安全费用提取标准为工程造价的 2%；总包单位应当将安全费用按比例直接支付分包单位并监督使用，分包单位不再重复提取。"

解析：

甲公司与安全生产费用相关的会计处理如下（单位：万元）：

（1）甲公司计提安全生产费用：

借：主营业务成本（4 000×2%）　　80
　　贷：专项储备　　80

（2）支付给分包单位相应比例部分：

借：专项储备　　24
　　贷：银行存款　　24

(3) 使用专项储备支付收益性支出：

借：专项储备　　10

　　贷：银行存款　　10

(4) 使用专项储备购置安全设备等固定资产：

借：在建工程　　30.0

　　应交税费——应交增值税(进项税额)　　5.1

　　贷：银行存款　　35.1

(5) 固定资产达到预定可使用状态时：

借：固定资产　　30

　　贷：在建工程　　30

同时，按照形成固定资产的成本冲减专项储备，并确认相同金额的累计折旧，该固定资产在以后期间不再计提折旧。

借：专项储备　　30

　　贷：累计折旧　　30

税务处理：根据《国家税务总局关于煤矿企业维简费和高危行业企业安全生产费用企业所得税税前扣除问题的公告》(国家税务总局公告2011年第26号)第一条规定处理，即煤矿企业实际发生的维简费支出和高危行业企业实际发生的安全生产费用支出，属于收益性支出的，可直接作为当期费用在税前扣除；属于资本性支出的，应计入有关资产成本，并按企业所得税法规定计提折旧或摊销费用在税前扣除。企业按照有关规定预提的维简费和安全生产费用，不得在税前扣除。

因此，在期末汇算清缴时，该建筑企业实际发生的安全生产费用支出中，属于收益性支出的34万元，可直接作为当期费用在税前扣除；属于资本性支出的30万元，应作为固定资产的计税成本，按企业所得税法规定计算的2017年的折旧额6万元可以税前扣除，减除税前扣除折旧后的24万元与当年预提但未实际使用的余额16万元，总计40万元，应进行纳税调增处理。

【后续管理提示】 甲公司购买的安全生产设备如果属于《安全生产专用设备企业所得税优惠目录》规定的专用设备，该专用设备的投资额的10%可以从企业当年的应纳税额中抵免；当年不足抵免的，可以在以后5个纳税年度结转抵免。

3. 审核要点

(1) 审核安全生产费、维简费形成的税会差异是否进行了纳税调整。尤其涉及固定资产折旧的差异需在使用寿命内连续调整，注意审核其调整的连贯性。

(2) 企业使用计提的安全生产费、维简费购买安全生产设备可以享受抵免投资额

10%的优惠。应审核企业享受该项优惠是否履行了备案手续。

(八) 企业党组织工作经费

固定资产计税

依据《中共中央组织部 财政部 国务院国资委党委 国家税务总局关于国有企业党组织工作经费问题的通知》(组通字〔2017〕38号)规定,国有企业(包括国有独资、全资和国有资本绝对控股、相对控股企业)、集体所有制企业党组织工作经费主要通过纳入管理费用、党费留存等渠道予以解决。纳入管理费用的部分,一般按照企业上年度职工工资总额1%的比例安排,每年年初由企业党组织本着节约的原则编制经费使用计划,由企业纳入年度预算。年末如有结余,结转下一年度使用。累计结转超过上一年度职工工资总额2%的,当年不再从管理费用中安排。

依据《中共中央组织部 财政部 国家税务总局关于非公有制企业党组织工作经费问题的通知》(组通字〔2014〕42号)规定,非公有制企业党组织工作经费主要通过纳入管理费用、党费拨返、财政支持等渠道予以解决。同时,鼓励采取企业赞助、党员自愿捐助等方式,拓宽经费来源。

1. 相关税收政策

纳入管理费用的党组织工作经费,实际支出不超过职工年度工资薪金总额1%的部分,可以据实在企业所得税前扣除。

2. 税法与会计差异分析

会计上每年年初根据经费使用计划计提,核算在“管理费用”科目,年末如有结余,结转下一年度使用。

税法规定准予税前扣除的党组织工作经费必须是企业已经实际发生的部分,对于账面已经计提但未实际发生的党组织工作经费不得在纳税年度内税前扣除。

3. 审核要点

(1) 主要审核党组织工作经费使用情况,年末结余是否进行了纳税调整。

(2) 审核纳入管理费用的党组织工作经费、实际发生的党组织工作经费,及职工年度工资薪金总额1%的部分之间的关系,确定企业纳税调整是否正确。

二、财务费用

财务费用,是指企业为筹集生产经营所需资金等而发生的筹资费用。它包括利息支出(减利息收入)、汇兑损益以及相关的手续费、企业发生的现金折扣或收到的现金折扣等。

《企业会计准则第17号——借款费用》规定,借款费用是指企业因借款而发生的利息及其他相关成本。借款费用包括借款利息、折价或者溢价的摊销、辅助费用以及因外币借款而发生的汇兑差额等。企业所得税中并未直接给出借款费用的定义,可以理解为借款费用的范围与会计准则基本一致。

(一) 借款费用相关税收政策

(1) 企业在生产经营活动中发生的合理的不需要资本化的借款费用,准予扣除。

企业为购置、建造固定资产、无形资产和经过12个月以上的建造才能达到预定可销售状态的存货发生借款的，在有关资产购置、建造期间发生的合理的借款费用，应当作为资本性支出计入有关资产的成本，并依照《企业所得税法实施条例》的规定扣除。

企业通过发行债券、取得贷款、吸收保户储金等方式融资而发生的合理的费用支出，符合资本化条件的，应计入相关资产成本；不符合资本化条件的，应作为财务费用，准予在企业所得税前据实扣除。①

（2）企业在生产经营活动中发生的下列利息支出，准予扣除：

① 非金融企业向金融企业借款的利息支出、金融企业的各项存款利息支出和同业拆借利息支出、企业经批准发行债券的利息支出。

② 非金融企业向非金融企业借款的利息支出，不超过按照金融企业同期同类贷款利率计算的数额的部分。

（3）非金融企业向非金融企业借款的利息支出，不超过按照金融企业同期同类贷款利率计算的数额的部分，准予税前扣除。鉴于目前我国对金融企业利率要求的具体情况，企业在按照合同要求首次支付利息并进行税前扣除时，应提供"金融企业的同期同类贷款利率情况说明"，以证明其利息支出的合理性。

"金融企业的同期同类贷款利率情况说明"中，应包括在签订该借款合同当时，本省任何一家金融企业提供同期同类贷款利率情况。该金融企业应为经政府有关部门批准成立的可以从事贷款业务的企业，包括银行、财务公司、信托公司等金融机构。"同期同类贷款利率"是指在贷款期限、贷款金额、贷款担保以及企业信誉等条件基本相同下，金融企业提供贷款的利率。既可以是金融企业公布的同期同类平均利率，也可以是金融企业对某些企业提供的实际贷款利率。

（4）《企业所得税法》第四十六条，企业从其关联方接受的债权性投资与权益性投资的比例超过规定标准而发生的利息支出，不得在计算应纳税所得额时扣除。

在计算应纳税所得额时，企业实际支付给关联方的利息支出，不超过以下规定比例和《企业所得税法》及其实施条例有关规定计算的部分，准予扣除，超过的部分不得在发生当期和以后年度扣除。利息支出包括直接或间接关联债权投资实际支付的利息、担保费、抵押费和其他具有利息性质的费用。

企业实际支付给关联方的利息支出，除符合《财政部 国家税务总局关于企业关联方利息支出税前扣除标准有关税收政策问题的通知》（财税〔2008〕121号）第二条规定外，其接受关联方债权性投资与其权益性投资比例为：

① 金融企业，为5∶1；②其他企业，为2∶1。

企业如果能够按照《企业所得税法》及其实施条例的有关规定提供相关资料，并证明相关交易活动符合独立交易原则的；或者该企业的实际税负不高于境内关联方的，其实

---

① 《国家税务总局关于企业所得税应纳税所得额若干税务处理问题的公告》（国家税务总局公告2012年第15号）。

际支付给境内关联方的利息支出，在计算应纳税所得额时准予扣除。

$$关联债资比例=\frac{年度各月平均关联债权投资之和}{年度各月平均权益投资之和}$$

$$其中：各月平均关联债权投资=\frac{关联债权投资月初账面余额+月末账面余额}{2}$$

$$各月平均权益投资=\frac{权益投资月初账面余额+月末账面余额}{2}$$

权益投资为企业资产负债表所列示的所有者权益金额。如果所有者权益小于实收资本（股本）与资本公积之和，则权益投资为实收资本（股本）与资本公积之和；如果实收资本（股本）与资本公积之和小于实收资本（股本）金额，则权益投资为实收资本（股本）金额。

企业应按照实际支付给各关联方利息占关联方利息总额的比例，在各关联方之间进行分配，其中，分配给实际税负高于企业的境内关联方的利息准予扣除；直接或间接实际支付给境外关联方的利息应视同分配的股息，按照股息和利息分别适用的所得税税率差补征企业所得税，如已扣缴的所得税税款多于按股息计算应征所得税税款，多出的部分不予退税。

企业关联债资比例超过标准比例的利息支出，如要在计算应纳税所得额时扣除，除遵照国税发〔2009〕2 号文件第三章规定外，还应准备、保存、并按税务机关要求提供规定的同期资料，证明关联债权投资金额、利率、期限、融资条件以及债资比例等均符合独立交易原则。企业未按规定准备、保存和提供同期资料证明关联债权投资金额、利率、期限、融资条件以及债资比例等符合独立交易原则的，其超过标准比例的关联方利息支出，不得在计算应纳税所得额时扣除。

(5) 企业向股东或其他与企业有关联关系的自然人借款的利息支出，应根据《企业所得税法》第四十六条及《财政部 国家税务总局关于企业关联方利息支出税前扣除标准有关税收政策问题的通知》（财税〔2008〕121 号）规定的条件，计算企业所得税扣除额。

(6) 企业向除上述规定以外的内部职工或其他人员借款的利息支出，其借款情况同时符合以下两个条件的，其利息支出在不超过按照金融企业同期同类贷款利率计算的数额的部分，根据《企业所得税法》第八条和《企业所得税法实施条例》第二十七条规定，准予扣除：

① 企业与个人之间的借贷是真实、合法、有效的，并且不具有非法集资目的或其他违反法律、法规的行为。

② 企业与个人之间签订了借款合同。

(7) 关于企业由于投资者投资未到位而发生的利息支出扣除问题，根据《企业所得税法实施条例》第二十七条规定，凡企业投资者在规定期限内未缴足其应缴资本额的，该企业对外借款所发生的利息，相当于投资者实缴资本额与在规定期限内应缴资本额的差额应计付的利息，其不属于企业合理的支出，应由企业投资者负担，不得在计算企业应纳税所得额时扣除。

具体计算不得扣除的利息，应以企业一个年度内每一账面实收资本与借款余额保持不变的期间作为一个计算期，每一计算期内不得扣除的借款利息按该期间借款利息发生额乘以该期间企业未缴足的注册资本占借款总额的比例计算，公式为：

企业每一计算期不得扣除的借款利息 ＝该期间借款利息额×该期间未缴足注册资本额÷该期间借款额

企业一个年度内不得扣除的借款利息总额为该年度内每一计算期不得扣除的借款利息额之和。①

(8) 企业在货币交易中，以及纳税年度终了时，将人民币以外的货币性资产、负债按照期末即期人民币汇率中间价折算为人民币时产生的汇兑损失，除已经计入有关资产成本以及与向所有者进行利润分配相关的部分外，准予扣除。

(二) 税法与会计差异分析

1. 借款费用确认的差异

《企业会计准则》规定，企业购置、建造固定资产、无形资产和经过较长时间的建造才能达到预定可销售状态的存货发生借款的，在有关资产购置、建造期间发生的合理的借款费用，应当作为资本性支出计入有关资产成本，其他情况下的借款费用在发生当期计入当期损益。

《企业所得税法实施条例》第三十七条规定，企业为购置、建造固定资产、无形资产和经过12个月以上的建造才能达到预定可销售状态的存货发生借款的，在有关资产购置、建造期间发生的合理的借款费用，应当作为资本性支出计入有关资产的成本，并依照《企业所得税法实施条例》的规定扣除。

在借款费用资本化的范围方面，会计与税法规定一致。

2. 借款费用计量的差异

会计按照权责发生制，在发生当期据实列支。税法规定，来自于非金融机构的借款及关联方借款形成的利息应符合《企业所得税法实施条例》第三十七条、《企业所得税法》第四十六条的规定，如不符合扣除政策，应进行纳税调整。

固定资产减值问题

案例 3-10　关联方借款利息调整

A公司是一家工业制造企业，企业所有者权益构成为实收资本为2 000万元。2017年为扩大经营规模，专门向四位非金融企业关联方(甲、乙、丙和丁)借款用于企业日常生产经营和自建固定资产。其中40%用于日常生产经营，60%用于自建固定资产(未完工)。

① 《国家税务总局关于企业投资者投资未到位而发生的利息支出企业所得税前扣除问题的批复》(国税函〔2009〕312号)。

A公司和甲、乙、丙和丁的税负率分别是：A:25%，甲:25%，乙:24%，丙:15%，丁:15%。

A公司向丁企业借款符合独立交易原则，其他三家不符合独立交易原则。

A公司借款情况表

债权人	借款金额	年利率	年利息
甲公司	1 000万元	6%	60万元
乙公司	2 000万元	7%	140万元
丙公司	3 000万元	5%	150万元
丁公司	5 000万元	8%	400万元
合计	11 000万元		750万元

假定同期银行贷款年利率为6%。

A公司2017年支付的关联方利息如何在企业所得税汇算清缴中纳税调整？

解析：

第一步：计算暂时性不能扣除的关联方借款利息。

(1) 支付全部关联方利息

$$60+140+150+400=750(万元)$$

(2) 关联方借款总金额为

$$1\,000+2\,000+3\,000+5\,000=11\,000(万元)$$

(3) 暂时不能扣除的关联方借款利息

$$750\times[1-2\div(11\,000\div2\,000)]=477.27(万元)$$

第二步：将暂时性不能扣除的关联方借款利息在各关联方之间分配。

(1) 支付甲企业利息应分配比例为

$$60\div750\times100\%=8\%$$

(2) 支付甲企业利息应分配的金额为

$$477.27\times8\%=38.18(万元)$$

同样计算出乙、丙和丁应分配的利息金额为89.11万元、95.45万元和254.53万元。

第三步：根据关联方之间的实际税负率和关联方借款交易的独立性判断上述暂时性不可扣除利息中永久不可扣除的关联方借款利息。

(1) 甲企业税负率和贵公司的税负率相同，不存在因超比例发生的永久性不可扣除的关联方借款利息。

(2) 乙企业税负率低于贵公司且该借款不符合独立性交易原则，乙公司分配出的暂时性不可扣除关联方利息支出 89.11 万元就是永久性不可扣除的利息支出。

(3) 丙企业的情况和乙类似，丙公司分配出的暂时性不可扣除关联方利息支出 95.45 万元就是永久性不可扣除的利息支出。

(4) 丁企业税负率低于贵公司但符合独立交易原则，不存在因超比例发生的永久性不可扣除的关联方借款利息。

通过第三步计算出永久性不可扣除的关联方借款利息为：

$$89.11+95.45=184.56(万元)$$

第四步：将上述非永久性不可扣除的关联方利息中利率高于银行贷款利率部分进行调整，剔除此部分永久性不可扣除的关联方利息。

(1) 向甲企业借款产生的关联方利息，因借款利率等于银行贷款利率，全部可以扣除。

(2) 向乙企业借款产生的关联方借款利息 140 万元，剔除第三步分摊出的部分 89.11 万元永久性不可扣除的利息支出剩余部分 50.89 万元(140－89.11)，因贷款利率 7%超过银行利率 6%须调增金额为 7.27 万元[50.89÷7%×(7%－6%)]。

(3) 向丙企业借款产生的关联方借款利息 150 万元，剔除第三步分摊出的部分 95.45万元永久性不可扣除的利息支出后剩余部分 54.55 万元(150－95.45)因贷款利率 5%不超过银行利率 6%无须调增。

(4) 向丁企业借款产生的关联方借款利息，不存在因超比例发生的永久性不可扣除的利息支出，全部关联方借款利息 400 万元因借款利率高于银行贷款利率需纳税调增金额 100 万元[400÷8%×(8%－6%)]。

通过第四步，将关联方借款利率超过银行贷款利率部分计算纳税调增金额 107.27 万元(7.27＋100)。

综上所述，通过第三步与第四步总共产生永久性不可扣除的关联方借款利息 291.83 万元(184.56＋107.27)。

2017 年企业所得税汇算时，A 公司在税法上应将上述不可扣除的关联方利息在费用化与资本化之间分摊。

(1) 费用化不可扣除的金额＝291.83×40%＝116.73(万元)

A105000《纳税调整明细表》申报表填报：第 43 行“五、特别纳税调整应税所得”：第 3 列“调增金额”填报纳税人按特别纳税调整规定自行调增的当年应税所得 116.73 万元。

A105000　　纳税调整项目明细表　　单位：元

行次	项　目	账载金额	税收金额	调增金额	调减金额
		1	2	3	4
43	五、特别纳税调整应税所得	*	*	1 167 300	

注意：该案例中关联方借款利息调整属于"特别纳税调整"，所以应在A105000《纳税调整明细表》申报表填报：第43行"五、特别纳税调整应税所得"调整，不能在A105000《纳税调整明细表》"第18行(六)利息支出"调整。

(2) 资本化不可扣除的金额＝291.83－116.73＝175.10(万元)，A公司应在备查簿中登记此金额，在建工程的计税基础(利息支出)金额＝450－175.10＝274.90(万元)，待在建工程转为固定资产后，企业须对该固定资产的账面价值与计税基础不同产生的永久性差异进行纳税调整。

【后续管理提示】 注意关注上述在建工程转为固定资产并投入使用后，固定资产折旧税会差异的连续性调整。

(三) 借款费用审核要点

(1) 审核企业是否准确区分了资本化与费用化的借款费用，是否存在将应资本化的利息支出计入当期损益直接扣除的情况。

(2) 审核贷款使用企业和利息负担企业是否一致。

(3) 审核从非金融机构借款利息支出超过按照金融机构同期同类贷款利率计算的数额，是否进行了纳税调整。

(4) 审核企业是否存在从其关联方接受的债权性投资与权益性投资的比例超过规定标准而发生的利息支出，未进行纳税调整的情况。

(5) 审核借款费用调整中是否未包含企业通过发行债券、取得贷款、吸收保户储金等方式融资而发生的费用支出。

(6) 审核是否存在非银行企业内营业机构之间支付的利息税前扣除的情况。

(7) 注意审核资本化借款费用的后续资产折旧、摊销的调整问题。

(8) 审核借款费用税前扣除凭证是否合法有效。尤其关注营改增后，企业是否存在仍以营业税发票(失效后)入账且税前扣除的问题。

(9) 审核应计入资产成本的汇兑损失是否直接作为费用税前扣除，与利润分配相关的汇兑损失是否也在税前进行了扣除等问题。

(10) 审核计算汇兑损益所用汇率及方法的准确性，企业是否按规定时间确定了汇兑损益。

(11) 从筹建期间转入的汇兑损益应核对其摊销方法，确定前后期是否一致，是否准确计算摊销金额。

三、销售费用

《企业会计准则》界定的销售费用，是指企业在销售商品和材料、提供劳务过程中发生的各种费用。它包括保险费、包装费、展览费和广告费、商品维修费、预计产品质量保证损失、运输费、装卸费等，以及为销售本企业商品而专设的销售机构(含销售网点、售后服务网点等)的职工薪酬、业务费、折旧费、固定资产修理费用等经营费用。

凡属于销售费用的支出，按《企业会计准则》规定应全额计入损益，但《企业所得税法》规定某些费用应按规定的比例或标准扣除。

(一) 广告费和业务宣传费

1. 相关税收政策

(1) 企业发生的符合条件的广告费和业务宣传费支出，除国务院财政、税务主管部门另有规定外，不超过当年销售(营业)收入15%的部分，准予扣除；超过部分，准予在以后纳税年度结转扣除。

(2) 自2016年1月1日起至2020年12月31日止，对化妆品制造与销售、医药制造和饮料制造(不含酒类制造，下同)企业发生的广告费和业务宣传费支出，不超过当年销售(营业)收入30%的部分，准予扣除；超过部分，准予在以后纳税年度结转扣除。①

对签订广告费和业务宣传费分摊协议(简称分摊协议)的关联企业，其中一方发生的不超过当年销售(营业)收入税前扣除限额比例内的广告费和业务宣传费支出可以在本企业扣除，也可以将其中的部分或全部按照分摊协议归集至另一方扣除。另一方在计算本企业广告费和业务宣传费支出企业所得税税前扣除限额时，可将按照上述办法归集至本企业的广告费和业务宣传费不计算在内。②

烟草企业的烟草广告费和业务宣传费支出，一律不得在计算应纳税所得额时扣除。③

(3) 企业在筹建期间，发生的广告费和业务宣传费，可按实际发生额计入企业筹办费，并按有关规定在税前扣除。④

2. 税法与会计差异分析

《企业会计准则》规定企业发生的广告费和业务宣传费据实在销售费用中列支；而《企业所得税法》则对广告费和业务宣传费支出规定了明确的税前扣除标准，超过扣除限额的部分可无限期向以后纳税年度结转扣除，所以在企业所得税年度纳税申报时，应按规定作纳税调整，属于时间性差异。

公益性捐赠问题

案例3-11 关联企业广告费、业务宣传费的扣除

甲企业和乙企业是关联企业，均为医药制造企业，根据分摊协议，乙企业在2017年发生的广告费和业务宣传费的40%，归集至甲企业扣除。2017年乙企业销售收入为3 000万元，当年实际发生广告费和业务宣传费为1 200万元。2017年甲企业销售收入为6 000万元，当年实际发生广告费和业务宣传费为2 400万元，甲、乙企业广告费和业务宣传费的扣除比例均为销售收入的30%。

解析：

---

① 《财政部 税务总局关于广告费和业务宣传费支出税前扣除政策的通知》(财税〔2017〕41号)。

② 同上。

③ 《财政部 税务总局关于广告费和业务宣传费支出税前扣除政策的通知》(财税〔2017〕41号)。

④ 《国家税务总局关于企业所得税应纳税所得额若干税务处理问题的公告》(国家税务总局公告2012年第15号)。

乙企业2017年广告费和业务宣传费的税前扣除限额为:3 000×30%=900(万元),则乙企业转移到甲企业扣除的广告费和业务宣传费应为:900×40%=360(万元),而非:1 200×40%=480(万元);在本企业扣除的广告费和业务宣传费为:900-360=540(万元),结转以后年度扣除的广告费和业务宣传费为:1 200-900=300(万元),而非:1 200-540=660(万元)。

接受归集扣除广告费和业务宣传费的关联企业,其接受扣除的费用不占用本企业的扣除限额。本企业可扣除的广告费和业务宣传费,除按规定比例计算的限额外,还可以将关联企业未扣除而归集来的广告费和业务宣传费在本企业扣除。

乙企业2017年度纳税申报表填报:

A105060　　广告费和业务宣传费跨年度纳税调整明细表　　单位:元

行次	项　目	金　额
1	一、本年广告费和业务宣传费支出	12 000 000
2	减:不允许扣除的广告费和业务宣传费支出	0
3	二、本年符合条件的广告费和业务宣传费支出(1-2)	12 000 000
4	三、本年计算广告费和业务宣传费扣除限额的销售(营业)收入	30 000 000
5	乘:税收规定扣除率	30%
6	四、本企业计算的广告费和业务宣传费扣除限额(4×5)	9 000 000
7	五、本年结转以后年度扣除额(3>6,本行=3-6;3≤6,本行=0)	3 000 000
8	加:以前年度累计结转扣除额	0
9	减:本年扣除的以前年度结转额[3>6,本行=0;3≤6,本行=8与(6-3)孰小值]	0
10	六、按照分摊协议归集至其他关联方的广告费和业务宣传费(10≤3与6孰小值)	3 600 000
11	按照分摊协议从其他关联方归集至本企业的广告费和业务宣传费	0
12	七、本年广告费和业务宣传费支出纳税调整金额(3>6,本行=2+3-6+10-11;3≤6,本行=2+10-11-9)	6 600 000
13	八、累计结转以后年度扣除额(7+8-9)	3 000 000

A105000　　纳税调整项目明细表　　单位:元

行次	项　目	账载金额	税收金额	调增金额	调减金额
		1	2	3	4
1	一、收入类调整项目(2+3+…8+10+11)	*	*		
12	二、扣除类调整项目(13+14+…24+26+27+28+29+30)	*	*	6 600 000	
16	(四)广告费和业务宣传费支出(填写A105060)	*	*	6 600 000	

自动生成主表 A100000 第 15 行数据。(填表略)

2017 年甲企业销售收入为 6 000 万元,当年实际发生广告费和业务宣传费为2 400万元,其广告费和业务宣传费的扣除比例为销售收入的 30%,2017 年广告费和业务宣传费的税前扣除限额为:6 000×30%=1 800(万元),乙企业当年转移来的广告费和业务宣传费为 360 万元,则甲企业本年度实际扣除的广告费和业务宣传费为:1 800+360=2 160(万元),结转以后年度扣除的广告费和业务宣传费为:2 400-1 800=600(万元),而非:2 400-2 160=240(万元)。

甲企业 2017 年度纳税申报表填报:

A105060　　　广告费和业务宣传费跨年度纳税调整明细表　　　单位:元

行次	项目	金额
1	一、本年广告费和业务宣传费支出	24 000 000
2	减:不允许扣除的广告费和业务宣传费支出	0
3	二、本年符合条件的广告费和业务宣传费支出(1-2)	24 000 000
4	三、本年计算广告费和业务宣传费扣除限额的销售(营业)收入	60 000 000
5	乘:税收规定扣除率	30%
6	四、本企业计算的广告费和业务宣传费扣除限额(4×5)	18 000 000
7	五、本年结转以后年度扣除额(3>6,本行=3-6;3≤6,本行=0)	6 000 000
8	加:以前年度累计结转扣除额	0
9	减:本年扣除的以前年度结转额[3>6,本行=0;3≤6,本行=8 与(6-3)孰小值]	0
10	六、按照分摊协议归集至其他关联方的广告费和业务宣传费(10≤3 与 6 孰小值)	0
11	按照分摊协议从其他关联方归集至本企业的广告费和业务宣传费	3 600 000
12	七、本年广告费和业务宣传费支出纳税调整金额(3>6,本行=2+3-6+10-11;3≤6,本行=2+10-11-9)	2 400 000
13	八、累计结转以后年度扣除额(7+8-9)	6 000 000

生成附表 A105000 第 16 行"(四)广告费和业务宣传费支出(填写 A105060)"第 3 列"调增金额"240 万元。然后自动生成主表 A100000 第 15 行数据。(填表略)

3. 审核要点

(1) 关联企业采取分摊扣除广告费和业务宣传费的方法时,注意审核分摊协议与实际操作是否一致。

(2) 关联企业采取分摊扣除广告费和业务宣传费的方法时,审核是否存在分摊至关联方扣除的广告费和业务宣传费又结转至本企业以后年度扣除的情况。

(3) 审核广告费和业务宣传费扣除比例是否正确,有无错误使用 30%标准的情况。

(4) 审核税前扣除的广告费是否符合税前扣除条件。

(5) 审核是否存在混淆广告费业务宣传费和业务招待费的情况。

(6) 根据税法规定不得扣除广告费的企业,应结合原始凭证审核是否存在将广告费、业务宣传费隐藏在其他费用中扣除的问题。

(二) 佣金和手续费

1. 相关税收政策

(1) 企业发生与生产经营有关的手续费及佣金支出,不超过以下规定计算限额以内的部分,准予扣除;超过部分,不得扣除:

保险企业:财产保险企业按当年全部保费收入扣除退保金等后余额的15%(含15%,下同)计算限额;人身保险企业按当年全部保费收入扣除退保金等后余额的10%计算限额。

其他企业:按与具有合法经营资格中介服务机构或个人(不含交易双方及其雇员、代理人和代表人等)所签订服务协议或合同确认的收入金额的5%计算限额。①

境外所得税收抵免纳税调整

(2) 从事代理服务、主营业务收入为手续费、佣金的企业(如证券、期货、保险代理等企业),其为取得该类收入而实际发生的营业成本(包括手续费及佣金支出),准予在企业所得税税前据实扣除。

(3) 电信企业在发展客户、拓展业务等过程中(如委托销售电话入网卡、电话充值卡等),须向经纪人、代办商支付手续费及佣金的,其实际发生的相关手续费及佣金支出,不超过企业当年收入总额5%的部分,准予在企业所得税税前据实扣除。②

(4) 企业委托境外机构销售开发产品的,其支付境外机构的销售费用(含佣金或手续费)不超过委托销售收入10%的部分,准予据实扣除。③

2. 税法与会计差异分析

《企业会计准则》规定企业发生的佣金和手续费据实在销售费用中列支;而《企业所得税法》则对佣金和手续费支出规定了明确的税前扣除标准,企业所得税汇算清缴时,对超范围、超标准列支的部分不得结转以后年度扣除,应作纳税调整处理。

案例3-12 佣金的扣除

甲企业(非保险企业),2017年度收入1 000万元,总计有3笔业务组成,分别与具有合法资格的中介机构签署了严格的中介服务合同,并通过转账支付了相应的款项,均取得了增值税发票,企业均已核算在“销售费用——佣金”科目:

① A服务合同500万元,支付销售佣金30万元。

---

① 《财政部 国家税务总局关于企业手续费及佣金支出税前扣除政策的通知》(财税〔2009〕29号)。

② 《国家税务总局关于企业所得税应纳税所得额若干税务处理问题的公告》(国家税务总局公告2012年第15号)。

③ 《国家税务总局关于印发〈房地产开发经营业务企业所得税处理办法〉的通知》(国税发〔2009〕31号)。

② B服务合同300万元，服务内容为购买固定资产支付服务佣金5万元，该固定资产尚未投入使用。

③ C服务合同200万元，支付销售佣金11万元。

汇算清缴时，甲企业允许税前扣除的手续费及佣金如何确定？

解析：

A服务合同允许税前扣除的销售手续费及佣金为：500×5%=25(万元)，实际支付30万元，应调增应纳税所得额5万元。

B服务合同为购买固定资产支付服务佣金应计入固定资产价值而不应核算在“销售费用”，不得当期直接扣除，应调整该固定资产的计税基础，投入使用后通过折旧进行纳税调整。所以，当期应全额调增5万元。

B服务合同允许税前扣除的手续费及佣金为：200×5%=10(万元)，实际支付11万元，应调增应纳税所得额1万元。

因此该企业2017年度手续费及佣金允许税前扣除金额为35万元，应调增应纳税所得额11万元。

2017年度纳税申报表填报：

A105000　　　　**纳税调整项目明细表**　　　　单位：元

行次	项目	账载金额	税收金额	调增金额	调减金额
		1	2	3	4
1	一、收入类调整项目(2+3+…8+10+11)	*	*		
12	二、扣除类调整项目(13+14+…24+26+27+28+29+30)	*	*		
23	(十一) 佣金和手续费支出	460 000	350 000	110 000	*

自动生成主表A100000第15行数据。(填表略)

3. 审核要点

(1) 根据合同及支付凭证，审核支付境外的佣金、手续费是否履行了代扣代缴义务。

(2) 审核应资本化的手续费、佣金是否存在直接作为销售费用扣除的情况。

(3) 对于保险企业来说，支付给保险代理员的手续费、佣金是企业常发生的一项支出，应注意审核税前扣除凭证的合规性。

(4) 审核是否存在虚列佣金、手续费的问题。

(5) 审核支付方式是否符合税法规定，支付给中介机构的佣金是否存在现金支付的情况。

(6) 当企业本年度有多项服务合同需要支付佣金、手续费，审核是否存在合并计算、相互抵减的问题。

(7) 房地产开发企业委托境外机构销售开发产品的,其支付境外机构的销售费用(含佣金或手续费)不超过委托销售收入10%的部分,准予据实扣除。应注意审核支付方和代理方的身份是否符合上述条件。

第四节 职 工 薪 酬

根据《企业会计准则第9号——职工薪酬》规定,职工薪酬是指企业为获得职工提供的服务或解除劳动关系而给予的各种形式的报酬或补偿。

职工薪酬包括短期薪酬、离职后福利、辞退福利和其他长期职工福利。企业提供给职工配偶、子女、受赡养人、已故员工遗属及其他受益人等的福利,也属于职工薪酬。企业年金基金,适用《企业会计准则第10号——企业年金基金》;以股份为基础的薪酬,适用《企业会计准则第11号——股份支付》。

《企业所得税法》中并没有使用"职工薪酬"这一概念,而是将会计上的职工薪酬分解为了工资薪金、职工福利费、工会经费、基本养老保险、基本医疗保险、失业保险、工伤保险、生育保险、住房公积金、补充养老保险、补充医疗保险、人身安全保险、企业为投资者或职工支付的商业保险等,分别作出了规定。所以,本节内容将从工资薪金支出、职工福利费、职工教育经费、职工工会经费、各类基本社会保障性缴款、住房公积金、补充医疗保险、补充养老保险等方面,结合会计准则的规定介绍企业所得税的处理及纳税调整方法。

一、工资薪金支出

(一) 相关税收政策

1. 企业发生的合理的工资薪金支出准予扣除

工资薪金,是指企业每一纳税年度支付给在本企业任职或者受雇的员工的所有现金形式或者非现金形式的劳动报酬,包括基本工资、奖金、津贴、补贴、年终加薪、加班工资,以及与员工任职或者受雇有关的其他支出。

2. 关于合理工资薪金问题①

"合理工资薪金",是指企业按照股东大会、董事会、薪酬委员会或相关管理机构制定的工资薪金制度规定实际发放给员工的工资薪金。税务机关在对工资薪金进行合理性确认时,可按以下原则掌握:

(1) 企业制定了较为规范的员工工资薪金制度。

(2) 企业所制定的工资薪金制度符合行业及地区水平。

(3) 企业在一定时期所发放的工资薪金是相对固定的,工资薪金的调整是有序

① 《国家税务总局关于企业工资薪金及职工福利费扣除问题的通知》(国税函〔2009〕3号)。

进行。

（4） 企业对实际发放的工资薪金，已依法履行了代扣代缴个人所得税义务。

（5） 有关工资薪金的安排，不以减少或逃避税款为目的。

3. 关于工资薪金总额问题①

“工资薪金总额”，是指企业按照规定实际发放的工资薪金总和，不包括企业的职工福利费、职工教育经费、工会经费以及养老保险费、医疗保险费、失业保险费、工伤保险费、生育保险费等社会保险费和住房公积金。属于国有性质的企业，其工资薪金不得超过政府有关部门给予的限定数额；超过部分不得计入企业工资薪金总额，也不得在计算企业应纳税所得额时扣除。

4. 季节工、临时工等人员工资税前扣除问题

企业因雇用季节工、临时工、实习生、返聘离退休人员所实际发生的费用，应区分为工资薪金支出和职工福利费支出，并按《企业所得税法》规定在企业所得税前扣除。其中属于工资薪金支出的，准予计入企业工资薪金总额的基数，作为计算其他各项相关费用扣除的依据。②

5. 企业接受外部劳务派遣用工支出税前扣除问题

企业接受外部劳务派遣用工所实际发生的费用，应分两种情况按规定在税前扣除：按照协议（合同）约定直接支付给劳务派遣公司的费用，应作为劳务费支出；直接支付给员工个人的费用，应作为工资薪金支出和职工福利费支出。其中属于工资薪金支出的费用，准予计入企业工资薪金总额的基数，作为计算其他各项相关费用扣除的依据。③

6. 企业年度汇算清缴结束前支付汇缴年度工资薪金税前扣除问题

企业在年度汇算清缴结束前向员工实际支付的已预提汇缴年度工资薪金，准予在汇缴年度按规定扣除。④

7. 股权激励税前扣除问题

境外所得税收抵免亏损弥补

2012 年 7 月 1 日起，上市公司依照《上市公司股权激励管理办法（试行）》要求建立职工股权激励计划，并按我国《企业会计准则》的有关规定，在股权激励计划授予激励对象时，按照该股票的公允价格及数量，计算确定作为上市公司相关年度的成本或费用，作为换取激励对象提供服务的对价。企业建立的职工股权激励计划，其企业所得税的处理，按以下规定执行：

（1） 对股权激励计划实行后立即可以行权的，上市公司可以根据实际行权时该股票的公允价格与激励对象实际行权支付价格的差额和数量，计算确定作为当年上市公司工资薪金支出，依照税法规定进行税前扣除。

---

① 《国家税务总局关于企业工资薪金及职工福利费扣除问题的通知》（国税函〔2009〕3 号）。

② 《国家税务总局关于企业所得税应纳税所得额若干税务处理问题的公告》（国家税务总局公告 2012 年第 15 号）。

③④ 《国家税务总局关于企业工资薪金和职工福利费等支出税前扣除问题的公告》（国家税务总局公告 2015 年第 34 号）。

(2) 对股权激励计划实行后,需待一定服务年限或者达到规定业绩条件方可行权的。上市公司等待期内会计上计算确认的相关成本费用,不得在对应年度计算缴纳企业所得税时扣除。在股权激励计划可行权后,上市公司方可根据该股票实际行权时的公允价格与当年激励对象实际行权支付价格的差额及数量,计算确定作为当年上市公司工资薪金支出,依照税法规定进行税前扣除。

(3) 本条所指股票实际行权时的公允价格,以实际行权日该股票的收盘价格确定。①

(二) 税法与会计差异分析

1. 职工薪酬范围差异

税法定义的工资薪金与《企业会计准则》规定的职工薪酬范围不同。税法将职工福利费、工会经费、职工教育经费和社会保险费等项目独立于工资薪金之外,并且分别规定了税务处理方法及标准。所以,税法中的工资薪金支出只是职工薪酬的一部分。

2. 职工范围差异

税法界定的职工范围包括两个方面:一是在本企业任职或者受雇的员工;二是企业雇用的季节工、临时工、实习生、返聘离退休人员以及接受直接支付工资的外部劳务派遣用工。企业所得税年度纳税申报表A000000《基础信息表》中"104 从业人数"填报纳税人全年平均从业人数,从业人数是指与企业建立劳动关系的职工人数和企业接受的劳务派遣用工人数之和。

《企业会计准则》界定的职工范围包括三个方面:一是与企业订立正式劳动合同的所有人员,含全职、兼职和临时职工;二是虽然未与企业订立正式劳动合同、但由企业正式任命的人员,如董事会成员、监事会成员和内部审计委员会成员等;三是在企业的计划和控制下,虽未与企业订立劳动合同或未由其任命,但为企业提供了类似服务的人员。

税法关于"人员"的规定范围明显小于会计准则上的范围。尚未实行分离办社会职能的企业,其内设福利部门人员的工资等只能以职工福利费按规定进行税前扣除。劳务派遣用工分为了两类,其中企业直接支付给员工个人的属于税法的"职工"。企业提供给职工配偶、子女、受赡养人、已故员工遗属及其他受益人等的福利,对于这部分支出不能以"工资薪金"进行税前扣除。如果符合税法相关规定的,其合理支出应按照职工福利费等进行税前扣除。

3. 确认时间的差异

税法对工资薪金支出扣除的确认时间作出了原则性的规定,即税前扣除工资薪金应是每一纳税年度实际支付的,对提取而未支付的工资,不允许税前扣除,工资薪金的扣除采取了收付实现制。自 2014 年汇算清缴起,企业在年度汇算清缴结束前向员工实际支付的已预提汇缴年度工资薪金,准予在汇缴年度按规定扣除。对于上年度计提的工资在汇算清缴后支付,应允许在支付年度税前扣除。会计上将应付的职工薪酬确认为负债,除因解

① 《国家税务总局关于我国居民企业实行股权激励计划有关企业所得税处理问题的公告》(国家税务总局公告 2012 年第 18 号)。

除与职工的劳动关系给予的补偿外，应当根据职工提供服务的受益对象，由生产成本、期间费用及有关资产负担，而不考虑当期是否实际发放，完全遵守的是权责发生制原则。

4. 确认金额的差异。

税法对工资合理性的认定通常比会计上的工资列支严格，如果会计上已经列作工资薪金支出，但不符合国税函〔2009〕3 号文件关于合理性工资薪金支出的部分，不允许税前扣除。

属于国有性质的企业，其工资薪金，不得超过政府有关部门给予的限定数额；超过部分，不得计入企业工资薪金总额，也不得在计算企业应纳税所得额时扣除。

特殊人群工资薪金的税务处理，如残疾职工工资的加计扣除、研发人员工资的加计扣除、企业接受劳务派遣用工工资支出等都可形成税会差异。

案例 3-13 工资薪金的税前扣除

甲公司 2017 年经该公司薪酬委员会审定，当年财务上列入成本费用中的工资支出 11 000 万元，其中 1 000 万元为预提的年终效益奖金，在 2018 年 6 月考核后实际发放，2018 年 5 月 31 日汇算清缴前实际发放工资总额 10 000 万元。

解析：

会计处理：企业在成本费用中列支工资支出，借记“生产成本”“管理费用”“销售费用”等科目，贷记“应付职工薪酬”科目，发放时借记“应付职工薪酬”科目，贷记“银行存款”科目。

税务处理：根据税法规定，该公司 2017 年税前扣除的工资薪金是 2018 年 5 月 31 日汇算清缴前实际发放的 10 000 万元，当年应作纳税调增 1 000 万元。

2017 年度纳税申报表填报：

A105050　　　　职工薪酬支出及纳税调整明细表　　　　单位：元

行次	项目	账载金额	实际发生额	税收规定扣除率	以前年度累计结转扣除额	税收金额	纳税调整金额	累计结转以后年度扣除额
		1	2	3	4	5	6(1－5)	7(1＋4－5)
1	一、工资薪金支出	110 000 000	100 000 000	*	*	100 000 000	10 000 000	*

A105000　　　　纳税调整项目明细表　　　　单位：元

行次	项　目	账载金额	税收金额	调增金额	调减金额
		1	2	3	4
1	一、收入类调整项目(2＋3＋…8＋10＋11)	*	*		
12	二、扣除类调整项目(13＋14＋…24＋26＋27＋28＋29＋30)	*	*		
14	(二) 职工薪酬(填写 A105050)	110 000 000	100 000 000	10 000 000	

自动生成主表第 15 行数据。(填表略)

【后续管理提示】 2017 年应付职工薪酬调增的 1 000 万元,当年未予扣除,在以后年度实际发放时准予扣除。

5. 股份支付的差异

《企业会计准则第 11 号——股份支付》规定,股份支付,是指企业为获取职工和其他方提供服务而授予权益工具或者承担以权益工具为基础确定的负债的交易。股份支付分为以权益结算的股份支付和以现金结算的股份支付。

1) 以权益结算的股份支付的差异

《企业会计准则第 11 号——股份支付》规定,以权益结算的股份支付,是指企业为获取服务以股份或其他权益工具作为对价进行结算的交易。授予后立即可行权的换取职工服务的以权益结算的股份支付,应当在授予日按照权益工具的公允价值计入相关成本或费用,相应增加资本公积。完成等待期内的服务或达到规定业绩条件才可行权换取职工服务的以权益结算的股份支付,在等待期内的每个资产负债表日,应当以对可行权权益工具数量的最佳估计为基础,按照权益工具授予日的公允价值,将当期取得的服务计入相关成本或费用和资本公积。在资产负债表日,后续表明可行权权益工具的数量与以前估计不同的,应当进行调整,并在可行权日调整至实际可行权的权益工具数量。

目前《企业所得税法》及其实施条例尚未明确规定以权益结算的股份支付的内容。但是《企业所得税法》第八条规定,企业实际发生的与取得收入有关的、合理的支出,包括成本、费用、税金、损失和其他支出,准予在计算应纳税所得额时扣除。2012 年 7 月 1 日起,按照《国家税务总局关于我国居民企业实行股权激励计划有关企业所得税处理问题的公告》(国家税务总局公告 2012 年第 18 号)税前扣除。

税法与会计差异分析:对于股权激励计划实行后立即行权的,税法与会计无差异;对于股权激励计划实行后,需要等待一定服务期限或达到规定的业绩条件方可行权的,税法与会计存在确认时间的差异。由于以权益结算的股份支付所造成的各期会计利润与应纳税调整额之间的差异,从性质上看属于时间性差异。

案例 3-14 以权益结算的股份支付的税务处理

甲公司 2017 年 1 月 1 日,向其 200 名管理人员每人授予 1 000 股股票期权,这些职员从 2017 年 1 月 1 日起在该公司连续服务 3 年,即可以 5 元每股购买 1 000 股甲公司股票从而获益。公司估计该期权在授予日的公允价值为 15 元。

第一年有 20 名职员离开甲公司,甲公司估计 3 年中离开的职员的比例将达到 20%;第二年又有 10 名职员离开公司,公司将估计的职员离开比例修正为 15%;第三年又有 15 名职员离开。

解析:

① 费用和资本公积计算过程。

单位:元

年份	计算	当期费用	累计费用
2017	200×1 000×(1−20%)×15×1/3	800 000	800 000
2018	200×1 000×(1−15%)×15×2/3−800 000	900 000	1 700 000
2019	155×1 000×15−1 700 000	625 000	2 325 000

② 账务处理。

2017 年 1 月 1 日,授予日不做处理。

2017 年 12 月 31 日:

借:管理费用　　800 000

　贷:资本公积——其他资本公积　　800 000

税务处理:在股份支付的处理上,会计将应付给职工的报酬作为一项成本费用处理,而税法上尚未实际行权不允许列支。因此,应将股份支付而列支的成本费用作纳税调增。纳税调增 800 000 元。

2018 年 12 月 31 日:

借:管理费用　　900 000

　贷:资本公积——其他资本公积　　900 000

税务处理:纳税调增 900 000 元。

2019 年 12 月 31 日:

借:管理费用　　625 000

　贷:资本公积——其他资本公积　　625 000

税务处理:纳税调增 625 000 元。

假设全部 155 名职员都在 2019 年 12 月 31 日行权,甲公司股份面值为 1 元:

借:银行存款　　775 000

　资本公积——其他资本公积　　2 325 000

　贷:股本　　155 000

　　资本公积——资本溢价　　2 945 000

税务处理:在股份支付的处理上,会计将应付给职工的报酬作为一项成本费用处理,而税法上尚未实际行权不允许列支。因此,应将股份支付而列支的成本费用作纳税调增。实际行权时准予税前扣除,税前扣除金额=(职工实际行权时该股票的公允价格−职工实际支付价格)×行权数量,所以应纳税调减,调减金额=(15−10)×155×1 000=775 000(元)。

2017 年度纳税申报表填报:

A105050　　职工薪酬支出及纳税调整明细表　　单位:元

行次	项目	账载金额	实际发生额	税收规定扣除率	以前年度累计结转扣除额	税收金额	纳税调整金额	累计结转以后年度扣除额
		1	2	3	4	5	6(1－5)	7(1＋4－5)
1	一、工资薪金支出	800 000	0	*	*	0	800 000	*
2	其中:股权激励	800 000	0	*	*	0	800 000	*

自动生成A05 000《纳税调整明细表》第14行"(二)职工薪酬"第3列"调增金额"填列800 000元。最后自动生成主表相应行次数据。(填表略)

2）以现金结算的股份支付的差异

《企业会计准则第11号——股份支付》规定,以现金结算的股份支付,是指企业为获取服务承担以股份或其他权益工具为基础计算确定的交付现金或其他资产义务的交易。

授予后立即可行权的以现金结算的股份支付,应当在授予日以企业承担负债的公允价值计入相关成本或费用,相应增加负债。完成等待期内的服务或达到规定业绩条件以后才可行权的以现金结算的股份支付,在等待期内的每个资产负债表日,应当以对可行权情况的最佳估计为基础,按照企业承担负债的公允价值金额,将当期取得的服务计入成本或费用和相应的负债。在资产负债表日,后续信息表明企业当期承担债务的公允价值与以前估计不同的,应当进行调整,并在可行权日调整至实际可行权水平。企业应当在相关负债结算前的每个资产负债表日以及结算日,对负债的公允价值重新计量,其变动计入当期损益。

《企业所得税法实施条例》第三十四条规定,企业发生的合理的工资薪金支出,准予扣除。所称工资薪金,是指企业每一纳税年度支付给在本企业任职或者受雇的员工的所有现金形式或者非现金形式的劳动报酬,包括基本工资、奖金、津贴、补贴、年终加薪、加班工资,以及与员工任职或者受雇有关的其他支出。

境外所得税收抵免税额抵免

企业以现金结算的股份支付,凡支付的对象是本单位的雇员,均应作为工资薪金支出处理。对当期计入成本、费用科目,但未实际兑现的股份支付,需作纳税调增处理,在实际行权时,据实调减应纳税所得额。

案例3-15　以现金结算的股份支付的税务处理

甲公司为一上市公司,2017年1月1日,该公司为其200名中层以上职员每人授予1 000份现金股票增值权,这些职员从2017年1月1日起在该公司连续服务3年,即可按照当时股价的增长幅度获得现金,该增值权应在2021年12月31日之前行使。该公司估计,该增值权在负债结算之前的每一资产负债表日以及结算日的公允价值和可行权后的每份增值权现金支出额见下表:

公允价值与增值权现金支出表 单位:元

年份	公允价值	支付现金
2017	14	
2018	15	
2019	18	16
2020	21	20
2021		25

第一年有20名职员离开红星公司,该公司估计3年中还将有15名职员离开;第二年又有10名职员离开公司,公司估计还将有10名职员离开;第三年又有15名职员离开。第三年年末,有70人行使股份增值权取得了现金。第四年年末,有50人行使了股份增值权。第五年年末,剩余35人也行使了股份增值权。

解析:

① 费用和应付职工薪酬计算过程(单位元)。

费用和应付职工薪酬计算表 单位:元

年份	负债计算 (1)	支付现金计算 (2)	负债 (3)	支付现金 (4)	当期费用 (5)
2017	(200－35)×1 000×14×1/3		770 000		770 000
2018	(200－40)×1 000×15×2/3		1 600 000		830 000
2019	(200－45－70)×1 000×18	70×1 000×16	1 530 000	1 120 000	1 050 000
2020	(200－45－70－50)×1 000×21	50×1 000×20	735 000	1 000 000	205 000
2021	0	35×1 000×25	0	875 000	140 000
总额				2 995 000	2 995 000

其中:(1)计算得(3),(2)计算得(4);当期(3)－前期(3)＋当期(4)＝当期(5)。

② 账务处理如下:

2017年12月31日:

借:管理费用 770 000

贷:应付职工薪酬——股份支付 770 000

税务处理:未实际兑现的股份支付,需作纳税调增处理,调增770 000元。

2017年度纳税申报表填报:

A105050　　职工薪酬支出及纳税调整明细表　　单位:元

行次	项目	账载金额	实际发生额	税收规定扣除率	以前年度累计结转扣除额	税收金额	纳税调整金额	累计结转以后年度扣除额
		1	2	3	4	5	6(1−5)	7(1+4−5)
1	一、工资薪金支出	770 000	0	*	*	0	770 000	*
2	其中:股权激励	770 000	0	*	*	0	770 000	*

A105000　　纳税调整项目明细表　　单位:元

行次	项　目	账载金额	税收金额	调增金额	调减金额
		1	2	3	4
1	一、收入类调整项目(2+3+…8+10+11)	*	*		
12	二、扣除类调整项目(13+14+…24+26+27+28+29+30)	*	*		
14	(二) 职工薪酬(填写 A105050)	770 000	0	770 000	

自动生成主表 A100000 第 15 行数据。(填表略)

2018 年 12 月 31 日:

借: 管理费用　　830 000

　　贷: 应付职工薪酬——股份支付　　830 000

税务处理:未实际兑现的股份支付,需作纳税调增处理,调增 830 000 元。

2019 年 12 月 31 日:

借: 管理费用　　1 050 000

　　贷: 应付职工薪酬——股份支付　　1 050 000

借: 应付职工薪酬——股份支付　　1 120 000

　　贷: 银行存款　　1 120 000

税务处理:实际兑现后准予扣除,纳税调减 70 000 元。

2020 年 12 月 31 日:

借: 公允价值变动损益　　205 000

　　贷: 应付职工薪酬——股份支付　　205 000

借: 应付职工薪酬——股份支付　　1 000 000

　　贷: 银行存款　　1 000 000

税务处理:股份支付实际支付的可以税前扣除,调减 1 000 000 元。公允价值变动损益税法不予确认，调增205 000元。

2021年12月31日：

借：公允价值变动损益　　140 000
　　贷：应付职工薪酬——股份支付　　140 000

借：应付职工薪酬——股份支付　　875 000
　　贷：银行存款　　875 000

税务处理：在以现金结算的股份支付，税法是以实际支付现金时允许列支。因此，在实际支付现金之前的因股份支付而列支的成本费用作纳税调增，在支付现金时视同发放工资薪酬，相应调减875 000元。公允价值变动损益税法不予确认，调增140 000元。

（三）审核要点

（1）审核纳税申报表与财务报表数据的逻辑性，尤其注意汇算清缴后发放工资的数据衔接性比对。

（2）根据企业在册人员名单、劳务派遣合同及工资发放会计核算资料，审核企业从业人数的真实性，是否存在将间接支付报酬的劳务派遣人员作为本企业员工的情况。

（3）结合企业内部制定的工资薪酬制度审核工资薪金的发放标准是否真实、合理。

（4）审核是否存在发放非货币形式工资而未视同销售的情况。

（5）根据企业股权激励计划审核股份支付的纳税调整是否准确、及时。

免税股息的限定条件

二、职工福利费、工会经费及职工教育经费

（一）相关税收政策

1. 职工福利费

（1）企业发生的职工福利费支出，不超过工资薪金总额14%的部分，准予扣除。

（2）企业职工福利费，包括以下内容：

尚未实行分离办社会职能的企业，其内设福利部门所发生的设备、设施和人员费用，包括职工食堂、职工浴室、理发室、医务所、托儿所、疗养院等集体福利部门的设备、设施及维修保养费用和福利部门工作人员的工资薪金、社会保险费、住房公积金、劳务费等。

为职工卫生保健、生活、住房、交通等所发放的各项补贴和非货币性福利，包括企业向职工发放的因公外地就医费用、未实行医疗统筹企业职工医疗费用、职工供养直系亲属医疗补贴、供暖费补贴、职工防暑降温费、职工困难补贴、救济费、职工食堂经费补贴、职工交通补贴等。

按照其他规定发生的其他职工福利费，包括丧葬补助费、抚恤费、安家费、探亲假路费等。

（3）企业发生的职工福利费，应该单独设置账册，进行准确核算。没有单独设置账册准确核算的，税务机关应责令企业在规定的期限内进行改正。逾期仍未改正的，税务机关可对企业发生的职工福利费进行合理的核定。

(4) 企业福利性补贴支出税前扣除问题。列入企业员工工资薪金制度、固定与工资薪金一起发放的福利性补贴,符合合理工资薪金规定的,可作为企业发生的工资薪金支出,按规定在税前扣除。

不能同时符合上述条件的福利性补贴,应作为职工福利费,按规定计算限额税前扣除。①

2. 工会经费

(1) 企业拨缴的工会经费,不超过工资薪金总额2%的部分,准予扣除。

(2) 自2010年7月1日起,企业拨缴的职工工会经费,不超过工资薪金总额2%的部分,凭工会组织开具的《工会经费收入专用收据》在企业所得税税前扣除。

(3) 自2010年1月1日起,在委托税务机关代收工会经费的地区,企业拨缴的工会经费,也可凭合法、有效的工会经费代收凭据依法在税前扣除。

3. 职工教育经费

(1) 除国务院财政、税务主管部门另有规定外,企业发生的职工教育经费支出,不超过工资薪金总额2.5%的部分,准予扣除;超过部分,准予在以后纳税年度结转扣除。

(2) 经认定的技术先进型服务企业发生的职工教育经费支出,不超过工资薪金总额8%的部分,准予在计算应纳税所得额时扣除;超过部分,准予在以后纳税年度结转扣除。②

(3) 文化创意和设计服务企业发生的职工教育经费支出,不超过工资薪金总额8%的部分,准予在计算应纳税所得额时扣除。③

(4) 集成电路设计企业和符合条件软件企业的职工培训费用,应单独进行核算并按实际发生额在计算应纳税所得额时扣除。

(5) 自2012年1月1日起至2014年12月31日止,中关村、东湖、张江国家自主创新示范区和合芜蚌自主创新综合试验区内的高新技术企业发生的职工教育经费支出不超过工资薪金总额8%的部分,准予在计算企业所得税应纳税所得额时扣除;超过部分,准予在以后纳税年度结转扣除。④

(6) 自2015年1月1日起,高新技术企业发生的职工教育经费支出,不超过工资薪金总额8%的部分,准予在计算企业所得税应纳税所得额时扣除;超过部分,准予在以后纳税年度结转扣除。高新技术企业,是指注册在中国境内、实行查账征收、经认定的高新

① 《国家税务总局关于企业工资薪金和职工福利费等支出税前扣除问题的公告》(国家税务总局公告2015年第34号)。

② 《财政部 国家税务总局 商务部 科技部 国家发展改革委员会关于完善技术先进型服务企业有关企业所得税政策问题的通知》(财税〔2014〕59号)。

③ 《国务院关于推进文化创意和设计服务与相关产业融合发展的若干意见》(国发〔2014〕10号)。

④ 《财政部 国家税务总局关于中关村、东湖、张江国家自主创新示范区和合芜蚌自主创新综合试验区有关职工教育经费税前扣除试点政策的通知》(财税〔2013〕14号)。

技术企业。[①]

（二）税法与会计差异分析

1. 职工福利费差异

（1）列支内容方面的差异。会计上职工福利费的口径按照《财政部关于企业加强职工福利费财务管理的通知》（财企〔2009〕242号）确定；而税法上职工福利费的口径按照《国家税务总局关于企业工资薪金及职工福利费扣除问题的通知》（国税函〔2009〕3号）确定，两者略有差异。

（2）职工福利费的列支限额存在差异。职工福利费是职工薪酬的重要组成部分，在财务管理上，应按照企业内部控制制度，在履行一定的内部审批程序和手续后，即可作为一项财务支出并予以会计核算，根据相关人员的岗位、职能将其福利费分配到不同的成本费用科目之中，会计核算的职工福利费不存在全国统一的限制性列支标准。与此不同的是，职工福利费税前列支的额度不得超过工资薪金总额的14%，超过部分必须纳税调整，且为永久性差异。企业不得将超过部分结转到以后年度扣除。税法规定，在工资总额14%的范围内，职工福利费必须据实列支，此与企业财务通则和会计准则规定的处理原则和方法相一致。

2. 职工工会经费差异

会计上，工会经费是指企业为了改善职工文化生活，用于开展工会活动的相关支出。企业应当按照财务通则等相关规定，按照职工工资总额2%的计提标准，计量应付职工薪酬——工会经费金额和应相应计入成本费用的薪酬金额，按照明确标准计算确定应承担的职工薪酬义务后，再根据受益对象计入相关资产的成本或当期费用。

税法对工资、薪金支出实行据实扣除制度，同时与《中华人民共和国工会法》的有关规定衔接，企业税前扣除工会经费必须遵循收付实现制原则，即：准予税前扣除的工会经费必须是企业已经实际发生的部分，对于账面已经计提但未实际发生的工会经费，不得在纳税年度内税前扣除。同时，工会经费的扣除有限额，企业税前扣除的工会经费必须在工资、薪金总额（允许税前扣除的）的2%以内。

3. 职工教育经费差异

《企业会计准则》规定，企业按规定提取的职工教育经费，应当在职工为其提供服务的会计期间，根据规定的计提基础和计提比例计算确定相应的职工薪酬金额，并确认相应负债，计入当期损益或相关资产成本。

财政部、全国总工会等部门联合印发的《关于企业职工教育经费提取与使用管理的意见》（财建〔2006〕317号）文件规定：一般企业按照职工工资总额的1.5%足额提取教育培训经费，从业人员技术要求高、培训任务重、经济效益较好的企业，可按2.5%提取，列入成本开支。该文件明确职工教育经费开支范围如下：

① 《财政部 国家税务总局关于高新技术企业职工教育经费税前扣除政策的通知》（财税〔2015〕63号）。

(1) 职工教育经费具体列支范围包括:上岗和转岗培训;各类岗位适应性培训;岗位培训、职业技术等级培训、高技能人才培训;专业技术人员继续教育;特种作业人员培训;企业组织的职工外送培训的经费支出;职工参加的职业技能鉴定、职业资格认证等经费支出;购置教学设备与设施;职工岗位自学成才奖励费用;职工教育培训管理费用;有关职工教育的其他开支。

(2) 经单位批准或按国家和省、市规定必须到本单位之外接受培训的职工,与培训有关的费用由职工所在单位按规定承担。

(3) 经单位批准参加继续教育以及政府有关部门集中举办的专业技术、岗位培训、职业技术等级培训、高技能人才培训所需经费,可从职工所在企业职工教育培训经费中列支。

(4) 为保障企业职工的学习权利和提高他们的基本技能,职工教育培训经费的60%以上应用于企业一线职工的教育和培训。当前和今后一个时期,要将职工教育培训经费的重点投向技能型人才特别是高技能人才的培养以及在岗人员的技术培训和继续学习。

(5) 企业职工参加社会上的学历教育以及个人为取得学位而参加的在职教育,所需费用应由个人承担,不能挤占企业的职工教育培训经费。

(6) 对于企业高层管理人员的境外培训和考察,其一次性单项支出较高的费用应从其他管理费用中支出,避免挤占日常的职工教育培训经费开支。

(7) 矿山和建筑企业等聘用外来农民工较多的企业,以及在城市化进程中接受农村转移劳动力较多的企业,对农民工和农村转移劳动力培训所需的费用,可从职工教育培训经费中支出。

税法规定,企业发生的职工教育经费支出,不超过工资薪金总额2.5%(高新技术企业为8%)的部分,准予扣除;超过部分,准予在以后纳税年度结转扣除。税法上同时明确了企业发生的职工教育经费支出,超过标准部分,准予在以后年度结转扣除。这一规定,实际上是企业发生的职工教育经费支出准予全额扣除,只是在扣除时间上作了相应的递延。

(三) 审核要点

(1) 审核计提而未实际发生的职工福利费、职工教育经费是否进行了纳税调整。

小型微利税收优惠

(2) 审核工会经费税前扣除凭证是否合规。

(3) 审核职工教育经费的使用是否存在不得由企业列支或不得在职工教育经费中列支的支出。

(4) 审核扣除限额的计算是否正确。

三、社会保险及住房公积金

(一) 相关税收政策

(1) 企业依照国务院有关主管部门或者省级人民政府规定的范围和标准为职工缴纳的基本养老保险费、基本医疗保险费、失业保险费、工伤保险费、生育保险费等基本社会保险费和住房公积金，准予扣除。

企业为投资者或者职工支付的补充养老保险费、补充医疗保险费，在国务院财政、税务主管部门规定的范围和标准内，准予扣除。

(2) 除企业依照国家有关规定为特殊工种职工支付的人身安全保险费和国务院财政、税务主管部门规定可以扣除的其他商业保险费外，企业为投资者或者职工支付的商业保险费，不得扣除。

(3) 自 2008 年 1 月 1 日起，企业根据国家有关政策规定，为在本企业任职或者受雇的全体员工支付的补充养老保险费、补充医疗保险费，分别在不超过职工工资总额 5%标准内的部分，在计算应纳税所得额时准予扣除；超过的部分，不予扣除。[①]

(二) 税法与会计差异分析

1. 按照税法规定"五险一金"实际缴纳的超出规定范围和标准的部分，不得在税前扣除，应对应纳税所得额进行纳税调增。

2. 会计上已经计提进入了成本费用而未实际缴纳的部分不得在税前扣除，应对应纳税所得额进行调增。本期实际缴纳数超过了会计提取数的部分，只要符合规定，允许调减应纳税所得额。

3. 实际缴纳的补充养老保险费和补充医疗保险费，超过比例的部分不得税前扣除，应作应纳税所得额的调增；如果缴纳补充养老保险费和补充医疗保险费的人不是全体员工，而仅仅为部分人员缴纳，则全部缴纳的补充养老保险费和补充医疗保险费不能税前扣除，应对应纳税所得额进行调增。

4. 企业为"在职直接从事研发活动人员"缴纳的"五险一金"可以作为研发费用享受加计扣除的优惠政策，可以调减应纳税所得额。

(三) 审核要点

1. 审核申报表数据与财务报表的钩稽关系是否正确。

2. 审核缴纳社会保险及住房公积金的范围是否符合规定，是否存在扩大范围、提高标准缴纳而未纳税调整的情况。

3. 审核是否存在将在建工程相关人员的社会保险及住房公积金核算在当期费用中直接税前扣除的情况。

4. 审核是否存在只为部分员工缴纳补充养老保险、补充医疗保险的情况。

四、辞退福利

辞退福利，是指企业在职工劳动合同到期之前解除与职工的劳动关系，导致义务产生的事项，是终止雇佣而不是为获得职工的劳动而给予的补偿。

企业在职工劳动合同到期之前解除与职工的劳动关系，或者为鼓励职工自愿接受裁

① 《关于补充养老保险费补充医疗保险费有关企业所得税政策问题的通知》(财税〔2009〕27 号)。

减而提出给予补偿的建议,同时满足下列条件的,应当确认因解除与职工的劳动关系给予补偿而产生的预计负债,同时计入当期损益:

(1) 企业已经制定正式的解除劳动关系计划或提出自愿裁减建议,并即将实施。该计划或建议应当包括拟解除劳动关系或裁减的职工所在部门、职位及数量;根据有关规定按工作类别或职位确定的解除劳动关系或裁减补偿金额;拟解除劳动关系或裁减的时间。

(2) 企业不能单方面撤回解除劳动关系计划或裁减建议。

(一) 相关税收政策

企业与职工解除劳动合同而支付的补偿费即辞退福利,属于职工薪酬核算的范围,但不属于税法规定的工资薪金范畴。企业实际发生的与取得收入有关的、合理的支出,包括成本、费用、税金、损失和其他支出,准予在计算应纳税所得额时扣除。企业与职工解除劳动合同而支付的合理的补偿费,属于与生产经营有关的必要而合理的支出,允许据实扣除。

(二) 税法与会计差异分析

企业应当根据职工薪酬准则和《企业会计准则第 13 号——或有事项》,严格按照辞退计划条款的规定,合理预计并确认辞退福利产生的负债。这样就可能存在先期已经计入管理费用的预计辞退福利费,至年末仍未支付;另外,对于实质性辞退工作在一年内实施完毕但补偿款项超过一年支付的辞退计划,企业存在因此项负债而产生的未确认融资费用,在以后各期实际支付辞退福利款项时,计入财务费用。税法上准予税前扣除的员工的补偿费必须是实际发生的,尚未支付的部分税前不予扣除。

税法上允许扣除的金额是实际发生的支付金额,不确认因实质性辞退工作在一年内实施完毕但补偿款项超过一年支付的辞退计划而摊销的未确认融资费用。《企业会计准则》规定,企业应当按照辞退计划条款的规定,合理预计并确认辞退福利产生的应付职工薪酬。

(三) 审核要点

(1) 审核辞退福利是否存在计提时税前扣除的情况。

(2) 辞退福利不属于税法口径的"工资薪金",不能作为职工福利费、职工教育经费、工会经费的计算基数,审核企业纳税调整是否准确。

五、企业为职工支付商业保险费用

(一) 相关税收政策

《企业所得税法实施条例》第三十六条规定,除企业依照国家有关规定为特殊工种职工支付的人身安全保险费和国务院财政、税务主管部门规定可以扣除的其他商业保险费外,企业为投资者或者职工支付的商业保险费,不得扣除。

(二) 税法与会计差异分析

会计上企业可以根据经营需要为其投资者或者职工投保商业保险,所发生的保险费支出全部计入资产成本或当期费用。而税法允许扣除的为职工支付的商业保险费用限于以下两种：一是企业按照国家规定为特殊工种职工支付的法定人身安全保险费，如煤矿企业必须为煤矿井下作业职工办理意外伤害保险，支付保险费。二是国务院财政、税务主管部门规定可以扣除的其他商业保险费。除此之外，企业列支的为投资者或者职工支付的商业保险不得税前扣除，应作纳税调整。

（三）审核要点

（1）对于特殊工种职工的法定人身安全保险费应审核具体职工是否为特殊工种。

（2）企业职工因公出差乘坐交通工具发生的人身意外保险费支出，准予企业在计算应纳税所得额时扣除，但通常作为差旅费而不属于职工薪酬。注意审核企业是否存在将其列入工资薪金，而人为扩大了计算职工福利费、职工教育经费、工会经费的扣除基数的情况。

案例 3-16　应付职工薪酬的税务处理

甲公司 2017 年经该单位薪酬委员会审定，当年财务上列入成本费用的工资支出 12 000 万元，其中，其中 2 000 万元为预提的年终效益奖金，次年 6 月考核后实际发放，当年实际发放工资总额 10 000 万元。该企业在成本费用中列支福利费支出 1 670 万元，另在管理费用一劳动保护费中列支供暖费补贴 40 万元、职工防暑降温费 90 万元。企业提取了职工教育经费 300 万元列入管理费用，实际使用 230 万元。企业上年度末结转待扣除的职工教育经费 30 万元。

该公司按有关规定在成本费用中列支“五险一金”如下：

“五险一金”列支表

单位：万元

项　目	本年计提数	本年发放数	期末余额
基本养老保险费	2 400	2 200	200
基本医疗保险费	1 200	1 100	100
失业保险费	120	110	10
工伤保险费	96	88	8
生育保险费	36	33	3
住房公积金	1 440	1 320	120
补充养老保险费	600	600	0
补充医疗保险费	480	480	0
合　计	6 372	5 931	441

鉴于近年来效益较好，在企业按规定为职工计提了“五险一金”（包括补充医疗保险、补充养老保险）的基础上，为了更好地提高职工的工作积极性，2017 年经董事会研究决

定，为职工购买平安团体年金保险(分红型)3 800 万元。企业购买的属商业保险，列入“管理费用”科目。

技术转让增值税和所得税分析

解析：

职工福利费的税务处理：按国税函〔2009〕3 号文件规定，职工福利费支出应包括成本费用中列支的福利费支出 1 670 万元，在管理费用—劳动保护费中列支供暖费补贴 40 万元、职工防暑降温费 90 万元，共计列支职工福利费支出 1 800万元。确定税前扣除的职工福利费支出的限额，应按允许税前扣除的工资总额 10 000万元(不是 12 000 万元)的 14%计算扣除限额 1 400 万元，应调增应纳税所得额 400 万元。

职工教育经费的税务处理：当年该公司实际在管理费用中列支职工教育经费 300 万元，实际发生职工教育经费支出 230 万元，根据税法规定的扣除限额为 250 万元(10 000 万元×2.5%)，实际发生的职工教育经费 230 万元可以扣除，同时其和 250 万元的差额 20 万元还可以扣除以前年度待结转扣除金额，这样处理后应结转待扣除的职工教育经费 10 万元。所以，账载金额 300 万元，本年税收法允许扣除金额 250 万元，应作纳税调增 50 万元。

社会保险的税务处理：企业账面计提的社会基本保障缴款及住房公积金，是依照国务院有关主管部门或者省级人民政府规定的范围和标准列支的，但其未实际缴纳的 441 万元，在 2017 年不允许扣除，会计与税法上存在暂时性差异，应作纳税调增，留待以后实际支付年度税前扣除(作纳税调减)。对于实际缴纳补充养老保险、补充医疗保险按财税〔2009〕27 号文件规定，其扣除限额均为 500 万元(10 000×5%)，因此企业列支的补充医疗保险可以全额扣除，但补充养老保险只能扣除 500 万元，超出部分是永久性差异，应作纳税调增 100 万元。

商业保险的税务处理：企业购买的平安团体年金保险(分红型)，不属于按国家有关规定为特殊工种职工支付的人身安全保险费，也不是国务院财政、税务主管部门规定可以扣除商业保险费，因此对此商业保险税前不予扣除，应作纳税调增。

2017 年度纳税申报表填报：

A105050　　职工薪酬支出及纳税调整明细表　　单位：元

行次	项目	账载金额	实际发生额	税收规定扣除率	以前年度累计结转扣除额	税收金额	纳税调整金额	累计结转以后年度扣除额
		1	2	3	4	5	6(1−5)	7(1+4−5)
1	一、工资薪金支出	120 000 000	100 000 000	*	*	100 000 000	20 000 000	*
2	其中：股权激励	0	0	*	*	0	0	*
3	二、职工福利费支出	18 000 000	18 000 000		*	14 000 000	4 000 000	*

（续表）

行次	项目	账载金额	实际发生额	税收规定扣除率	以前年度累计结转扣除额	税收金额	纳税调整金额	累计结转以后年度扣除额
		1	2	3	4	5	6(1－5)	7(1＋4－5)
4	三、职工教育经费支出	3 000 000	2 300 000	*	200 000	2 500 000	500 000	700 000
5	其中：按税收规定比例扣除的职工教育经费							
6	按税收规定全额扣除的职工培训费用				*			*
7	四、工会经费支出				*			*
8	五、各类基本社会保障性缴款	38 520 000	35 310 000	*	*	35 310 000	3 210 000	*
9	六、住房公积金	14 400 000	13 200 000	*	*	13 200 000	1 200 000	*
10	七、补充养老保险	6 000 000	6 000 000		*	5 000 000	1 000 000	*
11	八、补充医疗保险	4 800 000	4 800 000		*	4 800 000	0	*
12	九、其他	38 000 000	38 000 000	*	*	0	38 000 000	*
13	合计(1＋3＋4＋7＋8＋9＋10＋11＋12)	242 720 000	217 610 000	*		174 810 000	67 910 000	

A105000 **纳税调整项目明细表** 单位：元

行次	项目	账载金额	税收金额	调增金额	调减金额
		1	2	3	4
12	二、扣除类调整项目(13＋14＋…24＋26＋27＋28＋29＋30)	*	*		
14	（二）职工薪酬(填写 A105050)	242 720 000	174 810 000	67 910 000	

自动生成主表 A100000 第 15 行数据。（填表略）

第五节 资产损失

一、相关税收政策及管理

(一) 损失

损失,是指企业在生产经营活动中发生的固定资产和存货的盘亏、毁损、报废损失,转让财产损失,呆账损失,坏账损失,自然灾害等不可抗力因素造成的损失以及其他损失。

企业发生的损失,减除责任人赔偿和保险赔款后的余额,依照国务院财政、税务主管部门的规定扣除。

企业已经作为损失处理的资产,在以后纳税年度又全部收回或者部分收回时,应当计入当期收入。

(二) 资产和资产损失的概念

资产,是指企业拥有或者控制的、用于经营管理活动相关的资产,包括现金、银行存款、应收及预付款项(包括应收票据、各类垫款、企业之间往来款项)等货币性资产,存货、固定资产、无形资产、在建工程、生产性生物资产等非货币性资产,以及债权性投资和股权(权益)性投资。

资产损失,是指企业在生产经营活动中实际发生的、与取得应税收入有关的资产损失,包括现金损失,存款损失,坏账损失,贷款损失,股权投资损失,固定资产和存货的盘亏、毁损、报废、被盗损失,自然灾害等不可抗力因素造成的损失以及其他损失。

准予在企业所得税税前扣除的资产损失,是指企业在实际处置、转让上述资产过程中发生的合理损失(简称实际资产损失),以及企业虽未实际处置、转让上述资产,但符合规定条件计算确认的损失(简称法定资产损失)。

(三) 资产损失扣除的总体要求

(1) 企业实际资产损失,应当在其实际发生且会计上已作损失处理的年度申报扣除;法定资产损失,应当在企业向主管税务机关提供证据资料证明该项资产已符合法定资产损失确认条件,且会计上已作损失处理的年度申报扣除。

(2) 企业发生的资产损失,应按规定的程序和要求向主管税务机关申报后方能在税前扣除。未经申报的损失,不得在税前扣除。

(3) 企业以前年度发生的资产损失未能在当年税前扣除的,可以按照《企业资产损失所得税税前扣除管理办法》(国家税务总局公告 2011 年第 25 号)的规定,向税务机关说明并进行专项申报扣除。其中,属于实际资产损失,准予追补至该项损失发生年度扣除,其追补确认期限一般不得超过 5 年,但因计划经济体制转轨过程中遗留的资产损失、企业重组上市过程中因权属不清出现争议而未能及时扣除的资产损失、因承担国家政策性任务而形成的资产损失,以及政策定性不明确而形成的资产损失等特殊原因形成的资产损失,其追补确认期限经国家税务总局批准后可适当延长。属于法定资产损失,应在申报年度扣除。

企业因以前年度实际资产损失未在税前扣除而多缴的企业所得税税款,可在追补确认年度企业所得税应纳税款中予以抵扣,不足抵扣的,向以后年度递延抵扣。

企业实际资产损失发生年度扣除追补确认的损失后出现亏损的,应先调整资产损失发生年度的亏损额,再按弥补亏损的原则计算以后年度多缴的企业所得税税款,并进行税务处理。

(四) 损失申报类型

(1) 企业资产损失按其申报内容和要求的不同,分为清单申报和专项申报两种形式。其中,属于清单申报的资产损失,企业可按会计核算科目进行归类、汇总,然后再将汇总清单报送税务机关,有关会计核算资料和纳税资料留存备查;属于专项申报的资产损失,企业应逐项(或逐笔)报送申请报告,同时附送会计核算资料及其他相关的纳税资料。

企业在申报资产损失税前扣除过程中不符合上述要求的,税务机关应当要求其改正,企业拒绝改正的,税务机关有权不予受理。

(2) 下列资产损失,应以清单申报的方式向税务机关申报扣除。

① 企业在正常经营管理活动中,按照公允价格销售、转让、变卖非货币资产的损失。

② 企业各项存货发生的正常损耗。

③ 企业固定资产达到或超过使用年限而正常报废清理的损失。

④ 企业生产性生物资产达到或超过使用年限而正常死亡发生的资产损失。

⑤ 企业按照市场公平交易原则,通过各种交易场所、市场等买卖债券、股票、期货、基金以及金融衍生产品等发生的损失。

上述以外的资产损失,应以专项申报的方式向税务机关申报扣除。企业无法准确判别是否属于清单申报扣除的资产损失,可以采取专项申报的形式申报扣除。

高薪企业认定和复审

企业因国务院决定事项形成的资产损失,应以专项申报的方式向主管税务机关申报扣除。专项申报扣除的有关事项,按照《企业资产损失所得税税前扣除管理办法》(国家税务总局公告 2011 年第 25 号)规定执行。[①]

(五) 商业零售企业存货损失税前扣除

(1) 商业零售企业存货因零星失窃、报废、废弃、过期、破损、腐败、鼠咬、顾客退换货等正常因素形成的损失,为存货正常损失,准予按会计科目进行归类、汇总,然后再将汇

① 《国家税务总局关于企业因国务院决定事项形成的资产损失税前扣除问题的公告》(国家税务总局公告 2014 年第 18 号)。

总数据以清单的形式进行企业所得税纳税申报，同时出具损失情况分析报告。

(2) 商业零售企业存货因风、火、雷、震等自然灾害，仓储、运输失事，重大案件等非正常因素形成的损失，为存货非正常损失，应当以专项申报形式进行企业所得税纳税申报。

(3) 存货单笔(单项)损失超过500万元的，无论何种因素形成的，均应以专项申报方式进行企业所得税纳税申报。[①]

(六) 汇总纳税企业损失扣除

汇总纳税企业发生的资产损失，应按以下规定申报扣除：

(1) 总机构及二级分支机构发生的资产损失，除应按专项申报和清单申报的有关规定各自向所在地主管税务机关申报外，二级分支机构还应同时上报总机构；三级及以下分支机构发生的资产损失不需向所在地主管税务机关申报，应并入二级分支机构，由二级分支机构统一申报。

(2) 总机构对各分支机构上报的资产损失，除税务机关另有规定外，应以清单申报的形式向所在地主管税务机关申报。

(3) 总机构将分支机构所属资产捆绑打包转让所发生的资产损失，由总机构向所在地主管税务机关专项申报。

二级分支机构所在地主管税务机关应对二级分支机构申报扣除的资产损失强化后续管理。

(七) 资产损失的确认证据

企业资产损失相关的证据包括具有法律效力的外部证据和特定事项的企业内部证据。

(1) 具有法律效力的外部证据，是指司法机关、行政机关、专业技术鉴定部门等依法出具的与本企业资产损失相关的具有法律效力的书面文件，主要包括：

① 司法机关的判决或者裁定。

② 公安机关的立案结案证明、回复。

③ 工商部门出具的注销、吊销及停业证明。

④ 企业的破产清算公告或清偿文件。

⑤ 行政机关的公文。

⑥ 专业技术部门的鉴定报告。

⑦ 具有法定资质的中介机构的经济鉴定证明。

⑧ 仲裁机构的仲裁文书。

⑨ 保险公司对投保资产出具的出险调查单、理赔计算单等保险单据。

⑩ 符合法律规定的其他证据。

---

① 《国家税务总局关于商业零售企业存货损失税前扣除问题的公告》(国家税务总局公告2014年第3号)。

（2）特定事项的企业内部证据，是指会计核算制度健全、内部控制制度完善的企业，对各项资产发生毁损、报废、盘亏、死亡、变质等内部证明或承担责任的声明，主要包括：

① 有关会计核算资料和原始凭证。

② 资产盘点表。

③ 相关经济行为的业务合同。

④ 企业内部技术鉴定部门的鉴定文件或资料。

⑤ 企业内部核批文件及有关情况说明。

⑥ 对责任人由于经营管理责任造成损失的责任认定及赔偿情况说明。

⑦ 法定代表人、企业负责人和企业财务负责人对特定事项真实性承担法律责任的声明。

二、税法与会计差异分析

（一）扣除管理的差异

会计核算中确认和记录资产损失属于企业内部的一种特殊财务行为，应根据企业的内部治理结构、内部控制程序和管理权限，经股东大会或董事会，或经理会议或类似机构批准后，在期末结账前将财产损失处理完毕。

税法规定企业发生的资产损失，应按规定的程序和要求向主管税务机关申报后方能在税前扣除。未经申报的损失，不得在税前扣除。

（二）资产损失所依证据的差异

会计核算中确认资产损失，所依据的是内部调查和反映的资产实际状态，它既可能有外部证据支持，也可能无充分的外部证据予以支持和证明。

税法中要求企业按规定向税务机关报送资产损失税前扣除申请时，均应提供能够证明资产损失确属已实际发生或已符合法定资产损失确认条件的合法证据，包括具有法律效力的外部证据和特定事项的企业内部证据。

（三）资产损失扣除金额的差异

（1）资产在计提资产减值准备的情况下，其账面净值与税法以历史成本确定的计税基础不一致，在计提准备的当期应调增应纳税所得额，在税收上确认损失时，应作纳税调减处理，以转回差异。

（2）对固定资产、生产性生物资产、无形资产来说，在确认损失时，税法扣除的是计税基础，由于会计成本与计税基础有可能不同，会计上采取的折旧年限、方法和预计净残值与税法不同等因素而导致税法上确认的损失金额与会计确认金额可能存在差异，需进行纳税调整。

（四）以前年度应扣未扣资产损失的差异

以前年度未予确认的实际资产损失税法规定必须在所属年度申报扣除，而会计上不强求必须追溯到所属年度重新计算损益。

案例 3-17 专项申报的资产损失

A 公司 2017 年发生业务如下:

(1) 企业发生已提足折旧的固定资产正常报废业务,清理损失 9 万元。

(2) 2017 年甲库存商品因管理不善造成盘亏损失账面成本 26 万元,相应的增值税进项税额为 4.42 万元,该存货已累计计提跌价准备 3 万元,责任人赔偿 1 万元。上述损失会计上已记入 2017 年的"管理费用"科目。

解析:企业发生已提足折旧的固定资产正常报废业务,清理损失 9 万元,税会无差异。甲库存商品因管理不善造成盘亏损失,会计上损失金额为 26.42 万元,税收上确认是损失为 29.42 万元,应纳税调减 3 万元。

2017 年度纳税申报表填报:

A102010　　一般企业成本支出明细表　　单位:元

行次	项目	金额
16	二、营业外支出(17+18+19+20+21+22+23+24+25+26)	354 200
17	(一)非流动资产处置损失	90 000
18	(二)非货币性资产交换损失	
19	(三)债务重组损失	
20	(四)非常损失	264 200

A105090　　资产损失税前扣除及纳税调整明细表　　单位:元

行次	项目	资产损失的账载金额	资产处置收入	赔偿收入	资产计税基础	资产损失的税收金额	纳税调整金额
		1	2	3	4	5(4−2−3)	6(1−5)
1	一、清单申报资产损失(2+3+4+5+6+7+8)	90 000	0	0	90 000	90 000	0
4	(三)固定资产达到或超过使用年限而正常报废清理的损失	90 000	0	0	90 000	90 000	0
9	二、专项申报资产损失(10+11+12+13)	264 200	0	10 000	304 200	294 200	−30 000
11	(二)非货币资产损失	264 200	0	10 000	304 200	294 200	−30 000
14	合计(1+9)	354 200	0	10 000	394 200	384 200	−30 000

A105000　　　　　　　　纳税调整项目明细表　　　　　　　　单位：元

行次	项　目	账载金额	税收金额	调增金额	调减金额
		1	2	3	4
31	三、资产类调整项目（32+33+34+35）	*	*		
34	（三）资产损失（填写 A105090）	354 200	384 200		30 000

自动生成主表 A100000 第 15 行数据。（填表略）

【后续管理提示】 资产损失在汇算清缴前需申报扣除，已提足折旧的固定资产正常报废业务属于清单申报，甲库存商品因管理不善造成盘亏损失需进行专项申报。

三、审核要点

（1）审核财务报表与申报表主表、附表的相关数据的逻辑关系是否正确。

（2）通过报表及相关会计核算资料，审核资产损失会计与税收差异金额计算及调整是否准确。

（3）审核企业税前扣除的损失是否符合与取得应税收入相关这一条件。

（4）审核企业已经作为损失处理的资产，以后年度收回时是否进行了申报。

（5）审核以前年度发生的实际资产损失是否存在确认在发现年度扣除而未追溯扣除的情况。

研究开发费的加计扣除

（6）审核企业是否存在关联交易发生的资产损失，其交易价格是否符合独立交易原则。

（7）审核资产损失是否在汇算清缴时分类进行了申报。

（8）对于专项申报的资产损失，审核提供的证据是否符合规定。

第六节　其他扣除项目

一、捐赠支出

（一）相关税收政策

（1）企业发生的公益性捐赠支出，在年度利润总额 12%以内的部分，准予在计算应纳税所得额时扣除；超过年度利润总额 12%的部分，准予结转以后 3 年内在计算应纳税所得额时扣除。[①] 年度利润总额，是指企业依照国家统一会计制度的规定计算的大于零的数额。

① 参见新修订的《企业所得税法》第九条（十二届全国人大常委会第二十六次会议）。

(2) 公益性捐赠，是指企业通过公益性社会团体或者县级以上人民政府及其部门，用于《中华人民共和国公益事业捐赠法》规定的公益事业的捐赠。

(3) 公益性社会团体，是指同时符合下列条件的基金会、慈善组织等社会团体：

① 依法登记，具有法人资格。

② 以发展公益事业为宗旨，且不以营利为目的。

③ 全部资产及其增值为该法人所有。

④ 收益和营运结余主要用于符合该法人设立目的的事业。

⑤ 终止后的剩余财产不归属任何个人或者营利组织。

⑥ 不经营与其设立目的无关的业务。

⑦ 有健全的财务会计制度。

⑧ 捐赠者不以任何形式参与社会团体财产的分配。

⑨ 国务院财政、税务主管部门会同国务院民政部门等登记管理部门规定的其他条件。

(4) 公益性群众团体接受捐赠的资产价值，按以下原则确认：

① 接受捐赠的货币性资产，应当按照实际收到的金额计算。

② 接受捐赠的非货币性资产，应当以其公允价值计算。捐赠方在向公益性群众团体捐赠时，应当提供注明捐赠非货币性资产公允价值的证明，如果不能提供上述证明，公益性群众团体不得向其开具公益性捐赠票据或者《非税收入一般缴款书》收据联。

(5) 企业或个人通过获得公益性捐赠税前扣除资格的公益性社会团体或县级以上人民政府及其组成部门和直属机构，用于公益事业的捐赠支出，可以按规定进行所得税税前扣除。县级以上人民政府及其组成部门和直属机构的公益性捐赠税前扣除资格无须认定。

对于通过公益性社会团体发生的公益性捐赠支出，企业或个人应提供省级以上(含省级)财政部门印制并加盖接受捐赠单位印章的公益性捐赠票据，或加盖接受捐赠单位印章的《非税收入一般缴款书》收据联，方可按规定进行税前扣除。

对于通过公益性社会团体发生的公益性捐赠支出，主管税务机关应对照财政、税务、民政部门联合公布的名单予以办理，即接受捐赠的公益性社会团体位于名单内的，企业或个人在名单所属年度向名单内的公益性社会团体进行的公益性捐赠支出可按规定进行税前扣除；接受捐赠的公益性社会团体不在名单内，或虽在名单内但企业或个人发生的公益性捐赠支出不属于名单所属年度的，不得扣除。

(6) 自 2016 年 1 月 1 日起，企业向公益性社会团体实施的股权捐赠，应按规定视同转让股权，股权转让收入额以企业所捐赠股权取得时的历史成本确定。前款所称的股权，是指企业持有的其他企业的股权、上市公司股票等。

企业实施股权捐赠后，以其股权历史成本为依据确定捐赠额，并依此按照企业所得税法有关规定在所得税前予以扣除。公益性社会团体接受股权捐赠后，应按照捐赠企业提供的股权历史成本开具捐赠票据。

公益性社会团体，是指注册在中华人民共和国境内，以发展公益事业为宗旨、且不以营利为目的，并经确定为具有接受捐赠税前扣除资格的基金会、慈善组织等公益性社会团体。

股权捐赠行为，是指企业向中华人民共和国境内公益性社会团体实施的股权捐赠行为。企业向中华人民共和国境外的社会组织或团体实施的股权捐赠行为不适用此规定。

（二）税法与会计差异分析

（1）《企业会计准则》规定，企业对外捐赠按捐赠全额及相关税费记入“营业外支出”科目；而税法规定除财政、税务主管部门另有规定外，企业发生的公益性捐赠不超过年度利润总额12%的部分，准予扣除。超过年度利润总额12%的部分，准予结转以后3年内在计算应纳税所得额时扣除。

（2）企业发生非货币资产捐赠，会计不确认收入而是核算在“营业外支出”科目，税收上应分解为视同销售和捐赠两项业务。

案例3-18　捐赠支出的税前扣除

甲公司2017年12月发生部分业务如下：①赞助某协会5 000元；②支付逾期银行贷款罚息2万元；③支付合同违约金1万元，缴纳税收滞纳金12 000元；④通过中国红十字会向希望小学捐款15万元、捐赠某上市公司股票10 000股（取得时历史成本10元/股，目前公允价12元/股，账面价值为10元/股，均为含税价）。已知2017年会计利润为200万元。

解析：

税务处理：上述计入“营业外支出”的事项中，按税法规定，给某协会的赞助5 000元和缴纳的税收滞纳金12 000元不能税前扣除，应调整增加2017年度的应纳税所得额；支付逾期银行贷款罚息2万元和支付合同违约金1万元允许扣除，无须进行纳税调整。

捐赠扣除限额＝200×12%＝24（万元），企业实际捐赠25.113 2万元（15＋10＋0.113 2），超过限额1.113 2万元不得扣除，需调增应纳税所得额1.113 2万元。超过年度利润总额12%的部分，准予结转以后3年内在计算应纳税所得额时扣除。

甲公司2017年度纳税申报表填报：

A102010　　**一般企业成本支出明细表**　　单位：元

行次	项目	金额
16	二、营业外支出（17＋18＋19＋20＋21＋22＋23＋24＋25＋26）	298 132
21	（五）捐赠支出	298 132

A105070 捐赠支出及纳税调整明细表 单位:元

行次	项　目	账载金额	以前年度结转可扣除的捐赠额	按税收规定计算的扣除限额	税收金额	纳税调增金额	纳税调减金额	可结转以后年度扣除的捐赠额
		1	2	3	4	5	6	7
3	三、限额扣除的公益性捐赠(4+5+6+7)	251 132	*	240 000	240 000	11 132	*	11 132
7	本　年(2017年)	251 132	*	240 000	240 000	11 132	*	11 132
8	合计(1+2+3)							

A105000 纳税调整项目明细表 单位:元

行次	项　目	账载金额	税收金额	调增金额	调减金额
		1	2	3	4
12	二、扣除类调整项目(13+14+…24+26+27+28+29+30)	*	*		
17	(五) 捐赠支出(填写A105070)	251 132	240 000	11 132	
20	(八) 税收滞纳金、加收利息	12 000	*	12 000	*
21	(九) 赞助支出	5 000	*	5 000	*

自动生成主表A100000相关行次数据。(填表略)

(三) 审核要点

(1) 审核不符合条件或超过标准的公益救济性捐赠是否作了纳税调整。

(2) 审核税法规定可以予以全额税前扣除的公益性捐赠是否符合政策及是否在有效期内。

(3) 审核接受捐赠的公益性社会团体是否在每年度财政部、国家税务总局和省级财税部门公布的名单内,或虽在名单内但企业发生的公益性捐赠支出不属于名单所属年度,捐赠支出是否取得了公益性捐赠票据或加盖接受捐赠单位印章的《非税收入一般缴款书》。

(4) 企业直接向受赠人的捐赠不属于公益性捐赠,审核企业是否存在直接捐赠而按照公益性捐赠扣除的情况。

(5) 超过限额的公益性捐赠结转至以后年度扣除,审核其延续扣除的合规性。

二、其他扣除项目

（一）相关税收政策

（1）税金，是指企业发生的除企业所得税和允许抵扣的增值税以外的各项税金及其附加。

（2）其他支出，是指除成本、费用、税金、损失外，企业在生产经营活动中发生的与生产经营活动有关的、合理的支出。

（3）企业依照法律、行政法规有关规定提取的用于环境保护、生态恢复等方面的专项资金，准予扣除。上述专项资金提取后改变用途的，不得扣除。

（4）在计算应纳税所得额时，下列支出不得扣除：

① 向投资者支付的股息、红利等权益性投资收益款项。

② 企业所得税税款。

③ 税收滞纳金。

④ 罚金、罚款和被没收财物的损失。

⑤《企业所得税法》第九条规定以外的捐赠支出。

⑥ 赞助支出。

⑦ 未经核定的准备金支出。

⑧ 与取得收入无关的其他支出。

（5）赞助支出，是指企业发生的与生产经营活动无关的各种非广告性质支出。

（6）未经核定的准备金支出，是指不符合国务院财政、税务主管部门规定的各项资产减值准备、风险准备等准备金支出。

（7）企业之间支付的管理费、企业内营业机构之间支付的租金和特许权使用费，以及非银行企业内营业机构之间支付的利息，不得扣除。

（二）税法与会计差异分析

1. 税金的差异分析

安置残疾人税收优惠

税法所称税金，是指企业发生的除企业所得税和允许抵扣的增值税以外的各项税金及其附加。而会计上的税金是指企业应缴纳的各种税金和规费，包括增值税、消费税、营业税（已废止）、企业所得税、土地增值税、城市维护建设税、房产税、印花税等。房地产开发企业销售未完工产品缴纳的营业税，准予扣除。但会计上通常在完工时才核算在“税金及附加”科目。

2. 其他支出的差异分析

税法所称其他支出，是指企业在生产经营活动中发生的与生产经营活动有关的、合理的支出。税法所得其他支出会计上只要是企业实际发生的，均可记入“营业外支出”等科目从利润中抵减。

案例 3-19　工业企业购买名人字画、古董的支出可以税前扣除吗？

某煤炭生产企业购买数幅名人字画，金额 100 余万元，并取得了增值税发票，企业将其核算在“长期待摊费用”科目，请问此项支出能否税前扣除呢？

解析：

根据《中华人民共和国企业所得税法》（主席令 2007 年第 63 号）第八条规定：“企业实际发生的与取得收入有关的、合理的支出，包括成本、费用、税金、损失和其他支出，准予在计算应纳税所得额时扣除。”以及《企业所得税法实施条例》（国务院令第 512 号）第二十七条，《企业所得税法》第八条所称有关的支出，是指与取得收入直接相关的支出。《企业所得税法》第八条所称合理的支出，是指符合生产经营活动常规，应当计入当期损益或者有关资产成本的必要和正常的支出。购买名人字画的支出与其取得的收入并没有直接相关性。所以，本案例中的煤炭生产企业购买名人字画的支出因其与收入没有直接相关性，所以不能在税前扣除。而当企业进行转让时，则可以一次性扣除成本。

（三）审核要点

(1) 结合“营业外支出”明细科目，审核分析是否发生不允许在税前扣除的项目，并且通过附表 A105000《纳税调整项目明细表》进行了调整。

(2) 审核税金扣除情况，尤其注意是否存在应计入资产成本的税金直接税前扣除的问题。

(3) 审核房地产开发企业销售未完工产品缴纳的营业税是否存在重复扣除的问题。

第四章　资产的税务处理

内容摘要

企业的长期资产通过折旧、摊销的方式在企业所得税税前扣除，其计税基础、折旧摊销年限、方法等与会计处理联系密切，同时又存在差异。资产税务处理及税会差异纳税调整的准确性将对企业若干年度的应纳税所得额形成影响。本章内容主要从税收政策、会计处理、税法与会计差异、纳税申报实务等方面介绍固定资产、无形资产、生物性资产、长期待摊费用等资产项目折旧、摊销的企业所得税处理。重点讲解固定资产加速折旧的税法与会计差异及《A105080 资产折旧、摊销情况及纳税调整明细表》的申报、审核要点。

第一节　固定资产

固定资产，是指企业为生产产品、提供劳务、出租或者经营管理而持有的、使用时间超过 12 个月的非货币性资产。固定资产的判定、计税基础的确认、折旧的扣除是企业所得税汇算清缴的一项重要内容。

注意：固定资产的判定很关键，特别是企业列入低值易耗品的部分，也是实务处理中的重点。如果符合企业所得税法中关于固定资产的界定，则不能在当期直接扣除。

一、相关税收政策

（一）固定资产的折旧范围

在计算应纳税所得额时，企业按照规定计算的固定资产折旧，准予扣除。

下列固定资产折旧不得扣除：

（1）房屋、建筑物以外未投入使用的固定资产。

（2）以经营租赁方式租入的固定资产。

（3）以融资租赁方式租出的固定资产。

（4）已足额提取折旧仍继续使用的固定资产。

（5）与经营活动无关的固定资产。

(6) 单独估价作为固定资产入账的土地。

(7) 其他不得计算折旧扣除的固定资产。

(二) 固定资产的计税基础

根据税法规定，资产税务处理范围的资产形式主要有固定资产、生物资产、无形资产、长期待摊费用、投资资产、存货等，均以历史成本为计税基础。

(1) 外购的固定资产，以购买价款和支付的相关税费以及直接归属于使该资产达到预定用途发生的其他支出为计税基础。

(2) 自行建造的固定资产，以竣工结算前发生的支出为计税基础。

(3) 融资租入的固定资产，以租赁合同约定的付款总额和承租人在签订租赁合同过程中发生的相关费用为计税基础，租赁合同未约定付款总额的，以该资产的公允价值和承租人在签订租赁合同过程中发生的相关费用为计税基础。

(4) 盘盈的固定资产，以同类固定资产的重置完全价值为计税基础。

(5) 通过捐赠、投资、非货币性资产交换、债务重组等方式取得的固定资产，以该资产的公允价值和支付的相关税费为计税基础。

(6) 改建的固定资产，除已足额提取折旧的固定资产的改建支出和租入固定资产的改建支出外，以改建过程中发生的改建支出增加计税基础。

(7) 房屋、建筑物改扩建计税基础的确认。① 企业对房屋、建筑物固定资产在未足额提取折旧前进行改扩建的，如属于推倒重置的，该资产原值减除提取折旧后的净值，应并入重置后的固定资产计税成本，并在该固定资产投入使用后的次月起，按照税法规定的折旧年限，一并计提折旧；如属于提升功能、增加面积的，该固定资产的改扩建支出，并入该固定资产计税基础，并从改扩建完工投入使用后的次月起，重新按税法规定的该固定资产折旧年限计提折旧，如该改扩建后的固定资产尚可使用的年限低于税法规定的最低年限的，可以按尚可使用的年限计提折旧。

(8) 政策性搬迁购置固定资产计税基础的确认(见第六章第二节政策性搬迁)。

(9) 企业接收政府划入资产计税基础的确认②。

① 县级以上人民政府(包括政府有关部门)将国有资产明确以股权投资方式投入企业，企业应作为国家资本金(包括资本公积)处理。该项资产如为非货币性资产，应按政府确定的接收价值确定计税基础。

② 县级以上人民政府将国有资产无偿划入企业，凡指定专门用途并按《财政部 国家税务总局关于专项用途财政性资金企业所得税处理问题的通知》(财税〔2011〕70 号)规定进行管理的，企业可作为不征税收入进行企业所得税处理。其中，该项资产属于非货币性资产的，应按政府确定的接收价值计算不征税收入。

县级以上人民政府将国有资产无偿划入企业，属于上述(1)(2)项以外情形的，应按

---

① 《国家税务总局关于企业所得税若干问题的公告》(国家税务总局公告 2011 年第 34 号)。

② 《国家税务总局关于企业所得税应纳税所得额若干问题的公告》(国家税务总局公告 2014 年第 29 号)。

政府确定的接收价值计入当期收入总额计算缴纳企业所得税。政府没有确定接收价值的，按资产的公允价值计算确定应税收入。

（10）企业接收股东划入资产计税基础的确认。[①]

① 企业接收股东划入资产（包括股东赠与资产、上市公司在股权分置改革过程中接收原非流通股股东和新非流通股股东赠与的资产、股东放弃本企业的股权），凡合同、协议约定作为资本金（包括资本公积）且在会计上已作实际处理的，不计入企业的收入总额，企业应按公允价值确定该项资产的计税基础。

② 企业接收股东划入资产，凡作为收入处理的，应按公允价值计入收入总额，计算缴纳企业所得税，同时按公允价值确定该项资产的计税基础。

退役士兵税收优惠

（11）固定资产投入使用但未取得全额发票的计税基础确认。

企业固定资产投入使用后，由于工程款项尚未结清未取得全额发票的，可暂按合同规定的金额计入固定资产计税基础计提折旧，待发票取得后进行调整。但该项调整应在固定资产投入使用后12个月内进行。

（12）关于企业提供有效凭证时间问题[②]。

企业当年度实际发生的相关成本、费用，由于各种原因未能及时取得该成本、费用的有效凭证，企业在预缴季度所得税时，可暂按账面发生金额进行核算；但在汇算清缴时，应补充提供该成本、费用的有效凭证。

（13）关于以前年度发生应扣未扣支出的税务处理问题[③]。

根据《税收征管法》的有关规定，对企业发现以前年度实际发生的、按照税收规定应在企业所得税前扣除而未扣除或者少扣除的支出，企业做出专项申报及说明后，准予追补至该项目发生年度计算扣除，但追补确认期限不得超过5年。

企业由于上述原因多缴的企业所得税税款，可以在追补确认年度企业所得税应纳税款中抵扣，不足抵扣的，可以向以后年度递延抵扣或申请退税。

亏损企业追补确认以前年度未在企业所得税前扣除的支出，或盈利企业经过追补确认后出现亏损的，应首先调整该项支出所属年度的亏损额，然后再按照弥补亏损的原则计算以后年度多缴的企业所得税款，并按前款规定处理。

（三）一般折旧方法及残值率

企业固定资产按照直线法计算的折旧，准予扣除。

企业应当自固定资产投入使用月份的次月起计算折旧；停止使用的固定资产，应当自停止使用月份的次月起停止计算折旧。

企业应当根据固定资产的性质和使用情况，合理确定固定资产的预计净残值。固定

① 《国家税务总局关于企业所得税应纳税所得额若干问题的公告》（国家税务总局公告2014年第29号）。

② 《国家税务总局关于企业所得税若干问题的公告》（国家税务总局公告2011年第34号）。

③ 《国家税务总局关于企业所得税应纳税所得额若干税务处理问题的公告》（国家税务总局公告2012年第15号）。

资产的预计净残值一经确定，不得变更。

（四）最低折旧年限

（1）房屋、建筑物，为 20 年。

（2）飞机、火车、轮船、机器、机械和其他生产设备，为 10 年。

（3）与生产经营活动有关的器具、工具、家具等，为 5 年。

（4）飞机、火车、轮船以外的运输工具，为 4 年。

（5）电子设备，为 3 年。

（6）油气企业在开始商业性生产之前发生的开发支出，可不分用途，全部累计作为开发资产的成本，自对应的油（气）田开始商业性生产月份的次月起，可不留残值，按直线法计提的折旧准予扣除，其最低折旧年限为 8 年。

（7）企业外购的软件，凡符合固定资产确认条件的，可以按照固定资产进行核算，其折旧或摊销年限可以适当缩短，最短可为 2 年（含 2 年）。①

（8）集成电路生产企业的生产设备，其折旧年限可以适当缩短，最短可为 3 年（含 3 年）。②

企业固定资产会计折旧年限如果短于税法规定的最低折旧年限，其按会计折旧年限计提的折旧高于按税法规定的最低折旧年限计提的折旧部分，应调增当期应纳税所得额；企业固定资产会计折旧年限已期满且会计折旧已提足，但税法规定的最低折旧年限尚未到期且税收折旧尚未足额扣除，其未足额扣除的部分准予在剩余的税收折旧年限继续按规定扣除。

企业固定资产会计折旧年限如果长于税法规定的最低折旧年限，其折旧应按会计折旧年限计算扣除，税法另有规定除外。

（五）加速折旧

企业按税法规定实行加速折旧的，其按加速折旧办法计算的折旧额可全额在税前扣除。

1. 基本政策

企业拥有并用于生产经营的主要或关键的固定资产，由于以下原因确需加速折旧的，可以缩短折旧年限或者采取加速折旧的方法：

（1）由于技术进步，产品更新换代较快的。

（2）常年处于强震动、高腐蚀状态的。

2. 加速折旧新政策

（1）对生物药品制造业，专用设备制造业，铁路、船舶、航空航天和其他运输设备制造业，计算机、通信和其他电子设备制造业，仪器仪表制造业，信息传输、软件和信息技术服务业，轻工、纺织、机械、汽车等行业企业新购进（包括自行建造）的固定资产，允许按不

---

①② 《财政部 国家税务总局关于进一步鼓励软件产业和集成电路产业发展企业所得税政策的通知》（财税〔2012〕27 号）。

低于企业所得税法规定折旧年限的60%缩短折旧年限，或选择采取双倍余额递减法或年数总和法进行加速折旧。[①②]

六大行业按照国家统计局《国民经济行业分类与代码(GB/4754—2011)》确定。今后国家有关部门更新国民经济行业分类与代码，从其规定。六大行业企业是指以上述行业业务为主营业务，其固定资产投入使用当年主营业务收入占企业收入总额50%(不含)以上的企业。所称收入总额，是指企业所得税法第六条规定的收入总额。[③]

(2) 对所有行业企业新购进的专门用于研发的仪器、设备，单位价值不超过100万元的，允许一次性计入当期成本费用在计算应纳税所得额时扣除，不再分年度计算折旧；单位价值超过100万元的，允许按不低于企业所得税法规定折旧年限的60%缩短折旧年限，或选择采取双倍余额递减法或年数总和法进行加速折旧。

(3) 企业专门用于研发活动的仪器、设备已享受上述优惠政策的，在享受研发费加计扣除时，按照《财政部 国家税务总局 科技部关于完善研究开发费用税前加计扣除政策的通知》(财税〔2015〕119号)及《国家税务总局关于研发费用税前加计扣除归集范围有关问题的公告》(国家税务总局公告2017年第40号)的规定，企业用于研发活动的仪器、设备，符合税法规定且选择加速折旧优惠政策的，在享受研发费用税前加计扣除政策时，就税前扣除的折旧部分计算加计扣除。

(4) 对所有行业企业持有的单位价值不超过5 000元的固定资产，允许一次性计入当期成本费用在计算应纳税所得额时扣除，不再分年度计算折旧。

(5) 企业的固定资产既符合上述优惠政策条件，同时又符合《国家税务总局关于企业固定资产加速折旧所得税处理有关5问题的通知》(国税发〔2009〕81号)、《财政部 国家税务总局关于进一步鼓励软件产业和集成电路产业发展企业所得税政策的通知》(财税〔2012〕27号)中相关加速折旧政策条件的，可由企业选择其中最优惠的政策执行，且一经选择，不得改变。

(6) 企业应将购进固定资产的发票、记账凭证等有关凭证、凭据(购入已使用过的固定资产，应提供已使用年限的相关说明)等资料留存备查，并应建立台账，准确核算税法与会计差异情况。

二、税法与会计差异分析

(一) 固定资产折旧范围差异

会计上根据《企业会计准则第4号——固定资产》第十四条规定，企业应当对所有固定资产计提折旧。但是，已提足折旧仍继续使用的固定资产和单独计价入账的土地除外。

---

① 《财政部 国家税务总局关于完善固定资产加速折旧企业所得税政策的通知》(财税〔2014〕75号)。

② 《财政部 国家税务总局关于进一步完善固定资产加速折旧企业所得税政策的通知》(财税〔2015〕106号)。

③ 《国家税务总局关于固定资产加速折旧税收政策有关问题的公告》(国家税务总局公告2014年第64号)。

在固定资产折旧范围方面税法与会计差异如下：

(1) 房屋、建筑物以外未投入使用的固定资产：税收上不能折旧，会计上计提折旧。

(2) 与经营活动无关的固定资产：税收上不能折旧，会计上计提折旧。

(3) 其他不得计算折旧扣除的固定资产：税收上不能折旧，会计上计提折旧。比如，外购的固定资产没有取得合法的发票，税收上就不能计算折旧。

(4) 投资性房地产：税法对投资性房地产按固定资产处理，会计按投资性房地产管理且在公允价模式下不计提折旧。

(二) 固定资产折旧起止时间的差异

1. 会计折旧的起止时间

《企业会计准则第 4 号——固定资产》应用指南有如下规定：

(1) 固定资产应当按月计提折旧，当月增加的固定资产，当月不计提折旧，从下月起计提折旧；当月减少的固定资产，当月仍计提折旧，从下月起不计提折旧。

固定资产提足折旧后，不论能否继续使用，均不再计提折旧；提前报废的固定资产，也不再补提折旧。提足折旧，是指已经提足该项固定资产的应计折旧额。应计折旧额，是指应当计提折旧的固定资产的原价扣除其预计净残值后的金额。已计提减值准备的固定资产，还应当扣除已计提的固定资产减值准备累计金额。

(2) 已达到预定可使用状态但尚未办理竣工决算的固定资产，应当按照估计价值确定其成本，并计提折旧；待办理竣工决算后，再按实际成本调整原来的暂估价值，但不需要调整原已计提的折旧额。

2. 税会差异分析

(1) 折旧起始时间不同。会计上强调是“增加”，无论是否使用，均要计提折旧；税法强调是“使用”，如果仅仅是“增加”了而没有投入“使用”，不得在税前扣除折旧。

(2) 停止折旧时间不同。会计上强调的是“减少”，“减少”次月停止折旧；税法上强调“停止使用”，只要是“停止使用”，尽管固定资产未“减少”，税法的折旧应在次月停止。

(3) 暂估折旧调整方法不同。会计上没有时间限制，并不需要调整原已经计提的折旧额；税法上强调在投入使用后 12 个月内进行调整，并且在发票取得后追溯调整其折旧额。

(三) 固定资产折旧方法和折旧年限差异

1. 会计折旧的方法与年限

《企业会计准则第 4 号——固定资产》第十五条规定企业应当根据固定资产的性质和使用情况，合理确定固定资产的使用寿命和预计净残值。

第十六条规定企业确定固定资产使用寿命，应当考虑下列因素：

(1) 预计生产能力或实物产量。

(2) 预计有形损耗和无形损耗。

(3) 法律或者类似规定对资产使用的限制。

可选用的折旧方法包括年限平均法、工作量法、双倍余额递减法和年数总和法等。

2. 税会差异分析

(1) 固定资产折旧年限:会计上没有明确规定固定资产的折旧年限,强调“合理确定”;税法上有明确的最低折旧年限规定,加速折旧可以缩短折旧年限但是不得低于税法规定年限的60%。

(2) 加速折旧年限:会计上加速折旧无一次性进入成本费用及缩短折旧年限的规定,税务上却可以一次性进入成本费用和缩短折旧年限。

(四) 固定资产折旧基数差异

1. 计税基础与会计初始计量成本的差异

所得减免与亏损

(1) 企业对房屋、建筑物固定资产在未足额提取折旧前进行改扩建的,如属于推倒重置的,该资产原值减除提取折旧后的净值,税法应并入重置后的固定资产计税成本,并在该固定资产投入使用后的次月起,按照税法规定的折旧年限,一并计提折旧;而会计应将该净值按固定资产清理处理。如属于提升功能、增加面积的,该固定资产的改扩建支出,并入该固定资产计税基础,并从改扩建完工投入使用后的次月起,重新按税法规定的该固定资产折旧年限计提折旧,如该改扩建后的固定资产尚可使用的年限低于税法规定的最低年限的,可以按尚可使用的年限计提折旧;会计上该项改建支出如果符合资本化条件则并入固定资产成本,否则费用化处理。

(2) 融资租入固定资产计税基础与会计初始计量成本差异。《企业会计准则第21号——租赁》规定,对于融资租入固定资产,承租企业应单设“融资租入固定资产”明细科目进行核算。企业应在租赁期开始日,将租赁开始日租赁资产的公允价值与最低租赁付款额现值两者中较低者,加上在租赁谈判和签订租赁合同过程中发生的可直接归属于租赁项目的手续费、律师费、差旅费、印花税等初始直接费用,作为租入固定资产的入账价值。

税法并未考虑融资租赁业务的实质,而是采用相对简化的处理方式,按照合同约定的付款总额为计税基础或租赁合同未约定付款总额时以该资产的公允价值和承租人在签订租赁合同过程中发生的相关费用为计税基础,这些差异会导致融资租入固定资产的计税基础大于会计初始计量成本,进而形成会计利润与应纳税所得的差异,应进行纳税调整。

(3) 以分期付款方式购入固定资产计税基础与会计初始计量成本差异。根据《企业会计准则第4号——固定资产》规定,购买固定资产的价款超过正常信用条件延期支付,实质上具有融资性质的,购入固定资产的成本不能以各期付款额之和确定,而应以各期付款额的现值之和确定。各期实际支付的价款之和与其现值之间的差额,在达到预定可使用状态之前符合借款费用资本化条件的,应当通过在建工程计入固定资产成本,其余部分应当在信用期间内确认为财务费用。按购入固定资产所支付买价的现值,借记“固定资产”科目;按应该支付的价款,贷记“长期应付款”科目;按差额借记“未确认融资费用”科目；然后采用实际利率法计算确定当期应负担的利息费用，借记“财务费用”科目，贷记“未确认融资费用”科目。

税法中并未规定延期、分期付款的情况，如果企业存在延期付款和分期付款取得固定资产的情况，会计计量和税收政策的计税基础存在差异，同时，会计核算上还存在“未确认融资费用”的摊销问题，需要进行纳税调整。

2. 固定资产减值准备的差异

企业按会计规定提取的固定资产减值准备，不得税前扣除，其折旧仍按税法确定的固定资产计税基础计算扣除。

（五）固定资产折旧因素变更的差异

1. 会计上对固定资产折旧变更的规定

根据《企业会计准则第 4 号——固定资产》第十五条规定，固定资产的使用寿命、预计净残值一经确定，不得随意变更。但是，符合本准则第十九条规定的除外。

第十九条规定，企业至少应当于每年年度终了，对固定资产的使用寿命、预计净残值和折旧方法进行复核。使用寿命预计数与原先估计数有差异的，应当调整固定资产使用寿命。预计净残值预计数与原先估计数有差异的，应当调整预计净残值。与固定资产有关的经济利益预期实现方式有重大改变的，应当改变固定资产折旧方法。固定资产使用寿命、预计净残值和折旧方法的改变应当作为会计估计变更。

2. 税会差异分析

会计上规定固定资产的使用寿命、预计净残值一经确定，不得随意变更。但是，又规定至少应当于每年年度终了，对固定资产的使用寿命、预计净残值和折旧方法进行复核，同时还要进行减值测试。也就是说，会计上是可以调整折旧年限、预计净残值和折旧方法的。税务上除税法另有规定外，固定资产计税基础、折旧年限、预计净残值都是不得变更的。

案例 4-1 分期付款方式购进固定资产的税务处理

2017 年 1 月 1 日，甲公司（增值税一般纳税人）与乙公司签订一项购货合同，甲公司从乙公司购入一台需要安装的特大型 A 设备用于生产。合同约定，甲公司采用分期付款方式支付价款，该设备不含税价款共计 2 000 万元，增值税为 340 万元。在 2017 年至 2021 年的 5 年内每半年平均支付，每年的付款日期分别为当年 6 月 30 日和 12 月 31 日。2017 年 1 月 1 日设备如期运抵甲公司并开始安装，并取得全额增值税专用发票，2017 年 12 月 31 日设备达到预定可使用状态并投入使用，发生安装费 100 万元（不含税），取得增值税专用发票，注明增值税 11 万元，已用银行存款付讫。该设备预计可使用 10 年，每半年用直线法计提一次折旧，不考虑残值，假定甲公司适用的 6 个月折现率为 10%，甲公司税前折旧扣除亦按照直线法。

解析：

1. 会计处理

（1）购买固定资产价款现值、未确认融资费用总额确定及账务处理购买价款的现值为：

购买固定资产价款现值＝200×(P/A，10%，10)＝200×6.144 6＝1 228.92(万元)

未确认融资费用总额为＝2 000－1 228.92＝771.08(万元)

2017 年 1 月 1 日甲公司的账务处理如下：

借：在建工程——A 设备　　12 289 200
　　应交税费——应交增值税(进项税额)　　3 400 000
　　未确认融资费用　　7 710 800
　　贷：长期应付款——乙公司　　23 400 000

(2) 用折现率 10%计算确认信用期间未确认融资费用的分摊额。(略)

(3) 未确认融资费用的分摊额符合资本化条件的计入固定资产成本 2017 年 1 月 1 日至 2017 年 12 月 31 日为设备的安装期间，未确认融资费用的分摊额符合资本化条件，计入固定资产成本。

2017 年 6 月 30 日甲公司的账务处理如下：

借：在建工程——A 设备　　1 228 900
　　贷：未确认融资费用　　1 228 900

借：长期应付款——乙公司　　2 340 000
　　贷：银行存款　　2 340 000

2017 年 12 月 31 日甲公司的账务处理如下：

借：在建工程——A 设备　　1 151 800
　　贷：未确认融资费用　　1 151 800

借：长期应付款——乙公司　　2 340 000
　　贷：银行存款　　2 340 000

支付安装费时：

借：在建工程——A 设备　　1 000 000
　　应交税费——应交增值税(进项税额)　　110 000
　　贷：银行存款　　1 110 000

固定资产的总成本＝1 228.92＋122.89＋115.18＋100＝1 566.99(万元)

安装完毕，投入使用时：

借：固定资产——A 设备　　15 669 900
　　贷：在建工程——A 设备　　15 669 900

(4) 未确认融资费用的分摊额不符合资本化条件的计入当期损益。2018 年 1 月 1

日至2021年12月31日，该设备已经达到预定可使用状态，未确认融资费用的分摊额不再符合资本化条件，应计入当期损益。

2018年6月30日甲公司的账务处理如下：

借：财务费用　　1 067 000

　贷：未确认融资费用　　1 067 000

借：长期应付款——乙公司　　2 340 000

　贷：银行存款　　2 340 000

每半年计提折旧额＝1 566.99÷10÷2＝78.35(万元)

计提折旧的账务处理为：

借：制造费用　　783 500

　贷：累计折旧　　783 500

以后期间的账务处理与2018年6月30日相同，仅是未确认融资费用的分摊额不同。(账务处理略)

2. 税务处理

甲公司确认该设备的计税基础为2 100万元，会计上按照10年计提折旧，符合税法最低折旧年限的规定，税法上亦采用直线法计提折旧，不考虑残值。所以，自2018年开始，每半年税前扣除折旧＝2 100÷10÷2＝105(万元)，与会计计提折旧存在差异需进行纳税调整。同时，会计核算上还存在“未确认融资费用”的摊销问题，税法中并无此项费用，需要进行纳税调整。最终，该设备税前扣除的折旧总金额为2 100万元，而会计计提的折旧与摊销的“未确认融资费用”总金额亦为2 100万元。

3. 2018年度纳税申报表填报

A105080　　资产折旧、摊销情况及纳税调整明细表　　单位:万元

行次	项　目	账载金额			税收金额					纳税调整金额
		资产原值	本年折旧、摊销额	累计折旧、摊销额	资产计税基础	税收折旧额	享受加速折旧政策的资产按税收一般规定计算的折旧、摊销额	加速折旧统计额	累计折旧、摊销额	
		1	2	3	4	5	6	7=5−6	8	9(2−5)
1	一、固定资产(2+3+4+5+6+7)						*	*		

（续表）

行次	项目		账载金额			税收金额					纳税调整金额
			资产原值	本年折旧、摊销额	累计折旧、摊销额	资产计税基础	税收折旧额	享受加速折旧政策的资产按税收一般规定计算的折旧、摊销额	加速折旧统计额	累计折旧、摊销额	
			1	2	3	4	5	6	7=5-6	8	9(2-5)
2	所有固定资产	（一）房屋、建筑物									
3		（二）飞机、火车、轮船、机器、机械和其他生产设备	1 566.99	156.7	156.7	2 100	210	*	*	210	-53.3
4		（三）与生产经营活动有关的器具、工具、家具等						*	*		
5		（四）飞机、火车、轮船以外的运输工具						*	*		

"未确认融资费用"在A105000纳税调整明细表第29行"扣除类调整项目——(十六)其他"进行填报。(略)

购买专用设备所得税抵免

【后续管理提示】 以后期间除了应调整折旧的差异外,"未确认融资费用"转入"财务费用"的金额也应做纳税调整。

案例4-2 固定资产加速折旧的税务处理

甲公司属于电子设备制造业,符合享受加速折旧新政优惠的条件。2016年12月购入厂房一座并于当月投入使用,不含税价为1 200万元,取得增值税专用发票,注明增值税132万元。会计核算按20年计提折旧,残值为0;税收根据缩短折旧年限法按12年计提折旧,残值为0。2017年10月购入不含税单价为4 000元的笔记本电脑9台取得增值税专用发票,注明增值税6 120元,并于当月投入使用,会计按3年直线法计提折旧,税法一次性计入当期成本费用扣除,残值为0。上述款项均以银行存款支付。

解析:

1. 会计处理

(1) 2016年12月购入厂房时账务处理如下:

借：固定资产——厂房　　12 000 000
　应交税费——应交增值税(进项税额)　　792 000
　应交税费——待抵扣进项税额　　528 000
　贷：银行存款　　13 320 000

(2) 2017年厂房计提折旧的账务处理如下：

2017年度，厂房会计计提年折旧金额＝1 200÷20＝60(万元)。

借：制造费用　　600 000
　贷：累计折旧　　600 000

(3) 2017年10月购入笔记本电脑账务处理如下：

借：固定资产——笔记本电脑　　36 000
　应交税费——应交增值税(进项税额)　　6 120
　贷：银行存款　　42 120

(4) 2017年笔记本电脑计提折旧账务处理如下：

借：管理费用　　2 000
　贷：累计折旧　　2 000

2. 税务处理

根据《财政部 国家税务总局关于完善固定资产加速折旧企业所得税政策的通知》(财税〔2014〕75号)和《国家税务总局关于固定资产加速折旧税收政策有关问题的公告》(国家税务总局公告2014年第64号)的规定，2017年厂房税收计提折旧金额＝1 200÷12＝100(万元)，纳税调减金额＝100－60＝40(万元)。

2017年笔记本电脑税收计提折旧金额为3.6万元，会计折旧为0.2万元，需纳税调减3.4万元。

3. 2017年度纳税申报表填报

A105080　　资产折旧、摊销及纳税调整明细表　　单位：万元

行次	项　目	账载金额			税收金额					纳税调整金额
		资产原值	本年折旧、摊销额	累计折旧、摊销额	资产计税基础	税收折旧额	享受加速折旧政策的资产按税收一般规定计算的折旧、摊销额	加速折旧统计额	累计折旧、摊销额	
		1	2	3	4	5	6	7=5−6	8	9(2−5)
1	一、固定资产(2+3+4+5+6+7)	1 203.6	60.2	60.2	1 203.6	103.6	*	*	103.6	−43.4

（续表）

行次	项目		账载金额			税收金额					纳税调整金额
			资产原值	本年折旧、摊销额	累计折旧、摊销额	资产计税基础	税收折旧额	享受加速折旧政策的资产按税收一般规定计算的折旧、摊销额	加速折旧统计额	累计折旧、摊销额	
			1	2	3	4	5	6	7=5−6	8	9(2−5)
2	所有固定资产	（一）房屋、建筑物	1 200	60	60	1 200	100	60	40	100	−40
3		（二）飞机、火车、轮船、机器、机械和其他生产设备						*	*		
4		（三）与生产经营活动有关的器具、工具、家具等						*	*		
5		（四）飞机、火车、轮船以外的运输工具						*	*		
6		（五）电子设备	3.6	0.2	0.2	3.6	3.6	0.2	3.4	3.6	−3.4
7		（六）其他						*	*		
8	其中：享受固定资产加速折旧及一次性扣除政策的资产加速折旧额大于一般折旧额的部分	（一）重要行业固定资产加速折旧（不含一次性扣除）	1 200	60	60	1 200	100	60	40		−40
9		（二）其他行业研发设备加速折旧									*
10		（三）允许一次性扣除的固定资产（11＋12＋13）									*

（续表）

<table>
<tr><td rowspan="3">行次</td><td rowspan="3" colspan="2">项 目</td><td colspan="3">账载金额</td><td colspan="5">税收金额</td><td rowspan="2">纳税调整金额</td></tr>
<tr><td>资产原值</td><td>本年折旧、摊销额</td><td>累计折旧、摊销额</td><td>资产计税基础</td><td>税收折旧额</td><td>享受加速折旧政策的资产按税收一般规定计算的折旧、摊销额</td><td>加速折旧统计额</td><td>累计折旧、摊销额</td></tr>
<tr><td>1</td><td>2</td><td>3</td><td>4</td><td>5</td><td>6</td><td>7=5−6</td><td>8</td><td>9(2−5)</td></tr>
<tr><td>11</td><td rowspan="7">其中：享受固定资产加速折旧及一次性扣除政策的资产加速折旧额大于一般折旧额的部分</td><td>1. 单价不超过100万元专用研发设备</td><td></td><td></td><td></td><td></td><td></td><td></td><td></td><td></td><td>*</td></tr>
<tr><td>12</td><td>2. 重要行业小型微利企业单价不超过100万元研发生产共用设备</td><td></td><td></td><td></td><td></td><td></td><td></td><td></td><td></td><td>*</td></tr>
<tr><td>13</td><td>3. 5 000元以下固定资产</td><td>3.6</td><td>0.2</td><td>0.2</td><td>3.6</td><td>3.6</td><td>0.2</td><td>3.4</td><td>3.6</td><td>*</td></tr>
<tr><td>14</td><td>（四）技术进步、更新换代固定资产</td><td></td><td></td><td></td><td></td><td></td><td></td><td></td><td></td><td>*</td></tr>
<tr><td>15</td><td>（五）常年强震动、高腐蚀固定资产</td><td></td><td></td><td></td><td></td><td></td><td></td><td></td><td></td><td>*</td></tr>
<tr><td>16</td><td>（六）外购软件折旧</td><td></td><td></td><td></td><td></td><td></td><td></td><td></td><td></td><td>*</td></tr>
<tr><td>17</td><td>（七）集成电路企业生产设备</td><td></td><td></td><td></td><td></td><td></td><td></td><td></td><td></td><td>*</td></tr>
</table>

A105000 **纳税调整项目明细表** 单位：万元

行次	项 目	账载金额	税收金额	调增金额	调减金额
		1	2	3	4
31	三、资产类调整项目(32+33+34+35)	*	*		
32	（一）资产折旧、摊销(填写A105080)	60.2	103.6		43.4

自动生成主表A100000第16行数据。（填表略）

三、审核要点

(一) 固定资产计税基础审核要点

(1) 固定资产不得混为低值易耗品。企业会计准则、企业所得税法及其实施条例对固定资产的界定均无价值标准,应重点审核企业是否将属于固定资产的长期资产作为低值易耗品在当期直接扣除。

(2) 自建固定资产期间发生的借款费用不得混为财务费用。纳税人为购置、建造固定资产发生的借款,在有关资产的购建期间发生的借款费用,应作为资本性支出计入有关资产的成本;有关资产交付使用后发生的借款费用,可在发生当期扣除。应结合工程结算报告及固定资产台账审核企业是否存在将应资本化的借款费用计入"财务费用"在当期直接扣除的情况。

源泉扣缴所得额计算

(3) 推倒重置固定资产时,原固定资产净值不得重复扣除。企业对房屋、建筑物固定资产在未足额提取折旧前进行改扩建的,如属于推倒重置的,该资产原值减除提取折旧后的净值,应并入重置后的固定资产计税成本。应审核企业是否存在作为固定资产清理处理的原固定资产净值已核算在"营业外支出"科目中,纳税申报时未调整,同时又将净值计入重置固定资产计税基础,重复扣除。

(4) 营改增后取得不动产进项税额准予抵扣的,应按不含税价确认资产计税基础。应审核企业是否存在准予抵扣进项税额的不动产以不含税价入账,而以含税价确认计税基础计提并扣除折旧的情况。

(5) 应关注非货币资产交换、债务重组、企业合并、股权投资等形式取得的固定资产入账价值与税法规定不一致的情况。重点审核企业在年度企业所得税汇算清缴时对固定资产的入账价值与税法规定不一致的,是否在 A105080《资产折旧、摊销情况及纳税调整明细表》对固定资产折旧的"账载金额"和"税收金额"进行了调整。

(二) 折旧及净残值审核要点

(1) 未投入使用的新增固定资产(房屋和建筑物除外)不得计提扣除折旧。根据企业固定资产实际使用情况,审核企业是否存在新增而未投入使用的固定资产,会计计提折旧未进行纳税调整的情况。

(2) 会计调整固定资产净残值后,固定资产折旧形成税会差异应调整。

(3) 会计折旧年限不低于税法规定的最短折旧年限时,属于税会处理一致,无需进行调整。应重点审核固定资产折旧的调减项目,确定是否存在会计折旧年限不低于税法规定的最短折旧年限时而纳税调减的情况。

(4) 享受加速折旧新政策(财税〔2014〕75 号、财税〔2015〕106 号,下同)的行业判断是否准确。享受新加速折旧税收优惠政策的生物药品制造业,专用设备制造业,铁路、船舶、航空航天和其他运输设备制造业,计算机、通信和其他电子设备制造业,仪器仪表制造业,信息传输、软件和信息技术服务业及轻工、纺织、机械、汽车等四个领域重点行业企业是指以上述行业业务为主营业务，其固定资产投入使用当年主营业务收入占企业收入总额50%(不含)以上的企业。所称收入总额，是指企业所得税法第六条规定的收入总额。应重点审核企业主营业务收入与收入总额的占比是否超过50%，而不能简单根据企业填报的行业代码来判断是否适用新加速折旧优惠政策。

(5) 不征税收入用于支出所形成的固定资产，其计提的折旧不得在计算应纳税所得额时扣除，应重点审核 A105040《专项用途财政性资金纳税调整明细表》和 A105080《资产折旧、摊销情况及纳税调整明细表》。

(三) 其他审核要点

(1) 具有融资性质的分期付款外购取得固定资产及融资租入固定资产，应审核企业是否只调整折旧差异，而未调整"未确认融资费用"形成的税会差异，造成重复扣除。

(2) 计提了"固定资产减值准备"的固定资产在处置时，由于该准备金不得税前扣除造成处置收益或损失的税会差异，不得在 A105000《纳税调整明细表》的"资产损失"和"资产减值准备金"项目进行重复调减。

第二节 无形资产

《企业会计准则第6号——无形资产》将无形资产定义为"企业拥有或控制的没有实物形态的、可辨认的非货币性资产"。

《企业所得税法实施条例》中无形资产是指"企业为生产产品、提供劳务、出租或者经营管理而持有的、没有实物形态的非货币性长期资产，通常包括专利权、非专利技术、商标权、著作权、土地使用权、商誉等"。

一、相关税收政策

(一) 计税基础确定

(1) 外购的无形资产，以购买价款和支付的相关税费以及直接归属于使该资产达到预定用途发生的其他支出为计税基础。

(2) 自行开发的无形资产，以开发过程中该资产符合资本化条件后至达到预定用途前发生的支出为计税基础。

(3) 通过捐赠、投资、非货币性资产交换、债务重组等方式取得的无形资产，以该资产的公允价值和支付的相关税费为计税基础。

(二) 摊销方法与最低摊销期限

(1) 无形资产的摊销年限不得低于10年。

(2) 作为投资或者受让的无形资产，有关法律规定或者合同约定了使用年限的，可以按照规定或者约定的使用年限分期摊销。

(3) 企业外购的软件，凡符合无形资产确认条件的，可以按照无形资产进行核算，其摊销年限可以适当缩短，最短可为 2 年。[①]

(4) 外购商誉的支出，在企业整体转让或者清算时，准予扣除。

(5) 企业为开发新技术、新产品、新工艺发生的研究开发费用，未形成无形资产计入当期损益的，在按照规定实行 100%扣除的基础上，按照研究开发费用的 50%加计扣除；形成无形资产的按照无形资产成本的 150%进行摊销。

(6) 科技型中小企业开展研发活动中实际发生的研发费用，未形成无形资产计入当期损益的，在按规定据实扣除的基础上，在 2017 年 1 月 1 日至 2019 年 12 月 31 日期间，再按照实际发生额的 75%在税前加计扣除；形成无形资产的，在上述期间按照无形资产成本的 175%在税前摊销。(详见第五章税收优惠项目)[②]

(三) 摊销费用不得扣除范围

(1) 自行开发的支出已在计算应纳税所得额时扣除的无形资产。

(2) 自创商誉。

(3) 与经营活动无关的无形资产。

(4) 其他不得计算摊销费用扣除的无形资产。

二、税法与会计差异分析

(一) 无形资产范围确认的差异

对于无形资产范围的确认，会计与税法之间的差异主要在于商誉和投资性房地产。《企业会计准则第 6 号——无形资产》规定的无形资产是企业拥有或控制的没有实物形态的可辨认非货币性资产，不包括商誉，而税法规定的无形资产包括商誉；会计可将已出租的土地使用权或持有并准备增值后转让的土地使用权确认为投资性房地产，而税法没有投资性房地产的概念，即对于会计确认为投资性房地产的土地使用权，税法仍然按无形资产进行税务处理。

(二) 无形资产初始确认的差异

(1) 如果外购无形资产采用具有融资性质的分期付款方式，则会计与税法的规定存在差异。《企业会计准则第 6 号——无形资产》规定分期付款方式购买无形资产的成本以购买价款的现值为基础确定。实际支付的价款与购买价款的现值之间的差额，确认为未确认融资费用，应当在信用期间内计入当期损益。税法对于此类无形资产计税基础的确定并无特殊规定，仍应按购买价款和支付的相关税费以及直接归属于使该资产达到预定用途发生的其他支出为计税基础。会计上初始确认的无形资产的成本与税法规定的

---

① 《财政部 国家税务总局关于进一步鼓励软件产业和集成电路产业发展企业所得税政策的通知》(财税〔2012〕27 号)。

② 《财政部 税务总局 科技部关于提高科技型中小企业研究开发费用税前加计扣除比例的通知》(财税〔2017〕34 号)。

计税基础不同形成了差异。此差异会随着无形资产的摊销和未确认融资费用的分期确认自动抵消。

(2) 自行研发无形资产初始确认的差异。《企业会计准则第 6 号——无形资产》规定:企业内部研究开发项目的支出,应当区分研究阶段支出与开发阶段支出。企业内部研究开发项目研究阶段的支出,应当于发生时计入当期损益。企业内部研究开发项目开发阶段的支出,满足一定条件的,才能确认为无形资产,其成本包括自无形资产满足确认条件后,至达到预定用途前所发生的支出总额,但是对于以前期间已经费用化的支出不再调整。企业所得税法实施条例规定,自行开发的无形资产,以开发过程中该资产符合资本化条件后至达到预定用途前发生的支出为计税基础。由于税法规定的未来可予税前扣除的计税基础始终比会计上确认的无形资产的账面价值多 50% 或 75%,这种差异在以后摊销和处置时始终存在,此差异不会随着时间的推移而自动抵消,此差异属于永久性差异。

(3) 非货币性资产交换方式取得无形资产初始确认的差异。利用无形资产进行非货币性资产交换时,适用《企业会计准则第 7 号——非货币性资产交换》。该准则规定,非货币资产交换具有商业实质且公允价值能够可靠计量时,则企业换入资产应以换出资产的公允价值加上相关税费入账。换出资产公允价值与原账面价值差额确认为资产转让收益。采用了公允价值计量,产生了交易损益,与税法规定的处理一致,故无需进行纳税调整。非货币性资产交换不具有商业实质的则按账面价值入账,不确认转让损益。而企业所得税法规定将该类业务分解为卖出非货币性资产和买入无形资产,应确认收益,同时按公允价值确认无形资产的计税基础。因此,在进行企业所得税汇算清缴时需进行纳税调整。

(三) 无形资产摊销的差异

(1) 摊销年限。《企业会计准则第 6 号——无形资产》规定:企业应当于取得无形资产时分析判断其使用寿命。使用寿命有限的无形资产,其应在使用寿命内系统合理摊销。对于使用寿命不确定的无形资产,在持有期间内不需要进行摊销,但应当在每个会计期间进行减值测试。《企业所得税法》及其实施条例规定:无形资产的摊销年限不得低于 10 年,作为投资或者受让的无形资产,有关法律规定或者合同约定了,使用年限的,可以按照规定或者约定的使用年限分期摊销。

(2) 摊销方法。《企业会计准则第 6 号——无形资产》规定:企业选择的无形资产摊销方法,应当反映与该项无形资产有关的经济利益的预期实现方式。会计可选择的摊销方法包括直线法以及类似固定资产加速折旧的方法,无法可靠确定预期实现方式的,应当采用直线法摊销。《企业所得税法》及其实施条例规定:无形资产按照直线法计算的摊销费用,准予扣除。

(3) 残值。《企业会计准则第 6 号——无形资产》规定:无形资产的应摊销金额为其成本扣除预计残值后的金额。使用寿命有限的无形资产,其残值应当视为零,但下列情况除外:一是有第三方承诺在无形资产使用寿命结束时购买该无形资产。二是可以根据活跃市场得到预计残值信息,并且该市场在无形资产使用寿命结束时很可能存在;《企业所得税法》及其实施条例规定无形资产不确认残值。

(4) 企业的不征税收入用于支出所形成的无形资产计提的摊销额,不得在企业所得税前扣除,而会计上仍计提无形资产摊销。

(四) 无形资产减值准备的差异

源泉扣缴时间

《企业会计准则第6号——无形资产》规定,使用寿命有限的无形资产当无形资产账面价值大于其可收回金额时,应计提无形资产减值准备,计入当期损益,无形资产减值准备一经计提不准许转回;使用寿命不确定的无形资产不需要摊销,但应当在每个会计期间进行减值测试。如果经减值测试表明已发生减值,则需要计提减值准备。《企业所得税法》及其实施条例规定:对于使用寿命不确定的无形资产,应不得低于10年的年限进行摊销,而对于会计确认的减值损失,税法规定计提的无形资产减值准备在转变为实质性损失前不允许税前扣除。

案例4-3　无形资产摊销会计采用工作量法时的税务处理

甲企业(增值税一般纳税人)2017年1月1日以不含税价2 200万元购入一项无形资产(A专利权),取得增值税专用发票,注明增值税132万元,以银行存款支付。预计该项无形资产使用寿命为5年,残值200万元,会计上按工作量法(0.3、0.25、0.2、0.15、0.1)进行摊销。

解析:

取得无形资产的账务处理如下:

借:无形资产——A专利权　　22 000 000
　　应交税费——应交增值税(进项税额)　　1 320 000
　　贷:银行存款　　23 320 000

1. 无形资产摊销

会计处理:会计上按工作量法这5年分别摊销600万元、500万元、400万元、300万元、200万元,共计5年摊销2 000万元。

2017年会计报表上列报的无形资产摊销金额为600万元,账面价值1 600万元。账务处理如下:

借:管理费用——无形资产摊销　　6 000 000
　　贷:累计摊销　　6 000 000

税务处理:按税法规定残值一律为0,按10年计算税前扣除的摊销金额,则税法计税摊销金额每年220万元。2017年纳税申报表上该项资产计列的摊销金额为220万元,计税基础为1 980万元,账面价值与计税基础的差额380万元属于可抵扣暂时性差异,会在未来期间减少应纳税所得额。

2. 无形资产处置

假设第6年1月无形资产处置，取得收入180万元(不含税)，第6年会计利润3 000万元。则第六年处置无形资产的分录：

借：银行存款　　1 908 000
　　累计摊销　　20 000 000
　　资产处置损益　　200 000
　贷：无形资产——A专利权　　22 000 000
　　　应交税费——应交增值税(销项税额)　　108 000

税务处理：处置无形资产税法允许从税前扣除的资产处置损失为920万元(180－1 100＝－920万元)，则会计与税法这900万元的差异应调减当年的应纳税所得额，假定会计与税法无其他差异事项，则第6年应纳税所得额为2 100万元(3 000－900)。

3. 2017年度纳税申报表填报

A105080　　资产折旧、摊销情况及纳税调整明细表　　单位：万元

行次	项　目	账载金额			税收金额					纳税调整金额
		资产原值	本年折旧、摊销额	累计折旧、摊销额	资产计税基础	税收折旧额	享受加速折旧政策的资产按税收一般规定计算的折旧、摊销额	加速折旧统计额	累计折旧、摊销额	
		1	2	3	4	5	6	7=5－6	8	9(2－5)
21	三、无形资产(22＋23＋24＋25＋26＋27＋28＋30)						*	*		
22	(一) 专利权	2 200	600	600	2 200	220	*	*	220	380
23	(二) 商标权						*	*		

A105000　　纳税调整项目明细表　　单位：万元

行次	项　目	账载金额	税收金额	调增金额	调减金额
		1	2	3	4
31	三、资产类调整项目(32＋33＋34＋35)	*	*		
32	(一) 资产折旧、摊销(填写A105080)	600	220	380	

自动生成主表A100000第15行数据。(填表略)

【后续管理提示】

2022年度纳税申报表填报。

A105090 资产损失税前扣除及纳税调整明细表 单位:元

行次	项 目	账载金额	税收金额	纳税调整金额
		1	2	3(1−2)
1	一、清单申报资产损失(2+3+4+5+6+7+8)			
2	(一)正常经营管理活动中,按照公允价格销售、转让、变卖非货币资产的损失	200 000	92 00 000	−9 000 000

自动生成A105000《纳税调整明细表》数据。(略)

三、审核要点

(1)企业不征税收入用于支出所形成的无形资产,其计算的摊销是否进行了纳税调整。应审核A105040《专项用途财政性资金纳税调整明细表》和A105080《资产折旧、摊销情况及纳税调整明细表》,确定企业是否存在用不征税收入取得无形资产而其摊销额未进行纳税调整的情况。

(2)企业是否存在将应资本化计入"无形资产"成本的支出直接计入"管理费用"在当期直接税前扣除的情况。

(3)企业是否将持有无形资产期间资产增值或者减值调整了该资产的计税基础。

(4)无形资产计提摊销的范围、年限、计算方法及分配是否准确,税会差异是否依法予以纳税调整。

(5)以非货币性资产交换、债务重组、赞助或捐赠等方式取得无形资产,是否以资产公允价值确认计税基础并按规定扣除摊销,无形资产入账价值与税法规定不一致的情况是否进行了纳税调整。

(6)用于研发的无形资产是否存在擅自扩大摊销范围的情况。应重点审核A107012《研发费用加计扣除优惠明细表》和《研发项目可加计扣除研究开发费用情况归集表》。

(7)企业所得税汇算清缴时对与生产经营无关的无形资产的摊销额是否在A105080《资产折旧、摊销情况及纳税调整明细表》中进行了纳税调整。

(8)企业计提的无形资产减值准备是否在计提当年进行了纳税调整,在无形资产处置时由于"无形资产减值准备"带来的处置收益或损失的差异是否存在重复调减的情况。

第三节 生物资产

根据《企业会计准则第5号——生物资产》的规定,生物资产是指有生命的动物和植物。生物资产分为消耗性生物资产、生产性生物资产和公益性生物资产。

消耗性生物资产,是指为出售而持有的、或在将来收获为农产品的生物资产,包括生长中的大田作物、蔬菜、用材林以及存栏待售的牲畜等。

生产性生物资产，是指为产出农产品、提供劳务或出租等目的而持有的生物资产，包括经济林、薪炭林、产畜和役畜等。

公益性生物资产，是指以防护、环境保护为主要目的的生物资产，包括防风固沙林、水土保持林和水源涵养林等。

本章所讲生物资产是指生产性生物资产。

一、相关税收政策

（一）生产性生物资产的计税基础

生产性生物资产是指为产出农产品、提供劳务或者出租等目的而持有的生物资产，包括经济林、薪炭林、产畜和役畜等，这与企业会计准则上关于生产性生物资产的界定完全一致。生产性生物资产按照以下方法确定计税基础：

（1）外购的生产性生物资产，以购买价款和支付的相关税费为计税基础。

（2）通过捐赠、投资、非货币性资产交换、债务重组等方式取得的生产性生物资产，以该资产的公允价值和支付的相关税费为计税基础。

（二）生物资产的折旧方法和折旧年限

生产性生物资产按照直线法计算的折旧，准予扣除。企业应当自生产性生物资产投入使用月份的次月起计算折旧；停止使用的生产性生物资产，应当自停止使用月份的次月起停止计算折旧。

企业应当根据生产性生物资产的性质和使用情况，合理确定生产性生物资产的预计净残值。生产性生物资产的预计净残值一经确定，不得变更。

生产性生物资产计算折旧的最低年限如下：

（1）林木类生产性生物资产，为10年。

（2）畜类生产性生物资产，为3年。

二、税法与会计差异分析

（一）初识计量与计税基础的差异

对于自行营造或繁殖的生产性生物资产的成本，《企业会计准则第5号——生物资产》规定应当按照：自行营造的林木类生产性生物资产的成本，包括达到预定生产经营目的前发生的造林费、抚育费、营林设施费、良种试验费、调查设计费和应分摊的间接费用等必要支出；自行繁殖的产畜和役畜的成本，包括达到预定生产经营目的（成龄）前发生的饲料费、人工费和应分摊的间接费用等必要支出。达到预定生产经营目的，是指生产性生物资产进入正常生产期，可以多年连续稳定产出农产品、提供劳务或出租。目前企业所得税法并未对自行营造或繁殖的生产性生物资产的计税基础作出具体规定。所以，在税法未作出相关规定前，暂按会计规定来确认其计税基础。

（二）折旧方法和折旧年限的差异

1. 计提折旧的起始时间差异

《企业会计准则第5号——生物资产》规定，企业对达到预定生产经营目的的生产性生物资产，应当按期计提折旧。税法应当自生产性生物资产投入使用次月开始计提折旧。

2. 折旧方法及折旧年限的差异

《企业会计准则第5号——生物资产》规定，企业应当根据生产性生物资产的性质、使用情况和有关经济利益的预期实现方式，合理确定其使用寿命、预计净残值和折旧方法。可选用的折旧方法包括年限平均法、工作量法、产量法等。生产性生物资产的使用寿命、预计净残值和折旧方法一经确定，不得随意变更。

税法则对折旧方法以及最低年限作出具体规定，企业需按照直线法计提折旧进行扣除，且最低年限分为两类，林木类为10年，畜类为3年。同时，预计净残值一经确定，不得变更。

（三）计提减值准备的差异

扣缴应务人
法律责任分析

《企业会计准则第5号——生物资产》规定，企业至少应当于每年年度终了对生产性生物资产进行检查，有确凿证据表明其发生减值的，应当计提生物资产减值准备。生产性生物资产减值准备一经计提，不得转回。

税法规定未经核准的准备金不得税前扣除，计提生物资产减值准备当期应进行纳税调增。生产性生物资产出售时，会计应根据账面余额结转成本，而税法则以生产性生物资产计税基础减除按税法规定已计提的累计折旧后的余额在税前扣除，两者存在差异，需要进行纳税调整。

（四）公允价值变动损益的差异

《企业会计准则第5号——生物资产》规定，在公允价值模式下，企业不再对生物资产计提折旧和计提跌价准备或减值准备，应当以资产负债表日生物资产的公允价值减去估计销售时所发生费用后的净额计量，各期变动计入当期损益。税法不确认公允价值变动损益，税法与会计存在差异，所以应进行纳税调整。

案例4-4　生产性生物资产折旧的税务处理

甲奶牛场系增值税一般纳税人，2017年7月从某畜牧业企业一次性购买其养殖的50头奶牛，共支付买价250 000元，取得增值税普通发票。以上款项以银行存款支付。12月奶牛进入产奶期，奶牛预计产奶期为5年，预计产奶期后转为育肥畜的价值7 000元，企业采取工作量法计提折旧，每年产奶量分别占全部生命产奶量的15％、20％、30％、20％、15％。

解析：

1. 会计处理

（1）购进奶牛时账务处理如下：

当期进项税额＝250 000×11％＝27 500（元）

借：生产性生物资产——未成熟奶牛　　222 500

　　应交税费——应交增值税(进项税额)　　27 500

　　贷：银行存款　　250 000

(2) 奶牛进入产奶期后转为成熟奶牛时账务处理如下：

借：生产性生物资产——已成熟奶牛　　222 500

　　贷：生产性生物资产—未成熟奶牛　　222 500

(3) 计提折旧：

2018 年奶牛的年折旧额＝(222 500－7 000)×15％＝32 325(元)

借：生产成本——奶产品成本　　32 325

　　贷：生产性生物资产累计折旧　　32 325

2019 年奶牛的年折旧额＝(222 500－7 000)×20％＝43 100(元)

2020 年奶牛的年折旧额＝(222 500－7 000)×30％＝64 650(元)

2021 年奶牛的年折旧额＝(222 500－7 000)×20％＝43 100(元)

2022 年奶牛的年折旧额＝(222 500－7 000)×15％＝32 325(元)

2. 税务处理

根据《企业所得税法实施条例》规定，外购的生产性生物资产，以购买价款和支付的相关税费为计税基础。所以，奶牛的计税基础为 222 500 元，与会计无差异。

《企业所得税法实施条例》规定，生产性生物资产按照直线法计算的折旧，准予扣除。畜类生产性生物资产的最低折旧年限为 3 年。因此，会计折旧年限为 5 年，该项生物资产在折旧年限方面税收与会计没差异。但由于会计按产量法计提生产性生物资产折旧与税法规定不一致，由此而产生的差异需要进行纳税调整。每年税前扣除的折旧为 43 100元，所以，2018 年应纳税调减 10 775 元，2019 年无需调整，2020 年应纳税调增 21 550 元，2021 年无需调整，2022 年应纳税调减 10 775 元。

3. 2018 年度纳税申报表填报

A105080　　资产折旧、摊销情况及纳税调整明细表　　单位：万元

行次	项　目	账载金额			税收金额					纳税调整金额
		资产原值	本年折旧、摊销额	累计折旧、摊销额	资产计税基础	税收折旧额	享受加速折旧政策的资产按税收一般规定计算的折旧、摊销额	加速折旧统计额	累计折旧、摊销额	
		1	2	3	4	5	6	7=5−6	8	9(2−5)
18	二、生产性生物资产(19+20)						*	*		
20	(二) 畜类	22.25	3.232 5	3.232 5	22.25	4.31	*	*	4.31	−1.077 5

自动生成 A105000《纳税调整明细表》。(填表略)

案例 4-5 生产性生物资产减值准备的税务处理

2017 年 8 月，甲企业的橡胶园曾遭受过一次台风袭击，12 月 31 日甲企业对橡胶园进行检查时认为可能发生减值。该橡胶园公允价值减去处置费用后的净额为 1 200 000 元，尚可使用 5 年，预计在未来 5 年内产生的现金净流量分别为 400 000 元、360 000 元、320 000 元、250 000 元、200 000 元(其中 2012 年的现金流量已经考虑使用寿命结束时进行处置的现金净流量)。在考虑有关风险的基础上，甲企业决定采用 5%的折现。该橡胶园 2017 年 12 月 31 日的账面价值为 1 500 000 元，以前年度没有计提减值准备。

解析：

1. 会计处理

企业根据 5 年内产生的现金净流量及 5%的折现计算出，未来现金流量现值 1 346 271元＞销售净价 1 200 000 元，因此该橡胶园的可收回金额为 1 346 271 元，应计提的减值准备＝1 500 000－1 346 271＝153 729(元)。

甲企业的账务处理如下：

借：资产减值损失——生产性生物资产(橡胶)　153 729
　贷：生产性生物资产减值准备——橡胶　153 729

2. 税务处理

税法规定未经核准的准备金不得税前扣除。所以，甲企业计提的生物资产减值准备当期应进行纳税调增，调增应纳税所得额 153 729 元。

3. 2017 年度纳税申报表填报

A105000　**纳税调整项目明细表**　单位：元

行次	项　目	账载金额	税收金额	调增金额	调减金额
		1	2	3	4
30	三、资产类调整项目(31＋32＋33＋34)	*	*		
32	(二) 资产减值准备金	153 729	*	153 729	

【后续管理提示】 未来处置该项生物资产时，由于账面价值与计税基础不一致，处置利得与处置应纳税所得额必然存在差异，应纳税调整。

三、审核要点

(1) 首先应了解企业生产性生物资产是否为公允价模式核算，公允价模式下生产性生物资产公允价值变动会计应计入当期损益，再审核企业纳税申报中是否进行了纳税调整，尤其是公允价值变动损失是否进行了纳税调增。生产性生物资产处置、转让时，由于公允价值的变动造成计税基础与会计成本的差异，是否进行了纳税调整。

(2) 审核生产性生物资产折旧年限、折旧方法税会差异调整是否准确，是否存在只作调减不调增的情况。

（3）审核企业是否存在将应资本化计入生产性生物资产成本的支出直接计入当期损益，在税前直接扣除的情况。

非居民股权转让

第四节　长期待摊费用

长期待摊费用作为企业所得税中资产之一，其税务处理是企业所得税法中的一个重要组成部分。企业所得税法及实施细则规定：对已足额提取折旧的固定资产的改建支出、租入固定资产的改建支出、固定资产的大修理支出及其他支出作为长期待摊费用，在企业所得税申报时准予扣除其按照规定摊销的费用。

一、相关税收政策

（一）摊销范围

企业发生的下列支出作为长期待摊费用，按照规定摊销的，准予扣除：

（1）已足额提取折旧的固定资产的改建支出。

（2）租入固定资产的改建支出。

（3）固定资产的大修理支出。

（4）其他应当作为长期待摊费用的支出。

开(筹)办费，企业可以在开始经营之日的当年一次性扣除，也可以按照新税法有关长期待摊费用的处理规定处理，但一经选定，不得改变。

固定资产的改建支出，是指改变房屋或者建筑物结构、延长使用年限等发生的支出。

（二）摊销期限

（1）已足额提取折旧的固定资产的改建支出，按照固定资产预计尚可使用年限分期摊销。

（2）租入固定资产的改建支出，按照合同约定的剩余租赁期限分期摊销。

（3）改建的固定资产延长使用年限的，除已足额提取折旧的固定资产的改建支出和租入固定资产的改建支出外，应当适当延长折旧年限。

（4）固定资产的大修理支出，同时符合下列条件的，按照固定资产尚可使用年限分期摊销：

① 修理支出达到取得固定资产时的计税基础50%以上。

② 修理后固定资产的使用年限延长2年以上。

（5）其他应当作为长期待摊费用的支出，自支出发生月份的次月起分期摊销，摊销年限不得低于3年。

（6）油气企业在开始商业性生产前发生的勘探支出(不包括预计可形成资产的钻井

勘探支出），可在发生的当期，从本企业其他油（气）田收入中扣除；或者自对应的油（气）田开始商业性生产月份的次月起，分 3 年按直线法计提的摊销准予扣除。①

二、税法与会计差异分析

（一）扣除范围差异

《企业会计准则》规定，长期待摊费用是企业已经发生但应由本期和以后各期负担的分摊期限在 1 年以上的各项费用，如以经营租赁方式租入的固定资产发生的改良支出等。企业以经营性租赁方式租入的固定资产发生的改良支出，应予资本化，作为长期待摊费用，合理进行摊销。

《企业所得税法》所称长期待摊费用，包括已足额提取折旧的固定资产的改建支出、租入固定资产的改建支出、大修理支出及其他支出。税法的长期待摊费用范畴要大于会计的长期待摊费用。

（二）摊销期限差异

会计上固定资产有关的更新改造等后续支出，符合固定资产确认条件的，计入固定资产成本，按使用年限计提折旧；与固定资产有关的修理费用等后续支出，不符合固定资产确认条件的，应计入当期损益；固定资产的日常修理费用、大修理费用等支出只是确保固定资产的正常工作情况，一般不产生未来的经济利益。因此，通常不符合固定资产的确认条件，在发生时应直接进入当期损益。对其他长期待摊费用按照受益期限摊销。

《企业所得税法》及其实施条例规定符合条件的固定资产大修理支出，按照固定资产尚可使用年限分期摊销；其他应当作为长期待摊费用的支出，自支出发生月份的次月起分期摊销，摊销年限不得低于 3 年。

（三）核算方法差异

根据企业会计制度规定，企业在筹建期间发生的费用，除购置和建造固定资产以外，应先在长期待摊费用中归集，待企业开始生产经营起，一次计入开始生产经营当期的损益。根据企业会计准则规定，筹建期间的开办费在实际发生时直接核算在“管理费用”中。

税法中开办费未明确列作长期待摊费用，企业可以在开始经营之日的当年一次性扣除，也可以按照新税法有关长期待摊费用的处理规定处理，但一经选定，不得改变。②

案例 4-6 已提足折旧固定资产的改建支出的税务处理

甲公司（增值税一般纳税人）1995 年新建厂房一栋，价值 600 万元。税法规定使用年限为 20 年，净残值率为 5%，已提足折旧，2017 年 5 月公司进行改建，8 月交付使用，共发生改建支出 200 万元（不含税），其中购买建筑材料支出 100 万元，取得增值税专用发票，

---

① 《财政部 国家税务总局关于开采油（气）资源企业费用和有关固定资产折耗摊销折旧税务处理问题的通知》（财税〔2009〕49 号）。

② 《国家税务总局关于企业所得税若干税务事项衔接问题的通知》（国税函〔2009〕98 号）。

注明增值税17万元;建筑服务支出100万元,取得增值税专用发票,注明增值税11万元。估计该厂房预计还可使用10年,假定扩建后厂房的预计净残值为扩建后固定资产账面价值的3%,折旧方法为平均年限法。

解析:

1. 会计处理

改建前财务处理如下:

借:在建工程——厂房　　300 000

　累计折旧　　5 700 000

　贷:固定资产——厂房　　6 000 000

在实际发生改建支出会计分录时:

借:在建工程——厂房　　2 000 000

　应交税费——应交增值税(进项税额)　　280 000

　贷:银行存款　　2 280 000

由于该不动产在建工程的改建开始于2017年5月,即"营改增"后,所以进项税额准予抵扣。同时因改建支出未超过其原值的50%,所以进项税额当期直接抵扣即可,不属于不动产进项税额分期抵扣的情况。

在8月份交付使用时做会计分录如下:

借:固定资产——厂房　　2 300 000

　贷:在建工程——厂房　　2 300 000

通过会计核算,每月折旧额=230×(1-3%)/12×10=1.86(万元),2017年该厂房共计提折旧=1.86×4=7.44(万元)。2018年1月至2026年12月之间每年会计折旧为22.31万元[230×(1-3%)/10]。2027年会计计提折旧14.88万元。

2. 税务处理

2017年按《企业所得税法》及其实施条例规定,该厂房账面价值仍然为30万元,由于已提足折旧,故停止计提折旧,但是2017年实际应摊销为6.67万元(200/12×10×4)。通过对比核算分析,按会计准则计提的折旧和按企业所得税法摊销额相差0.77万元。

按照会计与税法比较分析,2018年1月至2026年12月之间每年会计折旧与税法摊销实际差额为2.31万元[230×(1-3%)/10-200/10]。2027年按《企业所得税法》及其实施条例规定实际应摊销为:200/12×10×8=13.33(万元),会计折旧与税法摊销实际差额为1.54万元。2017年9月至2027年8月,会计折旧与税法摊销累计差额为23.1万元。

假定在2027年9月公司处置该固定资产,处置价款为40万元,处置费用为1万元,我们可以分析会计和税法处理模式如下:

按照会计准则中规定,会计中,应计入当期损益的处置损益=处置收入-(按会计准则确认的资产成本-按会计准则计提的累计折旧-按会计准则计提的减值准备)-处置过程中发生的相关税费，本例中，按会计准则确认计入当期损益的处置损益＝40－(230－223.1)－1＝32.1(万元)。

按照《企业所得税法》及其实施条例规定，税法上处置该固定资产，应计入当期应纳税所得额＝处置收入－(按税法规定确认的资产成本－按税法规定计提的累计折旧)－处置过程中发生的相关税费，本例中按税法确认的计入当期应纳税所得额＝40－(600－570)－1＝9(万元)，该固定资产会计上的处置收益与税法上产生的应纳税所得额相差23.1万元。

至该固定资产全部处理完毕，企业会计准则与税法在折旧和摊销上存在差异全部抵销。

3. 2017年度纳税申报表填报

A105080　　资产折旧、摊销情况及纳税调整明细表　　单位:万元

行次	项　目		账载金额			税收金额					纳税调整金额
			资产原值	本年折旧、摊销额	累计折旧、摊销额	资产计税基础	税收折旧额	享受加速折旧政策的资产按税收一般规定计算的折旧、摊销额	加速折旧统计额	累计折旧、摊销额	
			1	2	3	4	5	6	7=5−6	8	9(2−5)
1	一、固定资产(2+3+4+5+6+7)		230	7.44	7.44	0	0	*	*	0	7.44
2	所有固定资产	(一) 房屋、建筑物	230	7.44	7.44	0	0	*	*	0	7.44
31	四、长期待摊费用(32+33+34+35+36)							*	*		
32	(一) 已足额提取折旧的固定资产的改建支出		0	0	0	200	6.67	*	*	6.67	−6.67

自动生成A105000《纳税调整明细表》数据。(填表略)

三、审核要点

国内税法与税收协定的关系

(1) 对于未足额提取折旧的固定资产的改建支出，不作为长期待摊费用，应计入资产的计税基础，按调整后的计税基础计算折旧税前扣除。应审核企业是否存在将应计入固定资产计税基础的改建支出按照长期待摊费用进行税前扣除。

(2) 租入固定资产改建支出的会计与企业所得税处理虽然无差异，但是仍需在A105080《资产折旧、摊销情况及纳税调整明细表》中进行填报，应审核企业是否将此业务准确反映在该表中。

(3) “营改增”后，发生的不动产改建支出的进项税额准予抵扣，应审核企业是否存在将准予抵扣且已抵扣的增值税进项税额计入改建支出进行税前扣除的情况。

(4) 如果会计上长期待摊费用摊销期限低于税法规定的期限，应审核企业在年度企业所得税汇算清缴时，是否在A105080《资产折旧、摊销情况及纳税调整明细表》中进行了纳税调整。

第五章　税收优惠项目

内容摘要　我国进入了经济发展的新常态阶段，经济增速由高速转变为中高速，经济增长方式由规模总量性转变为质量效率性，推进供给侧结构性改革，是适应和引领经济发展新常态的重大创新，而供给侧改革的首要任务在于企业的发展。企业所得税税收优惠是解决企业发展困境、助力企业发展的重要手段。本章在阐述企业所得税税收优惠政策的同时，对税收优惠管理及企业享受优惠过程中应注意的问题也进行了详细讲解。这对提升企业所得税优惠管理质量、降低企业涉税风险、维护纳税人合法权益，将起到积极作用。

第一节　企业所得税税收优惠概述

税收优惠是政府调控经济的重要手段之一，适当的优惠政策有利于实现国家的社会经济目标。企业所得税税收优惠，是指企业所得税法规定的优惠事项，以及税法授权国务院和民族自治地方制定的优惠事项。它包括免税收入、减计收入、加计扣除、加速折旧、所得减免、抵扣应纳税所得额、减低税率、税额抵免、民族自治地方分享部分减免等。

一、基本原则

（一）以产业优惠为主、区域优惠为辅

企业所得税法主要遵循产业优惠为主、区域优惠为辅的原则，体现了对基础产业、环境保护、节能节水、高新技术产业及西部地区、民族区域自治地区的优惠。有利于推动西部地区和民族区域自治地区加快发展，逐步缩小东、中、西部地区差距。实行鼓励节约资源能源、保护环境以及发展高新技术等以产业优惠为主的税收优惠政策，将有利于进一步发挥税收的调控作用，有利于引导中国经济增长方式向集约型转变，推动中国产业结构的优化升级。

（二）优惠方式多样化原则

现行企业所得税税收优惠的方式主要包括免税收入、减计收入、加计扣除、所得减

免、创业投资企业抵扣应纳税所得额、减低税率、专用设备投资额抵免所得税额、享受加速折旧等方式。多样化的税收优惠作用于企业所得税税基、税率、税额，能够更好地发挥税收的调控职能，更准确地体现国家的社会、经济政策导向。

二、企业所得税优惠管理①

为深入推进简政放权、放管结合、优化服务，国家税务总局印发《企业所得税优惠政策事项办理办法》，明确对企业所得税优惠事项全部取消审批，一律实行事后备案管理。企业自行判断符合税收优惠条件的，可以自行享受优惠，并履行备案手续。年度终了汇算清缴结束后，税务机关根据备案资料等进行审核，实施后续管理。

(1) 企业对报送的备案资料、留存备查资料的真实性、合法性承担法律责任。

(2) 企业应当自行判断其是否符合税收优惠政策规定的条件。凡享受企业所得税优惠的，应当按照《企业所得税优惠政策事项办理办法》规定向税务机关报送《企业所得税优惠事项备案表》(简称《备案表》)，并按照规定提交相关资料履行备案手续，妥善保管留存备查资料。

(3) 备案时间：

① 企业应当不迟于年度汇算清缴纳税申报时备案。

② 企业享受定期减免税，在享受优惠起始年度备案。在减免税起止时间内，企业享受优惠政策条件无变化的，不再履行备案手续。企业享受其他优惠事项，应当每年履行备案手续。

③ 企业所得税优惠期限超过一个纳税年度的，主管税务机关可以进行一次性确认。纳税人每年须向主管税务机关报告享受税收优惠情况，主管税务机关每年须对相关税收优惠条件进行审核，对情况变化导致不符合享受优惠条件的，应停止享受优惠政策。

(4) 企业同时享受多项税收优惠，或者某项税收优惠需要分不同项目核算的，应当分别备案。主要包括：研发费用加计扣除、所得减免项目，以及购置用于环境保护、节能节水、安全生产等专用设备投资抵免税额等优惠事项。

(5) 定期减免税优惠事项备案后有效年度内，企业减免税条件发生变化的，按照以下情况处理：

① 仍然符合优惠事项规定，但备案内容需要变更的，企业在变化之日起 15 日内，向税务机关办理变更备案手续。

② 不再符合税法有关规定的，企业应当主动停止享受税收优惠。

(6) 企业应当真实、完整填报《备案表》，对需要附送相关纸质资料的，应当一并报送。税务机关对纸质资料进行形式审核后原件退还企业，复印件税务机关留存。

企业享受小型微利企业所得税优惠政策、固定资产加速折旧(含一次性扣除)政策，

---

① 《企业所得税优惠政策事项办理办法》(国家税务总局公告 2015 年第 76 号)。

通过填写纳税申报表相关栏次履行备案手续。

(7) 企业可以到税务机关备案，也可以采取网络方式备案。按照《企业所得税优惠政策事项办理办法》规定需要附送相关纸质资料的企业，应当到税务机关备案。备案实施方式，由省税务机关确定。

(8) 税务机关受理备案时，审核《备案表》内容填写是否完整，附送资料是否齐全。具体按照以下情况处理：

① 《备案表》符合规定形式，填报内容完整，附送资料齐全的，税务机关应当受理，在《备案表》中标注受理意见，注明日期，加盖专用印章。

② 《备案表》不符合规定形式，或者填报内容不完整，或者附送资料不齐全的，税务机关应当一次性告知企业补充更正。企业对《备案表》及附送资料补充更正后符合规定的，税务机关应及时受理备案。

对于到税务机关备案的，税务机关应当场告知受理意见。对于网络方式备案的，税务机关收到电子备案信息起2个工作日内告知受理意见。

(9) 对于不符合税收优惠政策条件的优惠事项，企业已经申报享受税收优惠的，应当予以调整。

(10) 跨地区(省、自治区、直辖市和计划单列市)经营汇总纳税企业(以下简称汇总纳税企业)的优惠事项，按以下情况办理：

① 分支机构享受所得减免、研发费用加计扣除、安置残疾人员、促进就业、部分区域性税收优惠(西部大开发、经济特区、上海浦东新区、深圳前海、广东横琴、福建平潭)，以及购置环境保护、节能节水、安全生产等专用设备投资抵免税额优惠，由二级分支机构向其主管税务机关备案。其他优惠事项由总机构统一备案。

② 总机构应当汇总所属二级分支机构已备案优惠事项，填写《汇总纳税企业分支机构已备案优惠事项清单》，随同企业所得税年度纳税申报表一并报送其主管税务机关。

同一省、自治区、直辖市和计划单列市内跨地区经营的汇总纳税企业优惠事项的备案管理，由省税务机关确定。

(11) 企业应当按照税务机关要求限期提供留存备查资料，以证明其符合税收优惠政策条件。

① 留存备查资料，是指与企业享受优惠事项有关的合同(协议)、证书、文件、会计账册等资料，具体按照《企业所得税优惠事项备案管理目录》(简称《目录》)列示优惠事项对应的留存备查资料执行。国家税务总局编制并根据需要适时更新《目录》。

省、自治区、直辖市和计划单列市国家税务局、地方税务局(简称省税务机关)对《目录》列示的部分优惠事项，可以根据本地区的实际情况，联合补充规定其他留存备查资料。

② 企业不能提供留存备查资料，或者留存备查资料与实际生产经营情况、财务核算、相关技术领域、产业、目录、资格证书等不符，不能证明企业符合税收优惠政策条件

的，税务机关追缴其已享受的减免税，并按照《税收征管法》规定处理。

③ 企业留存备查资料的保存期限为享受优惠事项后10年。税法规定与会计处理存在差异的优惠事项，保存期限为该优惠事项有效期结束后10年。

(12) 企业已经享受税收优惠但未按照规定备案的，企业发现后，应当及时补办备案手续，同时提交《目录》列示优惠事项对应的留存备查资料。税务机关发现后，应当责令企业限期备案，并提交《目录》列示优惠事项对应的留存备查资料。

(13) 税务机关应当严格按照《企业所得税优惠政策事项办理办法》规定管理优惠事项，严禁擅自改变税收优惠管理方式，不得以任何理由变相实施行政审批。同时，要全方位做好对企业税收优惠备案的服务工作。

(14) 税务机关发现企业预缴申报享受某项税收优惠存在疑点的，应当进行风险提示。必要时，可以要求企业提前履行备案手续或者进行核查。

(15) 税务机关应当采取税收风险管理、稽查、纳税评估等后续管理方式，对企业享受税收优惠情况进行核查。税务机关后续管理中，发现企业已享受的税收优惠不符合税法规定条件的，应当责令其停止享受优惠，追缴税款及滞纳金。属于弄虚作假的，按照《税收征管法》有关规定处理。

第二节　税基式减免项目

企业所得税税基式减免包括：免税收入、减计收入、加计扣除、所得减免、抵扣应纳税所得额。

一、免税收入项目

关联往来企业信息分析

(一) 国债利息收入[①]

1. 税收优惠政策

国债利息收入，是指企业持有国务院财政部门发行的国债取得的利息收入。它不包括持有外国政府国债取得的利息收入，也不包括持有企业发行的债券取得的利息收入。

企业取得的地方政府债券利息收入(所得)免征企业所得税。[②③]

1) 国债利息收入确认时间

企业投资国债从国务院财政部门(简称发行者)取得的国债利息收入，应以国债发行时约定应付利息的日期，确认利息收入的实现。

企业转让国债，应在国债转让收入确认时确认利息收入的实现。

---

① 《国家税务总局关于企业国债投资业务企业所得税处理问题的公告》(国家税务总局公告2011年第36号)。

② 《财政部 国家税务总局关于地方政府债券利息所得免征所得税问题的通知》(财税〔2011〕76号)。

③ 《财政部 国家税务总局关于地方政府债券利息免征所得税问题的通知》(财税〔2013〕5号)。

2）国债利息收入的计算

企业到期前转让国债，或者从非发行者投资购买的国债，其持有期间尚未兑付的国债利息收入，按以下公式计算确定：

国债利息收入＝国债金额×（适用年利率÷365）×持有天数

上述公式中的“国债金额”，按国债发行面值或发行价格确定；“适用年利率”按国债票面年利率或折合年收益率确定；如企业不同时间多次购买同一品种国债的，“持有天数”可按平均持有天数计算确定。

3）国债利息收入免税问题

企业从发行者直接投资购买的国债持有至到期，其从发行者取得的国债利息收入，全额免征企业所得税。

企业到期前转让国债，或者从非发行者投资购买的国债，按照上述第2)条公式计算的国债利息收入，免征企业所得税。

企业转让或到期兑付国债取得的价款，减除其购买国债成本，并扣除其持有期间按照上述第2)条计算的国债利息收入以及交易过程中相关税费后的余额，为企业转让国债收益（损失）。企业转让国债，应作为转让财产，其取得的收益（损失）应作为企业应纳税所得额计算纳税。

4）国债成本确定

企业以支付现金或其他方式取得的国债，以买入价或资产的公允价和支付的相关税费为成本。企业在不同时间购买同一品种国债的，其转让时的成本计算方法，可在先进先出法、加权平均法、个别计价法中选用一种。计价方法一经选用，不得随意改变。

2. 税收优惠管理①

1）备案资料及时间

(1) 预缴享受，年度备案。

(2) 备案资料：企业所得税优惠事项备案表。

2）主要留存备查资料

(1) 国债净价交易交割单。

(2) 购买、转让国债的证明，包括持有时间，票面金额，利率等相关材料；购买地方政府债券证明，包括持有时间，票面金额，利率等相关材料。

(3) 应收利息（投资收益）科目明细账或按月汇总表。

(4) 减免税计算过程的说明。

案例5-1 国债利息收入的税务处理

甲公司2017年7月1日购入2017年1月1日发行的国债，支付价款为2 100万元

---

① 《企业所得税优惠政策事项办理办法》（国家税务总局公告2015年第76号）。

(含已到付息期但尚未领取的债券利息 40 万元),另支付交易费用 15 万元。之后收到价款中包含的利息,该债券面值为 2 000 万元,票面年利率为 4%(票面利率等于实际利率),每半年付息一次,甲公司将其划分为交易性金融资产。

解析:

1. 会计处理

2017 年 7 月 1 日购入国债时账务处理如下:

借:交易性金融资产——成本　　20 600 000
　　应收利息　　400 000
　　投资收益　　150 000
　贷:其他货币资金——存出投资款　　21 150 000

收到价款中包含的应收未收利息:

借:其他货币资金——存出投资款　　400 000
　贷:应收利息　　400 000

2017 年年末确认半年的利息:

借:应收利息　　400 000
　贷:投资收益　　400 000

2. 税务处理

企业投资国债从国务院财政部门取得的国债利息收入,应以国债发行时约定应付利息的日期,确认利息收入的实现,全额免征企业所得税。所以,甲企业 2017 年取得的国债利息为免税收入,应纳税调减 40 万元。支付的交易费用 15 万元,应确认为国债的计税成本,当期不得税前扣除,国债到期时或转让时可税前扣除,应调增 2017 年应纳税所得额 15 万元。

3. 2017 年度纳税申报表填报

A105000　　纳税调整项目明细表　　单位:元

行次	项　目	账载金额	税收金额	调增金额	调减金额
		1	2	3	4
1	一、收入类调整项目(2+3+4+5+6+7+8+10+11)	*	*		
6	(五)交易性金融资产初始投资调整	*	*	150 000	*

A107010　　免税、减计收入及加计扣除优惠明细表　　单位:元

行次	项　目	金　额
1	一、免税收入(2+3+4+5)	
2	(一)国债利息收入	400 000

自动生成主表 A100000 第 15 行和 17 行数据。(略)

(二)符合条件的居民企业之间的股息、红利等权益性投资收益

符合条件的居民企业之间的股息、红利等权益性投资收益,是指居民企业直接投资于其他居民企业取得的投资收益,不包括连续持有居民企业公开发行并上市流通的股票不足 12 个月取得的投资收益。

1. 税收优惠政策

关联交易信息

(1) 2008 年 1 月 1 日之前外商投资企业形成的累积未分配利润,在 2008 年以后分配给外国投资者的,免征企业所得税;2008 年及以后年度外商投资企业新增利润分配给外国投资者的,依法缴纳企业所得税。

(2) 投资企业从被投资企业撤回或减少投资,其取得的资产中,相当于初始出资的部分,应确认为投资收回;相当于被投资企业累计未分配利润和累计盈余公积按减少实收资本比例计算的部分,应确认为股息所得;其余部分确认为投资资产转让所得。①

(3) 被清算企业的股东分得的剩余资产的金额,其中相当于被清算企业累计未分配利润和累计盈余公积中按该股东所占股份比例计算的部分,应确认为股息所得;剩余资产减除股息所得后的余额,超过或低于股东投资成本的部分,应确认为股东的投资转让所得或损失。②

(4) 非境内注册居民企业的投资者从该居民企业分得的股息红利等权益性投资收益,根据《企业所得税法实施条例》的规定,属于来源于中国境内的所得,应当征收企业所得税;该权益性投资收益中符合《企业所得税法》及《企业所得税法实施条例》第八十三条规定的部分,可作为收益人的免税收入。

(5) 自 2017 年 1 月 1 日起,对境外投资者从中国境内居民企业分配的利润,直接投资于鼓励类投资项目,凡符合规定条件的,实行递延纳税政策,暂不征收预提所得税。③

2. 优惠管理④

1) 备案资料及时间

(1) 企业所得税优惠事项备案表。

(2) 预缴享受年度备案。

2) 主要留存备查资料

(1) 被投资企业出具的股东名册和持股比例(企业在证券交易市场购买上市公司股票获得股权的,提供相关记账凭证、本公司持股比例以及持股时间超过 12 个月情况说明)。

---

① 《国家税务总局关于企业所得税若干问题的公告》(国家税务总局公告 2011 年第 34 号)。

② 《财政部 国家税务总局关于企业清算业务企业所得税处理若干问题的通知》(财税〔2009〕60 号)。

③ 《关于境外投资者以分配利润直接投资暂不征收预提所得税政策问题的通知》(财税〔2017〕88 号)。

④ 《企业所得税优惠政策事项办理办法》(国家税务总局公告 2015 年第 76 号)。

(2) 被投资企业董事会(或股东大会)利润分配决议。

(3) 若企业取得的是被投资企业未按股东持股比例分配的股息、红利等权益性投资收益,还需提供被投资企业的最新公司章程。

(4) 被投资企业进行清算所得税处理的,留存被投资企业填报的加盖主管税务机关受理章的《中华人民共和国清算所得税申报表》及其附表三《剩余财产计算和分配明细表》复印件。

案例 5-2 减资、撤资的税务处理

甲公司2016年以1 000万元注册乙公司,占乙公司55%股份,2016年末乙公司税后净利润为300万元。2017年1月经股东会决议,同意甲公司抽回其投资,甲公司分得现金3 000万元。截至2016年年底,乙公司共有未分配利润和盈余公积3 000万元。(单位:万元)

解析:

1. 甲公司的会计处理

2017年1月撤资的账务处理如下:

借:银行存款	3 000	
贷:长期股权投资——成本		1 000
投资收益		2 000

2. 税务处理

投资企业从被投资企业撤回或减少投资,其取得的资产中,相当于初始出资的部分,应确认为投资收回;相当于被投资企业累计未分配利润和累计盈余公积按减少实收资本比例计算的部分,应确认为股息所得;其余部分确认为投资资产转让所得。

2017年撤资时应确认股息所得为1 650万元,可享受免税收入税收优惠。股权转让所得=3 000-1 000-1 650=350(万元),应申报纳税。会计当期确认的投资收益为2 000万元,所以应纳税调减1 650万元。

3. 2017年度纳税申报表填报

A107011 符合条件的居民企业之间的股息、红利等权益性投资收益优惠明细表 单位:万元

行次	被投资企业	投资性质	投资成本	投资比例	撤回或减少投资确认金额						合计
					从被投资企业撤回或减少投资取得的资产	减少投资比例	收回初始投资成本	取得资产中超过收回初始投资成本部分	撤回或减少投资应享有被投资企业累计未分配利润和累计盈余公积	应确认的股息所得	
	1	3	4	5	11	12	13 (4×12)	14 (11-13)	15	16 (14与15孰小)	17 (7+10+16)
1	乙公司	直接投资	1 000	55%	3 000	100%	1 000	2 000	1 650	1 650	

A1070010　　免税、减计收入及加计扣除优惠明细表　　单位:万元

行次	项　　目	金　额
1	一、免税收入(2+3+4+5)	
2	(一) 国债利息收入	
3	(二) 符合条件的居民企业之间的股息、红利等权益性投资收益(填写 A107011)	1 650

自动生成主表 A100000 第 17 行数据。(略)

(三) 在中国境内设立机构、场所的非居民企业取得符合条件的股息、红利等权益性投资收益

在中国境内设立机构、场所的非居民企业从居民企业取得与该机构、场所有实际联系的股息、红利等权益性投资收益。它不包括连续持有居民企业公开发行并上市流通的股票不足 12 个月而取得的权益性投资收益。

(四) 符合条件的非营利组织的收入

1. 优惠政策

1) 非营利组织资格

严格按照《企业所得税法实施条例》第八十四条和《财政部 国家税务总局关于非营利组织免税资格认定管理有关问题的通知》(财税〔2014〕13 号)规定,应对非营利性组织的条件进行核实。国务院财政、税务主管部门对非营利组织享受免税的资格联合进行核实确认,非营利组织免税优惠资格的有效期为 5 年。非营利组织应在期满前 3 个月内提出复审申请,不提出复审申请或复审不合格的,其享受免税优惠的资格到期自动失效。

2) 非营利组织免税收入范围

非营利组织的下列收入为免税收入:①

(1) 接受其他单位或者个人捐赠的收入。

(2) 除《企业所得税法》第七条规定的财政拨款以外的其他政府补助收入,但不包括因政府购买服务取得的收入。

(3) 按照省级以上民政、财政部门规定收取的会费。

(4) 不征税收入和免税收入孳生的银行存款利息收入。

(5) 财政部、国家税务总局规定的其他收入。

2. 优惠管理

1) 备案资料及时间

(1) 企业所得税优惠事项备案表;非营利组织资格认定文件或其他相关证明。

(2) 预缴享受,年度备案。

① 《财政部 国家税务总局关于非营利组织企业所得税免税收入问题的通知》(财税〔2009〕122 号)。

2）主要留存备查资料

（1）非营利组织资格有效认定文件或其他相关证明。

（2）登记管理机关出具的事业单位、社会团体、基金会、民办非企业单位对应汇缴年度的检查结论（新设立非营利组织不需提供）。

（3）应纳税收入及其有关的成本、费用、损失，与免税收入及其有关的成本、费用、损失分别核算的情况说明。

（4）取得各类免税收入的情况说明。

二、减计收入项目

（一）综合利用资源生产产品取得的收入

1. 优惠政策

企业自 2008 年 1 月 1 日起，以《资源综合利用企业所得税优惠目录（2008 年版）》规定的资源作为主要原材料，生产国家非限制和非禁止并符合国家及行业相关标准的产品取得的收入，减按 90%计入企业当年收入总额。

2. 优惠管理

1）备案资料及时间

（1）企业所得税优惠事项备案表；资源综合利用证书（已取得证书的提交）。

（2）预缴享受，年度备案。

2）主要留存备查资料

（1）企业实际资源综合利用情况（包括综合利用的资源、技术标准、产品名称等）的说明。

（2）省税务机关规定的其他资料。

（二）金融机构农户小额贷款的利息收入①

1. 优惠政策

1）金融机构农户小额贷款利息收入

自 2014 年 1 月 1 日至 2016 年 12 月 31 日，对金融机构农户小额贷款的利息收入，在计算应纳税所得额时，按 90%计入收入总额。

农户，是指长期（1 年以上）居住在乡镇（不包括城关镇）行政管理区域内的住户，还包括长期居住在城关镇所辖行政村范围内的住户和户口不在本地而在本地居住 1 年以上的住户，国有农场的职工和农村个体工商户。位于乡镇（不包括城关镇）行政管理区域内和在城关镇所辖行政村范围内的国有经济的机关、团体、学校、企事业单位的集体户；有本地户口，但举家外出谋生 1 年以上的住户，无论是否保留承包耕地均不属于农户。农户以户为统计单位，既可以从事农业生产经营，也可以从事非农业生产经营。农户贷款

① 《财政部 国家税务总局关于延续并完善支持农村金融发展有关税收政策的通知》（财税〔2014〕102 号）。

的判定应以贷款发放时的承贷主体是否属于农户为准。

小额贷款，是指单笔且该户贷款余额总额在10万元以下(含10万元)的贷款。

金融机构应对符合条件的农户小额贷款利息收入进行单独核算，不能单独核算的不得适用减计收入优惠。

2）保险公司为种植业、养殖业提供保险业务取得的保费收入

关联财务
状况分析

自2014年1月1日至2016年12月31日，对保险公司为种植业、养殖业提供保险业务取得的保费收入，在计算应纳税所得额时，按90%计入收入总额。

保费收入，是指原保险保费收入加上分保费收入减去分出保费后的余额。

3）中国扶贫基金会小额信贷试点项目减计收入①

中和农信项目管理有限公司和中国扶贫基金会举办的农户自立服务社(中心)以及中和农信项目管理有限公司独资成立的小额贷款公司从事农户小额贷款取得的利息收入，自2014年1月1日至2017年12月31日，按90%比例计入收入总额。

2. 优惠管理

1）备案资料及时间

① 企业所得税优惠事项备案表。

② 预缴享受，年度备案。

2）主要留存备查资料

① 相关保费收入、利息收入的核算情况。

② 相关保险合同、贷款合同。

③ 省税务机关规定的其他资料。

三、加计扣除优惠项目

(一) 研发费用加计扣除

1. 优惠政策②

1）享受主体

(1) 会计核算健全、实行查账征收并能够准确归集研发费用的居民企业。

(2) 不适用税前加计扣除政策的行业：烟草制造业；住宿和餐饮业；批发和零售业；房地产业；租赁和商务服务业；娱乐业；财政部和国家税务总局规定的其他行业。

(3) 不适用税前加计扣除政策的活动：企业产品(服务)的常规性升级；对某项科研成果的直接应用，如直接采用公开的新工艺、材料、装置、产品、服务或知识等；企业在商品化后为顾客提供的技术支持活动；对现存产品、服务、技术、材料或工艺流程进行的重

---

① 《财政部 国家税务总局关于中国扶贫基金会小额信贷试点项目税收政策的通知》(财税〔2015〕12号)。

② 《财政部 国家税务总局 科技部关于完善研究开发费用税前加计扣除政策的通知》(财税〔2015〕119号)。

复或简单改变；市场调查研究、效率调查或管理研究；作为工业（服务）流程环节或常规的质量控制、测试分析、维修维护；社会科学、艺术或人文学方面的研究。

备注：上述行业以《国民经济行业分类与代码（GB/4754—2011）》为准，并随之更新。

2）内容

（1）企业开发新技术、新产品、新工艺发生的研究开发费用，可以在计算应纳税所得额时加计扣除。

（2）研究开发费用的加计扣除，是指企业为开发新技术、新产品、新工艺发生的研究开发费用，未形成无形资产计入当期损益的，在按照规定据实扣除的基础上，按照研究开发费用的50%加计扣除；形成无形资产的，按照无形资产成本的150%摊销。

（3）科技型中小企业开展研发活动中实际发生的研发费用，未形成无形资产计入当期损益的，在按规定据实扣除的基础上，在2017年1月1日至2019年12月31日期间，再按照实际发生额的75%在税前加计扣除；形成无形资产的，在上述期间按照无形资产成本的175%在税前摊销。①

（4）研发费用的具体范围包括以下七个方面：

① 人员人工费用②。人员人工费指直接从事研发活动人员的工资薪金、基本养老保险费、基本医疗保险费、失业保险费、工伤保险费、生育保险费和住房公积金，以及外聘研发人员的劳务费用。

a. 直接从事研发活动人员包括研究人员、技术人员、辅助人员。研究人员是指主要从事研究开发项目的专业人员；技术人员是指具有工程技术、自然科学和生命科学中一个或一个以上领域的技术知识和经验，在研究人员指导下参与研发工作的人员；辅助人员是指参与研究开发活动的技工。外聘研发人员是指与本企业或劳务派遣企业签订劳务用工协议（合同）和临时聘用的研究人员、技术人员、辅助人员。

接受劳务派遣的企业按照协议（合同）约定支付给劳务派遣企业，且由劳务派遣企业实际支付给外聘研发人员的工资薪金等费用，属于外聘研发人员的劳务费用。

b. 工资薪金包括按规定可以在税前扣除的对研发人员股权激励的支出。

c. 直接从事研发活动的人员、外聘研发人员同时从事非研发活动的，企业应对其人员活动情况做必要记录，并将其实际发生的相关费用按实际工时占比等合理方法在研发费用和生产经营费用间分配，未分配的不得加计扣除。

② 直接投入费用。直接投入费用指研发活动直接消耗的材料、燃料和动力费用；用于中间试验和产品试制的模具、工艺装备开发及制造费，不构成固定资产的样品、样机及

① 《财政部 税务总局 科技部关于提高科技型中小企业研究开发费用税前加计扣除比例的通知》（财税〔2017〕34号）。

② 《国家税务总局 关于研发费用税前加计扣除归集范围有关问题的公告》（国家税务总局公告2017年第40号）。

一般测试手段购置费，试制产品的检验费；用于研发活动的仪器、设备的运行维护、调整、检验、维修等费用，以及通过经营租赁方式租入的用于研发活动的仪器、设备租赁费。

a. 以经营租赁方式租入的用于研发活动的仪器、设备，同时用于非研发活动的，企业应对其仪器设备使用情况做必要记录，并将其实际发生的租赁费按实际工时占比等合理方法在研发费用和生产经营费用间分配，未分配的不得加计扣除。

b. 企业研发活动直接形成产品或作为组成部分形成的产品对外销售的，研发费用中对应的材料费用不得加计扣除。

产品销售与对应的材料费用发生在不同纳税年度且材料费用已计入研发费用的，可在销售当年以对应的材料费用发生额直接冲减当年的研发费用，不足冲减的，结转以后年度继续冲减。

③ 折旧费用。折旧费用指用于研发活动的仪器、设备的折旧费。

a. 用于研发活动的仪器、设备，同时用于非研发活动的，企业应对其仪器设备使用情况做必要记录，并将其实际发生的折旧费按实际工时占比等合理方法在研发费用和生产经营费用间分配，未分配的不得加计扣除。

b. 企业用于研发活动的仪器、设备，符合税法规定且选择加速折旧优惠政策的，在享受研发费用税前加计扣除政策时，就税前扣除的折旧部分计算加计扣除。

④ 无形资产摊销。无形资产摊销指用于研发活动的软件、专利权、非专利技术（包括许可证、专有技术、设计和计算方法等）的摊销费用。

a. 用于研发活动的无形资产，同时用于非研发活动的，企业应对其无形资产使用情况做必要记录，并将其实际发生的摊销费按实际工时占比等合理方法在研发费用和生产经营费用间分配，未分配的不得加计扣除。

b. 用于研发活动的无形资产，符合税法规定且选择缩短摊销年限的，在享受研发费用税前加计扣除政策时，就税前扣除的摊销部分计算加计扣除。

⑤ 新产品设计费、新工艺规程制定费、新药研制的临床试验费、勘探开发技术的现场试验费，指企业在新产品设计、新工艺规程制定、新药研制的临床试验、勘探开发技术的现场试验过程中发生的与开展该项活动有关的各类费用。

⑥ 其他相关费用。这是指与研发活动直接相关的其他费用，如技术图书资料费、资料翻译费、专家咨询费、高新科技研发保险费，研发成果的检索、分析、评议、论证、鉴定、评审、评估、验收费用，知识产权的申请费、注册费、代理费，差旅费、会议费，职工福利费、补充养老保险费、补充医疗保险费。此类费用总额不得超过可加计扣除研发费用总额的10%。

关联往来国别分布

在计算每个项目其他相关费用的限额时应当按照以下公式计算：

$$\text{其他相关费用限额}=\frac{\text{允许加计扣除的研发费用中的第①项至第⑤项的费用之和}\times 10\%}{(1-10\%)}$$

当其他相关费用实际发生数小于限额时，按实际发生数计算税前加计扣除数额；当其他相关费用实际发生数大于限额时，按限额计算税前加计扣除数额。

⑦ 财政部和国家税务总局规定的其他费用。

3）享受条件

（1）企业应按照财务会计制度要求，对研发支出进行会计处理；同时，对享受加计扣除的研发费用按研发项目设置辅助账，准确归集核算当年可加计扣除的各项研发费用实际发生额。企业在一个纳税年度内进行多项研发活动的，应按照不同研发项目分别归集可加计扣除的研发费用。

（2）企业应对研发费用和生产经营费用分别核算，准确、合理归集各项费用支出，对划分不清的，不得实行加计扣除。

（3）企业委托外部机构或个人进行研发活动所发生的费用，按照费用实际发生额的80%计入委托方研发费用并计算加计扣除，受托方不得再进行加计扣除。委托外部研究开发费用实际发生额应按照独立交易原则确定。

委托方实际支付给受托方的费用，无论委托方是否享受研发费用税前加计扣除政策，受托方均不得加计扣除。

委托方委托关联方开展研发活动的，受托方需向委托方提供研发过程中实际发生的研发项目费用支出明细情况。

企业委托境外机构或个人进行研发活动所发生的费用，不得加计扣除。

（4）对企业共同合作开发的项目，凡符合加计扣除条件的，需提供企业合作各方分摊研发费用的证明材料留存备查，如合同相关条款等，合作各方就自身承担的研发费用分别按照规定计算加计扣除。

（5）企业集团根据生产经营和科技开发的实际情况，对技术要求高、投资数额大，需要集中研发的项目，其实际发生的研发费用，可以按照权利和义务相一致、费用支出和收益分享相配比的原则，合理确定研发费用的分摊方法，在受益成员企业间进行分摊，由相关成员企业分别计算加计扣除。

（6）企业为获得创新性、创意性、突破性的产品进行创意设计活动而发生的相关费用，可按照规定进行税前加计扣除。

创意设计活动是指多媒体软件、动漫游戏软件开发，数字动漫、游戏设计制作；房屋建筑工程设计（绿色建筑评价标准为三星）、风景园林工程专项设计；工业设计、多媒体设计、动漫及衍生产品设计、模型设计等。

4）其他事项

（1）企业取得的政府补助，会计处理时采用直接冲减研发费用方法且税务处理时未将其确认为应税收入的，应按冲减后的余额计算加计扣除金额。

（2）企业取得研发过程中形成的下脚料、残次品、中间试制品等特殊收入，在计算确认收入当年的加计扣除研发费用时，应从已归集研发费用中扣减该特殊收入，不足扣减的，加计扣除研发费用按零计算。

（3）企业开展研发活动中实际发生的研发费用形成无形资产的，其资本化的时点与会计处理保持一致。

（4）失败的研发活动所发生的研发费用可享受税前加计扣除政策。

（5）企业取得作为不征税收入处理的财政性资金用于研发活动所形成的费用或无形资产，不得计算加计扣除或摊销。

（6）企业符合财税〔2015〕119 号文件规定的研发费用加计扣除条件而在 2016 年 1 月 1 日以后未及时享受该项税收优惠的，可以追溯享受并履行备案手续，追溯期限最长为 3 年。

（7）税务部门应加强研发费用加计扣除优惠政策的后续管理，定期开展核查，年度核查面不得低于 20%。

2. 优惠管理

1）申报及备案管理[①]

（1）企业年度纳税申报时，根据研发支出辅助账汇总表填报研发项目可加计扣除研发费用情况归集表，在年度纳税申报时随申报表一并报送。

（2）研发费用加计扣除实行备案管理，除“备案资料”和“主要留存备查资料”按照本公告规定执行外，其他备案管理要求按照《国家税务总局关于发布〈企业所得税优惠政策事项办理办法〉的公告》（国家税务总局公告 2015 年第 76 号）的规定执行。

（3）企业应当不迟于年度汇算清缴纳税申报时，向税务机关报送《企业所得税优惠事项备案表》和研发项目文件完成备案。

2）主要留存备查资料。

① 自主、委托、合作研究开发项目计划书和企业有权部门关于自主、委托、合作研究开发项目立项的决议文件。

② 自主、委托、合作研究开发专门机构或项目组的编制情况和研发人员名单。

③ 经科技行政主管部门登记的委托、合作研究开发项目的合同。

④ 从事研发活动的人员和用于研发活动的仪器、设备、无形资产的费用分配说明（包括工作使用情况记录）。

⑤ 集中研发项目研发费决算表、集中研发项目费用分摊明细情况表和实际分享收益比例等资料。

⑥ “研发支出”辅助账。

⑦ 企业如果已取得地市级（含）以上科技行政主管部门出具的鉴定意见，应作为资料留存备查。

⑧ 省税务机关规定的其他资料。

---

① 《国家税务总局关于企业研究开发费用税前加计扣除政策有关问题的公告》（国家税务总局公告 2015 年第 97 号）。

案例5-3 研发费用加计扣除的税务处理

甲公司是一家注册于山西省太原市的内资药品生产企业(查账征收),公司组织结构健全,下设多个业务部门及研发中心,生产颗粒剂、口服液、片剂、胶囊等多种剂型。销售网络遍及多个省份,现有员工490人,其中,大专以上学历者80%,科技人员160人,具备执业医师、医师、药师、高级工程师等专业技术资格。企业所用仪器、设备均为研发和生产共用,在用于生产药品的同时用于研发新产品的实验检测和标准检测等,约有70%以上的时间用于研发新产品(A项目),折旧的70%记入“研发支出——A项目”科目。该企业2018年3月15日取得科技型中小企业入库编码,暂未取得高新技术企业证书。

2017年该企业有两个新产品研发项目:A项目为自行研发,2017年2月正式立项并开始研发,至年末仍处于研究阶段,发生研发支出明细(见表1);B项目为委托研发,2017年初立项,委托某科技大学(非关联)研发,支付研发费用50万元(取得增值税普通发票),从受托方取得研发支出明细(见表2),12月此项新技术已完成专利申请,企业确定按10年摊销。所有研发经费均为企业自有资金。

“研发支出——费用化支出——劳务费(A项目)”借方发生额4万元为通过劳务派遣公司支付给劳务派遣保洁员(研发中心)劳务费。

企业为全部职工缴纳的“五险一金”均符合该省政府规定的标准,“补充医疗、补充养老保险”也符合税法规定扣除标准。

表1 研发支出明细——A项目

项目	账面金额(万元)
研发人员工资	170
其中:司机	5
财务人员	10
研发人员岗位津贴	26
研发人员劳务费	4
研发人员基本养老保险	23.5
研发人员基本医疗保险	11.7
研发人员工伤保险	1.568
研发人员生育保险	1.372
研发人员失业保险	5.88
研发人员补充医疗保险	7.84
研发人员补充养老保险	7.84
研发人员住房公积金	11.76
研发人员职工教育经费	4.9
研发人员福利费	27
研发人员工会经费	3.92
研发专用房屋折旧	15

（续表）

项目	账面金额（万元）
研发设备折旧费	80
研发实验试剂	40
研发实验耗材	20
研发试验动物	6
研发设备维修费	0.8
研发电费	15
研发水费	1
研发专用无形资产摊销	5
研发临床试验费	10
研发图书资料费	1
研发人员差旅费	3
研发翻译费	0.5
合计	504.58

表 2　　研发支出明细——B 项目（受托方提供）

项目	金额（万元）
研发材料费	5
研发人员费用	15
研发燃料、动力	3
研发资料费	0.5
研发试验费	3
研发实验费	4
研发设备租赁费	9.5
利润	10
合计	50

解析：

1. 税务处理

(1) A 项目：

第 6 项“其他相关费用”限额＝允许加计扣除的研发费用中的第①项至第⑤项的费用之和×10%/(1－10%)。

准予加计扣除的研发支出第1项—第5项合计=(170－5－10＋26＋23.5＋11.7＋1.568＋1.372＋5.88＋11.76)＋80＋(40＋20＋6＋0.8＋15＋1)＋5＋10＝414.58(万元)

其他相关费用支出的扣除限额＝414.58÷(1－10%)×10%＝46.064(万元)

相关费用支出实际发生额＝研发人员补充医疗保险＋研发人员补充养老保险＋职工福利费＋研发图书资料费＋研发人员差旅费＋研发翻译费

＝7.84＋7.84＋27＋1＋3＋0.5＝47.18(万元)

所以,准予加计扣除的研发支出＝414.58＋46.064＝460.644(万元)

2017年A项目至年末仍处于研究阶段,所以直接加计扣除金额＝460.644×75%＝345.483(万元)。

企业清算所得计算

(2) B项目:

企业委托外部机构或个人进行研发活动所发生的费用,按照费用实际发生额的80%计入委托方研发费用并计算加计扣除。

B项目为委托研发,2017年年初立项,委托某科技大学(非关联)研发,支付研发费用50万元(取得增值税普通发票),从受托方取得研发支出明细(见表2),12月此项新技术已完成专利申请,企业确定按10年摊销。

所以,B项目委托方加计扣除的研发费用＝50×80%＝40(万元)。

加计扣除金额为40×75%＝30(万元),由于B项目12月已完成专利申请,已形成无形资产,所以本年度应加计摊销0.25万元(30÷12÷10)。

2. 2017年度纳税申报表填报

A107012　　研发费用加计扣除优惠明细表　　单位:元

基本信息			
1	□一般企业　√科技型中小企业	科技型中小企业登记编号	略
2	本年可享受研发费用加计扣除项目数量		2
研发活动费用明细			
3	一、自主研发、合作研发、集中研发(4＋8＋17＋20＋24＋35)		4 606 440
4	(一) 人员人工费用(5＋6＋7)		
5	1. 直接从事研发活动人员工资薪金		1 810 000
6	2. 直接从事研发活动人员五险一金		557 800
7	3. 外聘研发人员的劳务费用		
8	(二) 直接投入费用(9＋10＋…＋16)		828 000
9	1. 研发活动直接消耗材料		

（续表）

10	2. 研发活动直接消耗燃料	
11	3. 研发活动直接消耗动力费用	
12	4. 用于中间试验和产品试制的模具、工艺装备开发及制造费	
13	5. 用于不构成固定资产的样品、样机及一般测试手段购置费	
14	6. 用于试制产品的检验费	
15	7. 用于研发活动的仪器、设备的运行维护、调整、检验、维修等费用	
16	8. 通过经营租赁方式租入的用于研发活动的仪器、设备租赁费	
17	（三）折旧费用(18＋19)	800 000
18	1. 用于研发活动的仪器的折旧费	
19	2. 用于研发活动的设备的折旧费	
20	（四）无形资产摊销(21＋22＋23)	50 000
21	1. 用于研发活动的软件的摊销费用	
22	2. 用于研发活动的专利权的摊销费用	
23	3. 用于研发活动的非专利技术(包括许可证、专有技术、设计和计算方法等)的摊销费用	
24	（五）新产品设计费等(25＋26＋27＋28)	100 000
25	1. 新产品设计费	
26	2. 新工艺规程制定费	
27	3. 新药研制的临床试验费	
28	4. 勘探开发技术的现场试验费	
29	（六）其他相关费用(30＋31＋32＋33＋34)	471 800
30	1. 技术图书资料费、资料翻译费、专家咨询费、高新科技研发保险费	
31	2. 研发成果的检索、分析、评议、论证、鉴定、评审、评估、验收费用	
32	3. 知识产权的申请费、注册费、代理费	
33	4. 职工福利费、补充养老保险费、补充医疗保险费	
34	5. 差旅费、会议费	
35	（七）经限额调整后的其他相关费用	460 640
36	二、委托研发[(37－38)×80％]	400 000

(续表)

37	委托外部机构或个人进行研发活动所发生的费用	500 000
38	其中:委托境外进行研发活动所发生的费用	0
39	三、年度研发费用小计(3+36)	5 006 440
40	(一)本年费用化金额	4 606 440
41	(二)本年资本化金额	400 000
42	四、本年形成无形资产摊销额	3 333
43	五、以前年度形成无形资产本年摊销额	0
44	六、允许扣除的研发费用合计(40+42+43)	4 609 773
45	减:特殊收入部分	0
46	七、允许扣除的研发费用抵减特殊收入后的金额(44−45)	4 609 773
47	减:当年销售研发活动直接形成产品(包括组成部分)对应的材料部分	0
48	减:以前年度销售研发活动直接形成产品(包括组成部分)对应材料部分结转金额	0
49	八、加计扣除比例	75%
50	九、本年研发费用加计扣除总额(46−47−48)×49	3 457 330
51	十、销售研发活动直接形成产品(包括组成部分)对应材料部分结转以后年度扣减金额(当46−47−48≥0,本行=0;当46−47−48<0,本行=46−47−48的绝对值)	0

案例5-4 研发费用加计扣除辅助账如何做

甲企业2017年度开展一项自主研发项目A,项目未达到资本化条件,1月15日项目领用原材料成本8 000元,1月31日计提项目研发人员工资5 000元(其中直接支付给劳务派遣研发人员工资2 000元),1月31将A项目研发支出结转至管理费用。

解析:

1. 会计处理

1月15日账务处理如下:

借:研发支出——费用化支出——材料(项目A)　　8 000
　　贷:库存商品——原材料　　8 000

1 月 31 日账务处理如下：

借：研发支出——费用化支出——工资(项目 A)　　5 000
　　贷：应付职工薪酬——工资　　5 000

1 月 31 日结转管理费用账务处理如下：

借：管理费用——研发费——项目 A　　13 000
　　贷：研发支出——费用化支出——工资(项目 A)　　5 000
　　　　研发支出——费用化支出——材料(项目 A)　　8 000

2. 税务处理

研究开发费用的加计扣除，未形成无形资产计入当期损益的，在按照规定据实扣除的基础上，按照研究开发费用的 50%加计扣除；形成无形资产的，按照无形资产成本的 150%摊销。当期加计扣除额为 6 500 元。

企业清算剩余财产分配

3. 2017 年度纳税申报表填报

自主研发“研发支出”辅助账(第一步)　　单位：元

项目名称：		A			项目编号：				资本化、费用化支出选项：	
2017 年		凭证		摘要	借方金额	贷方金额	借或贷	余额	费用明细(借方)	
月	日	种类	号数						一、人员人工费用	二、直接投入费用
									直接从事研发活动人员	研发活动直接消耗
									工资薪金	材料
				序号					1.1	2.1
				期初余额				0	0	0
1	15			领用材料	8 000	0	借	8 000	0	8 000.00
1	31			计提研发人员工资	5 000	0	借	13 000	5 000.00	0
1	31			结转管理费用	0	13 000	贷	0	0	0
				期末余额				0	0	0

“研发支出”辅助账汇总表(第二步,随同财务报表报税务局) 单位:元

项目	序号	项目名称	项目编号	研发形式	资本化、费用化支出选项	一、人员人工费用	二、直接投入费用	七、委托外部机构或个人进行研发活动所发生的费用	其中:委托境外研发活动所发生的费用	九、当期费用化支出可加计扣除总额	当期资本化可加计扣除的研发费用率
						直接从事研发活动人员	研发活动直接消耗				
						工资薪金	材料				
行次、序号						1.1	2.1	7	7.1	9	9.1
1	期初余额					0	0	0	0	*	*
2	本期借方发生额					5 000	8 000	0	0	*	*
3	本期贷方发生额					5 000	8 000	0	0	*	*
4	其中:结转管理费用					5 000	8 000	0	0	13 000	*
5	结转无形资产					0	0	0	0	*	*
6	期末余额					0	0	0	0	*	*
项目明细(填写项目贷方发生额)	1	A		自主研发	费用化支出	5 000	8 000	0	0	13 000	

研发项目可加计扣除研究开发费用情况归集表(第三步)

纳税人名称(盖章):		纳税人识别号:	略
2017 年度			金额单位:元(列至角分)
序号	项目		发生额
1	一、人员人工费用小计		5 000
1.1	直接从事研发活动人员	工资薪金	5 000
1.2		五险一金	0
1.3	外聘研发人员的劳务费用		0
2	二、直接投入费用小计		8 000
2.1	研发活动直接消耗	材料	8 000
2.2		燃料	0
2.3		动力费用	0
8	八、允许加计扣除的研发费用中的第 1 至 5 类费用合计(1+2+3+4+5)		13 000
8.1	其他相关费用限额=序号 8×10%/(1-10%)		

（续表）

9	九、当期费用化支出可加计扣除总额	13 000
10	十、研发项目形成无形资产当期摊销额	0
10.1	其中：准予加计扣除的摊销额	0
11	十一、当期实际加计扣除总额(9+10.1)×50%	6 500

自动生成 A107012《研发费用加计扣除优惠明细表》、A107010《免税、减计收入及加计扣除优惠明细表》数据。

（二）残疾人员工资加计扣除①

1. 优惠政策

1）优惠内容

企业安置残疾人员所支付的工资的加计扣除，是指企业安置残疾人员的，在按照支付给残疾职工工资据实扣除的基础上，按照支付给残疾职工工资的100%加计扣除。残疾人员的范围适用《中华人民共和国残疾人保障法》（简称《残疾人保障法》）的有关规定。

残疾人员的认定范围应参照《残疾人保障法》的有关规定，即持有《中华人民共和国残疾人证》上注明属于视力残疾、听力残疾、言语残疾、肢体残疾、智力残疾和精神残疾的人员和持有《中华人民共和国残疾军人证（1至8级）》（简称《残疾军人证》）的人员。

2）享受条件

① 依法与安置的每位残疾人签订了1年以上（含1年，下同）的劳动合同或服务协议，并且安置的每位残疾人在企业实际上岗工作。

② 为安置的每位残疾人按月足额缴纳了企业所在区县人民政府根据国家政策规定的基本养老保险、基本医疗保险、失业保险和工伤保险等社会保险。

③ 定期通过银行等金融机构向安置的每位残疾人实际支付了不低于企业所在区县适用的经省级人民政府批准的最低工资标准的工资。

④ 具备安置残疾人上岗工作的基本设施。

2. 优惠管理②

1）备案资料及时间

① 企业所得税优惠事项备案表。

② 汇缴享受，年度备案。

2）主要留存备查资料

① 为安置的每位残疾人按月足额缴纳了企业所在区县人民政府根据国家政策规定的基本养老保险、基本医疗保险、失业保险和工伤保险等社会保险证明资料。

② 通过非现金方式支付工资薪酬的证明。

---

① 《财政部 国家税务总局关于安置残疾人员就业有关企业所得税优惠政策问题的通知》（财税〔2009〕70号）。

② 《企业所得税优惠政策事项办理办法》（国家税务总局公告2015年第76号）。

③ 安置残疾职工名单及其《残疾人证》或《残疾军人证》。

④ 与残疾人员签订的劳动合同或服务协议。

四、所得减免优惠项目

企业同时从事适用不同企业所得税待遇的项目的，其优惠项目应当单独计算所得，并合理分摊企业的期间费用；没有单独计算的，不得享受企业所得税优惠。

（一）农、林、牧、渔业项目所得减免

1. 减免优惠政策

（1）企业从事下列农、林、牧、渔项目的所得减免所得税：

① 蔬菜、谷物、薯类、油料、豆类、棉花、麻类、糖料、水果、坚果的种植（但不包括生水果和坚果等的采集）。

② 农作物新品种的选育。

③ 中药材的种植（但不包括用于杀虫和杀菌目的植物的种植）。

④ 林木的培育和种植。

⑤ 牲畜、家禽的饲养（但不包括鸟类的饲养和其他珍禽如山鸡、孔雀等的饲养）。

⑥ 林产品的采集（但不包括咖啡、可可等饮料作物的采集）。

⑦ 灌溉、农产品初加工、兽医、农技推广、农机作业和维修等农林牧渔服务业项目（农、林、牧、渔服务业项目不包括水利工程的建设、水利工程的管理；兽医服务不包括对动物的检疫）。

⑧ 远洋捕捞。

企业从事农作物新品种选育的免税所得，是指企业对农作物进行品种和育种材料选育形成的成果，以及由这些成果形成的种子（苗）等繁殖材料的生产、初加工、销售一体化取得的所得。

企业从事林木的培育和种植的免税所得，是指企业对树木、竹子的育种和育苗、抚育和管理以及规模造林活动取得的所得，包括企业通过拍卖或收购方式取得林木所有权并经过一定的生长周期，对林木进行再培育取得的所得。

猪、兔的饲养，按“牲畜、家禽的饲养”项目处理；饲养牲畜、家禽产生的分泌物、排泄物，按“牲畜、家禽的饲养”项目处理。

对取得农业部颁发的“远洋渔业企业资格证书”并在有效期内的远洋渔业企业，从事远洋捕捞业务取得的所得免征企业所得税。

企业对外购茶叶进行筛选、分装、包装后进行销售的所得，不享受农产品初加工的优惠政策。

（2）企业从事下列项目的所得，减半征收企业所得税：

① 花卉、茶以及其他饮料作物和香料作物的种植。

② 海水养殖、内陆养殖。

观赏性作物的种植，按“花卉、茶及其他饮料作物和香料作物的种植”项目处理。

“牲畜、家禽的饲养”以外的生物养殖项目，按“海水养殖、内陆养殖”项目处理。

企业从事《企业所得税法实施条例》第八十六条第二项适用企业所得税减半优惠的种植、养殖项目，并直接进行初加工且符合农产品初加工目录范围的，企业应合理划分不同项目的各项成本、费用支出，分别核算种植、养殖项目和初加工项目的所得，并各按适用的政策享受税收优惠。

2. 优惠管理

1）备案资料及时间

新申报表
变化情况

① 企业所得税优惠事项备案表；有效期内的远洋渔业企业资格证书（从事远洋捕捞业务的）；从事农作物新品种选育的认定证书（从事农作物新品种选育的）。

② 预缴享受，年度备案。

2）主要留存备查资料

① 从事远洋捕捞业务的企业备查有效期内的远洋渔业企业资格证书。

② 从事农作物新品种选育的企业备查从事农作物新品种选育的认定证书。

③ “公司＋农户”经营模式的企业备查与农户签订的委托养殖合同。

④ 国有农场实行内部家庭承包经营备查与家庭承包户签订的内部承包合同。

⑤ 农产品初加工项目及工艺流程说明（两个或两个以上的分项目说明）。

⑥ 同时从事适用不同企业所得税待遇项目的，每年度单独计算减免税项目所得的计算过程及其相关账册，期间费用合理分摊的依据和标准。

⑦ 省税务机关规定的其他资料。

（二）公共基础设施项目所得减免

1. 优惠政策

（1）国家重点扶持的公共基础设施项目，是指《公共基础设施项目企业所得税优惠目录》规定的港口码头、机场、铁路、公路、城市公共交通、电力、水利等项目。企业所从事的项目应符合《公共基础设施项目企业所得税优惠目录》内相关条件和技术标准及国家投资管理相关规定。

企业从事前款规定的国家重点扶持的公共基础设施项目的投资经营的所得，自项目取得第一笔生产经营收入所属纳税年度起，第一年至第三年免征企业所得税，第四年至第六年减半征收企业所得税。

企业承包经营、承包建设和内部自建自用的项目，不得享受国家重点扶持的公共基础设施项目规定的企业所得税优惠。

（2）企业投资经营符合《公共基础设施项目企业所得税优惠目录》规定条件和标准的公共基础设施项目，采用一次核准、分批次（如码头、泊位、航站楼、跑道、路段、发电机组等）建设的，凡同时符合以下三个条件的，可按每一批次为单位计算所得，并享受企业

所得税“三免三减半”优惠：[①]

① 不同批次在空间上相互独立。

② 每一批次自身具备取得收入的功能。

③ 以每一批次为单位进行会计核算，单独计算所得，并合理分摊期间费用。

(3) 企业同时从事不在《公共基础设施项目企业所得税优惠目录》范围内项目取得的所得，应与享受优惠的公共基础设施项目所得分开核算，并合理分摊期间费用。没有分开核算的，不得享受优惠政策。

(4) 企业因生产经营发生变化或因《公共基础设施项目企业所得税优惠目录》调整，不再符合规定的减免税条件的，企业应当自发生变化 15 日内向主管税务机关提交书面报告并停止享受优惠，依法缴纳企业所得税。

(5) 企业实际经营情况不符合企业所得税减免税规定条件的或采取虚假申报等手段获取减免税的、享受减免税条件发生变化未及时向税务机关报告的，以及未按管理办法规定程序报送备案资料而自行减免税的，企业主管税务机关应按照《税收征管法》有关规定进行处理。

2. 优惠管理

1) 备案资料及时间

① 企业所得税优惠事项备案表；有关部门批准该项目文件。

② 预缴享受，年度备案。

2) 主要留存备查资料

① 有关部门批准该项目文件。

② 公共基础设施项目建成并投入运行后取得的第一笔生产经营收入凭证(原始凭证及账务处理凭证)。

③ 公共基础设施项目完工验收报告。

④ 公共基础设施项目投资额验资报告。

⑤ 同时从事适用不同企业所得税待遇项目的，每年度单独计算减免税项目所得的计算过程及其相关账册，合理分摊期间共同费用的核算办法。

⑥ 项目权属变动情况及转让方已享受优惠情况的说明及证明资料(优惠期间项目权属发生变动时准备)。

⑦ 省税务机关规定的其他资料。其中，《备案表》在享受优惠期间的首个纳税年度报送，剩余年度无须报送。

(三) 环境保护、节能节水项目所得税减免

1. 优惠政策

(1) 企业从事符合条件的环境保护、节能节水项目的所得，自项目取得第一笔收入

① 《财政部 国家税务总局关于公共基础设施项目享受企业所得税优惠政策问题的补充通知》(财税〔2014〕55号)。

所属纳税年度起，第一年至第三年免征企业所得税，第四年至第六年减半征收企业所得税。

(2) 符合条件的环境保护、节能节水项目共涉及以下五个方面内容：[①]

① 公共污水处理：包括城镇污水处理项目、工业废水处理项目。

② 公共垃圾处理：包括生活垃圾处理项目、工业固体废物处理项目及危险废物处理项目。

③ 沼气综合开发利用：是指将沼气、沼液、沼渣（简称“三沼”）运用到生产的过程，包括畜禽养殖场和养殖小区沼气工程项目。

④ 节能减排技术改造：包括既有高能耗建筑节能改造项目；既有建筑太阳能光热、光电建筑一体化技术或浅层地能热泵技术改造项目；既有居住建筑供热计量及节能改造项目；工业锅炉、工业窑炉节能技术改造项目；电机系统节能、能量系统优化技术改造项目；煤炭工业复合式干法选煤技术改造项目；钢铁行业干式除尘技术改造项目；有色金属行业干式除尘净化技术改造项目；燃煤电厂烟气脱硫技术改造项目。

⑤ 海水淡化：包括用作工业、生活用水的海水淡化项目和用作海岛军民饮用水的海水淡化项目。

(3) 企业从事符合《环境保护、节能节水项目企业所得税优惠目录（试行）》规定、于2007年12月31日前已经批准的环境保护、节能节水项目的所得，可在该项目取得第一笔生产经营收入所属纳税年度起，按新税法规定计算的企业所得税“三免三减半”优惠期间内，自2008年1月1日起享受其剩余年限的减免企业所得税优惠。

(4) 如企业既符合享受上述税收优惠政策的条件，又符合享受《国务院关于实施企业所得税过渡优惠政策的通知》（国发〔2007〕39号）第一条规定的企业所得税过渡优惠政策的条件，由企业选择最优惠的政策执行，不得叠加享受。[②]

2. 优惠管理

1) 备案资料及时间

(1) 企业所得税优惠事项备案表。

(2) 预缴享受，年度备案。

2) 主要留存备查资料

(1) 该项目符合《环境保护、节能节水项目企业所得税优惠目录》的相关证明。

(2) 环境保护、节能节水项目取得的第一笔生产经营收入凭证。

(3) 环境保护、节能节水项目所得单独核算资料，以及合理分摊期间共同费用的核算资料。

---

① 《财政部 国家税务总局国家发展改革委关于公布环境保护节能节水项目企业所得税优惠目录（试行）的通知》（财税〔2009〕166号）。

② 《财政部 国家税务总局关于公共基础设施项目和环境保护、节能节水项目企业所得税优惠政策问题的通知》（财税〔2012〕10号）。

(4) 项目权属变动情况及转让方已享受优惠情况的说明及证明资料(优惠期间项目权属发生变动)。

(5) 省税务机关规定的其他资料。

(四) 符合条件的技术转让所得免征、减征所得税

1. 优惠政策

1) 优惠内容

(1) 一个纳税年度内,居民企业技术转让所得不超过500万元的部分,免征企业所得税;超过500万元的部分,减半征收企业所得税。

技术转让所得=技术转让收入-技术转让成本-相关税费①

技术转让收入,是指当事人履行技术转让合同后获得的价款,不包括销售或转让设备、仪器、零部件、原材料等非技术性收入。不属于与技术转让项目密不可分的技术咨询、技术服务、技术培训等收入,不得计入技术转让收入。

技术转让成本,是指转让的无形资产的净值,即该无形资产的计税基础减除在资产使用期间按照规定计算的摊销扣除额后的余额。

相关税费,是指技术转让过程中实际发生的有关税费,包括除企业所得税和允许抵扣的增值税以外的各项税金及其附加、合同签订费用、律师费等相关费用及其他支出。

享受技术转让所得减免企业所得税优惠的企业,应单独计算技术转让所得,并合理分摊企业的期间费用;没有单独计算的,不得享受技术转让所得企业所得税优惠。

(2) 自2013年11月1日起,可以计入技术转让收入的技术咨询、技术服务、技术培训收入,是指转让方为使受让方掌握所转让的技术投入使用、实现产业化而提供的必要的技术咨询、技术服务、技术培训所产生的收入,同时符合以下条件的可以享受所得减免税优惠②:

① 在技术转让合同中约定的与该技术转让相关的技术咨询、技术服务、技术培训;

② 技术咨询、技术服务、技术培训收入与该技术转让项目收入一并收取价款。

(3) 自2015年10月1日起,全国范围内的居民企业转让5年以上非独占许可使用权取得的技术转让所得,应纳入享受企业所得税优惠的技术转让所得范围。符合条件的5年以上非独占许可使用权技术转让所得应按以下方法计算:

技术转让所得=技术转让收入-无形资产摊销费用-相关税费-应分摊期间费用

---

① 《国家税务总局关于技术转让所得减免企业所得税有关问题的通知》(国税函〔2009〕212号)。

② 《国家税务总局关于技术转让所得减免企业所得税有关问题的公告》(国家税务总局公告2013年第62号)。

技术转让收入是指转让方履行技术转让合同后获得的价款，不包括销售或转让设备、仪器、零部件、原材料等非技术性收入。不属于与技术转让项目密不可分的技术咨询、服务、培训等收入，不得计入技术转让收入。技术许可使用权转让收入，应按转让协议约定的许可使用权人应付许可使用权使用费的日期确认收入的实现。

无形资产摊销费用是指该无形资产按税法规定当年计算摊销的费用。涉及自用和对外许可使用的，应按照受益原则合理划分。

相关税费是指技术转让过程中实际发生的有关税费，包括除企业所得税和允许抵扣的增值税以外的各项税金及其附加、合同签订费用、律师费等相关费用。

应分摊期间费用（不含无形资产摊销费用和相关税费）是指技术转让按照当年销售收入占比分摊的期间费用。

2）优惠条件

① 技术转让的范围。技术转让包括居民企业转让专利技术、计算机软件著作权、集成电路布图设计权、植物新品种、生物医药新品种，以及财政部和国家税务总局确定的其他技术。[①]

税法中的亏损≠会计上的亏损

其中：专利技术，是指法律授予独占权的发明、实用新型和非简单改变产品图案的外观设计。

技术转让，是指居民企业转让其拥有符合上述所列范围规定的技术所有权或5年以上（含5年，下同）全球独占许可使用权的行为。

② 自2015年10月1日起，全国范围内的居民企业转让5年以上非独占许可使用权取得的技术转让所得，应纳入享受企业所得税优惠的技术转让所得范围。[②]

所称技术，包括专利（含国防专利）、计算机软件著作权、集成电路布图设计专有权、植物新品种权、生物医药新品种，以及财政部和国家税务总局确定的其他技术。其中，专利是指法律授予独占权的发明、实用新型以及非简单改变产品图案和形状的外观设计。[③]企业转让符合条件的5年以上非独占许可使用权的技术，限于其拥有所有权的技术。技术所有权的权属由国务院行政主管部门确定。其中，专利由国家知识产权局确定权属；国防专利由总装备部确定权属；计算机软件著作权由国家版权局确定权属；集成电路布图设计专有权由国家知识产权局确定权属；植物新品种权由农业部确定权属；生物医药新品种由国家食品药品监督管理总局确定权属。

③ 技术转让的标准。技术转让应签订技术转让合同。其中，境内的技术转让须经省级以上（含省级）科技部门认定登记，跨境的技术转让须经省级以上（含省级）商务部门认定登记，涉及财政经费支持产生技术的转让，需省级以上（含省级）科技部

①④ 《财政部 国家税务总局关于居民企业技术转让有关企业所得税政策问题的通知》（财税〔2010〕111号）。

② 《财政部 国家税务总局关于将国家自主创新示范区有关税收试点政策推广到全国范围实施的通知》（财税〔2015〕116号）。

③ 《国家税务总局关于许可使用权技术转让所得企业所得税有关问题的公告》（国家税务总局公告2015年第82号）。

门审批。

居民企业技术出口应由有关部门按照商务部、科技部发布的《中国禁止出口限制出口技术目录》(商务部、科技部令第12号)进行审查。《中华人民共和国合同法》规定，技术转让合同包括专利权转让合同、专利申请权转让合同、专利实施许可合同和技术秘密转让合同。

2. 优惠管理

1）备案资料及时间

(1) 企业所得税优惠事项备案表；所转让技术产权证明。

(2) 预缴享受，年度备案。

2）主要留存备查资料

(1) 所转让的技术产权证明。

(2) 企业发生境内技术转让：

① 技术转让合同(副本)。

② 省级以上科技部门出具的技术合同登记证明。

③ 技术转让所得归集、分摊、计算的相关资料。

④ 实际缴纳相关税费的证明资料。

(3) 企业向境外转让技术：

① 技术出口合同(副本)。

② 省级以上商务部门出具的技术出口合同登记证书或技术出口许可证。

③ 技术出口合同数据表。

④ 技术转让所得归集、分摊、计算的相关资料。

⑤ 实际缴纳相关税费的证明资料。

⑥ 有关部门按照商务部、科技部发布的《中国禁止出口限制出口技术目录》出具的审查意见。

(4) 转让技术所有权的，其成本费用情况；转让使用权的，其无形资产摊销费用情况。

(5) 技术转让年度，转让双方股权关联情况。

案例5-5 技术转让所得减免优惠的税务处理

甲、乙两公司2017年7月签订一项新型生物技术和新医药技术A的所有权转让合同，规定在甲公司履行技术转让合同后十日内乙公司一次性付给甲公司技术转让收入2 000万元。合同载明，新型生物技术和新医药技术转让收入1 450万元，与技术转让项目相关的技术咨询、技术服务、技术培训等收入150万元，转让设备、仪器等非技术性收入400万元。经核实，甲公司此项技术的计税基础为600万元，该项资产在使用期间按照规定已经摊销扣除了90万元，技术转让过程中发生的相关税费累计10万元。本年发生销售费用30万元，管理费用150万元，财务费用20万元。甲企业2017年销售收入总额为5 000万元,期间费用的分配采用收入分配标准。甲企业已取得高新技术企业证书且在有效期内。

解析:

1. 税务处理

期间费用的分配应选用最合理的标准,假定本例题采用收入分配标准。

甲公司期间费用=30+150+20=200(万元)

技术转让收入占总收入比例=1 600÷5 000=32%

据此分摊期间费用=200×32%=64(万元)

技术转让所得=(2 000−400)−(600−90)−10−64=1 016(万元)

所得减免金额=500+258=758(万元)

企业从事农林牧渔业项目、国家重点扶持的公共基础设施项目、符合条件的环境保护、节能节水项目、符合条件的技术转让、其他专项优惠等所得额应按法定税率25%减半征收。①

技术转让所得应纳税额=(1 016−758)×25%=64.5(万元)

2. 2017年度纳税申报表填报

A107020 所得减免优惠明细表 单位:万元

行次	减免项目	项目名称	优惠事项名称	优惠方式	项目收入	项目成本	相关税费	应分摊期间费用	纳税调整额	项目所得额		减免所得额
										免税项目	减半项目	
		1	2	3	4	5	6	7	8	9	10	11(9+10×50%)
10	四、符合条件的技术转让项目	A	*	*	1 600	510	10	64	0	*	*	*
11			*	*						*	*	*
12		小计	*	*	1 600	510	10	64	0	500	516	758

A107040 减免所得税优惠明细表 单位:万元

行次	项 目	金 额
2	二、国家需要重点扶持的高新技术企业减按15%的税率征收企业所得税(填写A107041)	25.8
28	二十八、减:项目所得额按法定税率减半征收企业所得税叠加享受减免税优惠	25.8
32	合计(1+2+…+26+27−28+29+30+31)	0

① 《国家税务总局关于进一步明确企业所得税过渡期优惠政策执行口径问题的通知》(国税函〔2010〕157号)。

自动生成主表 A100000 相应行次数据。(略)

五、关于 CDM 项目实施企业的企业所得税优惠[①]

(一) 优惠政策

(1) CDM 项目实施企业按照《清洁发展机制项目运行管理办法》(发展改革委、科技部、外交部、财政部令第 37 号)的规定,将温室气体减排量的转让收入,按照以下比例上缴给国家的部分,准予在计算应纳税所得额时扣除:

① 氢氟碳化物(HFC)和全氟碳化物(PFC)类项目,为温室气体减排量转让收入的 65%。

② 氧化亚氮(N_2O)类项目,为温室气体减排量转让收入的 30%。

③《清洁发展机制项目运行管理办法》第四条规定的重点领域以及植树造林项目等类清洁发展机制项目,为温室气体减排量转让收入的 2%。

(2) 对企业实施的将温室气体减排量转让收入的 65%上缴给国家的 HFC 和 PFC 类 CDM 项目,以及将温室气体减排量转让收入的 30%上缴给国家的 N_2O 类 CDM 项目,其实施该类 CDM 项目的所得,自项目取得第一笔减排量转让收入所属纳税年度起,第一年至第三年免征企业所得税,第四年至第六年减半征收企业所得税。

企业实施 CDM 项目的所得,是指企业实施 CDM 项目取得的温室气体减排量转让收入扣除上缴国家的部分,再扣除企业实施 CDM 项目发生的相关成本、费用后的净所得。

企业应单独核算其享受优惠的 CDM 项目的所得,并合理分摊有关期间费用,没有单独核算的,不得享受上述企业所得税优惠政策。

(二) 优惠管理

1. 备案资料及时间

(1) 企业所得税优惠事项备案表;清洁发展机制项目立项有关文件。

(2) 预缴享受年度备案。

2. 主要留存备查资料

(1) 清洁发展机制项目立项有关文件。

(2) 企业将温室气体减排量转让的 HFC 和 PFC 类 CDM 项目,及将温室气体减排量转让的 N_2O 类 CDM 项目的证明材料。

(3) 将温室气体减排量转让收入上缴给国家的证明资料。

(4) 清洁发展机制项目第一笔减排量转让收入凭证。

(5) 清洁发展机制项目所得单独核算资料,以及合理分摊期间共同费用的核算

---

① 《财政部 国家税务总局关于中国清洁发展机制基金及清洁发展机制项目实施企业有关企业所得税政策问题的通知》(财税〔2009〕30 号)。

资料。

六、节能服务公司实施合同能源管理项目优惠①②

变后如何弥补以前年度亏损

（一）优惠政策

（1）对符合条件的节能服务公司实施合同能源管理项目，符合企业所得税法有关规定的，自项目取得第一笔生产经营收入所属纳税年度起，第一年至第三年免征企业所得税，第四年至第六年按照25%的法定税率减半征收企业所得税。如节能服务企业的分享型合同约定的效益分享期短于6年的，按实际分享期享受优惠。

（2）节能服务企业享受"三免三减半"项目的优惠期限，应连续计算。对在优惠期限内转让所享受优惠的项目给其他符合条件的节能服务企业，受让企业承续经营该项目的，可自项目受让之日起，在剩余期限内享受规定的优惠；优惠期限届满后转让的，受让企业不得就该项目重复享受优惠。

（3）对符合条件的节能服务公司，以及与其签订节能效益分享型合同的用能企业，实施合同能源管理项目有关资产的企业所得税税务处理按以下规定执行：

① 用能企业按照能源管理合同实际支付给节能服务公司的合理支出，均可以在计算当期应纳税所得额时扣除，不再区分服务费用和资产价款进行税务处理。

② 能源管理合同期满后，节能服务公司转让给用能企业的因实施合同能源管理项目形成的资产，按折旧或摊销期满的资产进行税务处理，用能企业从节能服务公司接受有关资产的计税基础也应按折旧或摊销期满的资产进行税务处理。

③ 能源管理合同期满后，节能服务公司与用能企业办理有关资产的权属转移时，用能企业已支付的资产价款，不再另行计入节能服务公司的收入。

本条所称"符合条件"是指同时满足以下条件：

（1）具有独立法人资格，注册资金不低于100万元，且能够单独提供用能状况诊断、节能项目设计、融资、改造（包括施工、设备安装、调试、验收等）、运行管理、人员培训等服务的专业化节能服务公司。

（2）节能服务公司实施合同能源管理项目相关技术应符合国家质量监督检验检疫总局和国家标准化管理委员会发布的《合同能源管理技术通则》（GB/T 24915—2010）规定的技术要求。

（3）节能服务公司与用能企业签订《节能效益分享型》合同，其合同格式和内容，符合《合同法》和国家质量监督检验检疫总局和国家标准化管理委员会发布的《合同能源管理技术通则》（GB/T 24915—2010）等规定。

---

① 《财政部 国家税务总局关于促进节能服务产业发展增值税营业税和企业所得税政策问题的通知》（财税〔2010〕110号）。

② 《国家税务总局 国家发展改革委关于落实节能服务企业合同能源管理项目企业所得税优惠政策有关征收管理问题的公告》（国家税务总局 国家发展改革委公告2013年第77号）。

（4）节能服务公司实施合同能源管理的项目符合《财政部国家税务总局国家发展改革委关于公布环境保护节能节水项目企业所得税优惠目录（试行）的通知》（财税〔2009〕166号）“4.节能减排技术改造”类中第一项至第八项规定的项目和条件。

（5）节能服务公司投资额不低于实施合同能源管理项目投资总额的70%。

（6）节能服务公司拥有匹配的专职技术人员和合同能源管理人才，具有保障项目顺利实施和稳定运行的能力。

（7）节能服务公司与用能企业之间的业务往来，应当按照独立企业之间的业务往来收取或者支付价款、费用。不按照独立企业之间的业务往来收取或者支付价款、费用，而减少其应纳税所得额的，税务机关有权进行合理调整。

（8）用能企业对从节能服务公司取得的与实施合同能源管理项目有关的资产，应与企业其他资产分开核算，并建立辅助账或明细科目。

节能服务企业投资项目所发生的支出，应按税法规定作资本化或费用化处理。形成的固定资产或无形资产，应按合同约定的效益分享期计提折旧或摊销。

节能服务企业应分别核算各项目的成本费用支出额。对在合同约定的效益分享期内发生的期间费用划分不清的，应合理进行分摊，期间费用的分摊应按照项目投资额和销售（营业）收入额两个因素计算分摊比例，两个因素的权重各为50%。

（9）节能服务公司同时从事适用不同税收政策待遇项目的，其享受税收优惠项目应当单独计算收入、扣除，并合理分摊企业的期间费用；没有单独计算的，不得享受税收优惠政策。

（二）优惠管理

1. 备案资料及时间

（1）企业所得税优惠事项备案表；国家发展改革委员会、财政部公布的第三方机构出具的合同能源管理项目情况确认表，或者政府节能主管部门出具的合同能源管理项目确认意见。

（2）预缴享受，年度备案。

2. 主要留存备查资料

（1）能源管理合同。

（2）国家发展改革委员会、财政部公布的第三方机构出具的合同能源管理项目情况确认表，或者政府节能主管部门出具的合同能源管理项目确认意见。

（3）项目转让合同、项目原享受优惠的备案文件（项目发生转让的，受让节能服务企业）。

（4）项目第一笔收入的发票及作收入处理的会计凭证。

（5）合同能源管理项目应纳税所得额计算表。

（6）合同能源管理项目所得单独核算资料，以及合理分摊期间共同费用的核算资料。

(7) 省税务机关规定的其他资料。

七、创业投资企业抵扣应纳税所得额

(一) 优惠政策

(1) 创业投资企业从事国家需要重点扶持和鼓励的创业投资,可以按投资额的一定比例抵扣应纳税所得额。

创业投资企业采取股权投资方式投资于未上市的中小高新技术企业 2 年以上的,可以按照其投资额的 70%在股权持有满 2 年的当年抵扣该创业投资企业的应纳税所得额;当年不足抵扣的,可以在以后纳税年度结转抵扣。

投资于未上市的中小高新技术企业 2 年以上的,包括发生在 2008 年 1 月 1 日以前满 2 年的投资;所称中小高新技术企业是指按照《高新技术企业认定管理办法》和《高新技术企业认定管理工作指引》取得高新技术企业资格,且年销售额和资产总额均不超过 2 亿元、从业人数不超过 500 人的企业,其中 2007 年年底前已取得高新技术企业资格的,在其规定有效期内不需重新认定。[①]

2007 年年底前按原有规定取得高新技术企业资格的中小高新技术企业,且在 2008 年继续符合新的高新技术企业标准的,向其投资满 24 个月的计算,可自创业投资企业实际向其投资的时间起计算。[②]

中小企业接受创业投资之后,经认定符合高新技术企业标准的,应自其被认定为高新技术企业的年度起,计算创业投资企业的投资期限。该期限内中小企业接受创业投资后,企业规模超过中小企业标准,但仍符合高新技术企业标准的,不影响创业投资企业享受有关税收优惠。

(2) 有限合伙制创业投资企业法人合伙人按投资额的一定比例抵扣应纳税所得额。

① 自 2015 年 10 月 1 日起,全国范围内的有限合伙制创业投资企业采取股权投资方式投资于未上市的中小高新技术企业满 2 年(24 个月)的,该有限合伙制创业投资企业的法人合伙人可按照其对未上市中小高新技术企业投资额的 70%抵扣该法人合伙人从该有限合伙制创业投资企业分得的应纳税所得额,当年不足抵扣的,可以在以后纳税年度结转抵扣。

所称满 2 年是指 2015 年 10 月 1 日起,有限合伙制创业投资企业投资于未上市中小高新技术企业的实缴投资满 2 年,同时,法人合伙人对该有限合伙制创业投资企业的实缴出资也应满 2 年。

有限合伙制创业投资企业的法人合伙人对未上市中小高新技术企业的投资额,按照有限合伙制创业投资企业对中小高新技术企业的投资额和合伙协议约定的法人合伙人

---

① 《财政部 国家税务总局关于执行企业所得税优惠政策若干问题的通知》(财税〔2009〕69 号)。

② 《国家税务总局关于实施创业投资企业所得税优惠问题的通知》(国税发〔2009〕87 号)。

占有限合伙制创业投资企业的出资比例计算确定。[①]

有限合伙制创业投资企业是指依照《中华人民共和国合伙企业法》《创业投资企业管理暂行办法》(国家发展和改革委员会令第 39 号)和《外商投资创业投资企业管理规定》(外经贸部、科技部、工商总局、税务总局、外汇管理局令 2003 年第 2 号)设立的专门从事创业投资活动的有限合伙企业。

有限合伙制创业投资企业的法人合伙人,是指依照《企业所得税法》及其实施条例以及相关规定,实行查账征收企业所得税的居民企业。

② 如果法人合伙人投资于多个符合条件的有限合伙制创业投资企业,可合并计算其可抵扣的投资额和应分得的应纳税所得额。当年不足抵扣的,可结转以后纳税年度继续抵扣;当年抵扣后有结余的,应按照企业所得税法的规定计算缴纳企业所得税。

③ 有限合伙制创业投资企业的法人合伙人对未上市中小高新技术企业的投资额,按照有限合伙制创业投资企业对中小高新技术企业的投资额和合伙协议约定的法人合伙人占有限合伙制创业投资企业的出资比例计算确定。其中,有限合伙制创业投资企业对中小高新技术企业的投资额按实缴投资额计算;法人合伙人占有限合伙制创业投资企业的出资比例按法人合伙人对有限合伙制创业投资企业的实缴出资额占该有限合伙制创业投资企业的全部实缴出资额的比例计算。

④ 有限合伙制创业投资企业应纳税所得额的确定及分配,按照《财政部 国家税务总局关于合伙企业合伙人所得税问题的通知》(财税〔2008〕159 号)相关规定执行。

⑤ 有限合伙制创业投资企业法人合伙人符合享受优惠条件的,应在符合条件的年度终了后 3 个月内向其主管税务机关报送《有限合伙制创业投资企业法人合伙人应纳税所得额分配情况明细表》

⑥ 法人合伙人向其所在地主管税务机关备案享受投资抵扣应纳税所得额时,应提交《法人合伙人应纳税所得额抵扣情况明细表》以及有限合伙制创业投资企业所在地主管税务机关受理后的《有限合伙制创业投资企业法人合伙人应纳税所得额分配情况明细表》,同时将《国家税务总局关于实施创业投资企业所得税优惠问题的通知》(国税发〔2009〕87 号)规定报送的备案资料留存备查。

(3) 2017 年 1 月 1 日起,在试点地区(包括京津冀、上海、广东、安徽、四川、武汉、西安、沈阳 8 个全面创新改革试验区域和苏州工业园区)投资于种子期、初创期科技型企业的优惠。[②]

① 公司制创业投资企业采取股权投资方式直接投资于种子期、初创期科技型企业(以下简称初创科技型企业)满 2 年(24 个月,下同)的,可以按照投资额的 70%在股权持有满 2 年的当年抵扣该公司制创业投资企业的应纳税所得额;当年不足抵扣的,可以在

① 《财政部 国家税务总局关于将国家自主创新示范区有关税收试点政策推广到全国范围实施的通知》(财税〔2015〕116 号)。

② 《财政部 国家税务总局关于创业投资企业和天使投资个人有关税收试点政策的通知》(财税〔2017〕38 号)。

以后纳税年度结转抵扣。投资时间从初创科技型企业接受投资并完成工商变更登记的日期算起。

② 有限合伙制创业投资企业(简称合伙创投企业)采取股权投资方式直接投资于初创科技型企业满2年的,该合伙创投企业的法人合伙人可以按照对初创科技型企业投资额的70%抵扣法人合伙人从合伙创投企业分得的所得;当年不足抵扣的,可以在以后纳税年度结转抵扣。

销售退回的税务处理

法人合伙人投资于多个符合条件的合伙创投企业,可合并计算其可抵扣的投资额和分得的所得。当年不足抵扣的,可结转以后纳税年度继续抵扣;当年抵扣后有结余的,应按照企业所得税法的规定计算缴纳企业所得税。

③ 上述初创科技型企业,应同时符合以下条件:

a. 在中国境内(不包括港、澳、台地区)注册成立、实行查账征收的居民企业。

b. 接受投资时,从业人数不超过200人,其中具有大学本科以上学历的从业人数不低于30%;资产总额和年销售收入均不超过3 000万。

c. 接受投资时设立时间不超过5年(60个月,下同)。

d. 接受投资时以及接受投资后2年内未在境内外证券交易所上市。

e. 接受投资当年及下一纳税年度,研发费用总额占成本费用支出的比例不低于20%。

研发费用总额占成本费用支出的比例,是指企业接受投资当年及下一纳税年度的研发费用总额合计占同期成本费用总额合计的比例。[①]

④ 享受上述规定税收试点政策的创业投资企业,应同时符合以下条件:

a. 在中国境内(不含港、澳、台地区)注册成立、实行查账征收的居民企业或合伙创投企业,且不属于被投资初创科技型企业的发起人。

b. 符合《创业投资企业管理暂行办法》(发展改革委等10部门令第39号)规定或者《私募投资基金监督管理暂行办法》(证监会令第105号)关于创业投资基金的特别规定,按照上述规定完成备案且规范运作。

c. 投资后2年内,创业投资企业及其关联方持有被投资初创科技型企业的股权比例合计应低于50%。

d. 创业投资企业注册地须位于规定的试点地区。

⑤ 享受上述规定的税收试点政策的投资,仅限于通过向被投资初创科技型企业直接支付现金方式取得的股权投资,不包括受让其他股东的存量股权。

⑥ 管理事项及管理要求。

a. 上述所称研发费用口径,按照《财政部 国家税务总局 科技部关于完善研究开发费用税前加计扣除政策的通知》(财税〔2015〕119号)的规定执行。

① 《国家税务总局关于创业投资企业和天使投资个人税收试点政策有关问题的公告》(国家税务总局公告2017年第20号)。

b. 上述所称从业人数，包括与企业建立劳动关系的职工人员及企业接受的劳务派遣人员。从业人数及资产总额指标，按照初创科技型企业接受投资前连续 12 个月的平均数计算，不足 12 个月的，按实际月数平均计算。具体计算公式如下：

月平均数=(月初数+月末数)÷2

接受投资前连续 12 个月平均数=接受投资前连续 12 个月平均数之和÷12

c. 上述所称销售收入，包括主营业务收入与其他业务收入；年销售收入指标，按照企业接受投资前连续 12 个月的累计数计算，不足 12 个月的，按实际月数累计计算。

d. 上述所称成本费用，包括主营业务成本、其他业务成本、销售费用、管理费用、财务费用。

e. 上述所称投资额，按照创业投资企业对初创科技型企业的实缴投资额确定。

出资比例，按投资满 2 年的当年年末各合伙人对合伙创投企业的实缴出资额占所有合伙人全部实缴出资额的比例计算。[①]

合伙创投企业的合伙人对初创科技型企业的投资额，按照合伙创投企业对初创科技型企业的实缴投资额和合伙协议约定的合伙人占合伙创投企业的出资比例计算确定。合伙人从合伙创投企业分得的所得，按照《财政部 国家税务总局关于合伙企业合伙人所得税问题的通知》(财税〔2008〕159 号)规定计算。

f. 天使投资个人、创业投资企业、合伙创投企业法人合伙人、被投资初创科技型企业应按规定向税务机关履行备案手续。

g. 享受上述规定的税收试点政策的纳税人，其主管税务机关对被投资企业是否符合初创科技型企业条件有异议的，可以转请初创科技型企业主管税务机关提供相关资料，主管税务机关应积极配合。对纳税人提供虚假资料，违规享受税收试点政策的，应按税收征管法相关规定处理，并将其列入失信纳税人名单，按规定实施联合惩戒措施。

创业投资企业、合伙创投企业合伙人、天使投资个人、初创科技型企业提供虚假情况、故意隐瞒已投资抵扣情况或采取其他手段骗取投资抵扣，不缴或者少缴应纳税款的，按税收征管法有关规定处理。

(二) 优惠管理

1. 创业投资企业优惠管理

1）备案资料及时间

(1) 企业所得税优惠事项备案表；创业投资企业经备案管理部门核实后出具的年检合格通知书；法人合伙人应纳税所得额抵扣情况明细表；有限合伙制创业投资企业法人合伙人应纳税所得额分配情况明细表。

(2) 汇缴享受，年度备案。

---

① 《国家税务总局关于创业投资企业和天使投资个人税收试点政策有关问题的公告》(国家税务总局公告 2017 年第 20 号)。

2）主要留存备查资料

（1）创业投资企业经备案管理部门核实后出具的年检合格通知书。

（2）中小高新技术企业投资合同或章程、实际所投资金验资报告等相关材料。

（3）由省、自治区、直辖市和计划单列市高新技术企业认定管理机构出具的中小高新技术企业有效的高新技术企业证书复印件（注明“与一致”，并加盖公章）。

（4）中小高新技术企业基本情况[包括企业职工人数、年销售（营业）额、资产总额等]说明。

（5）关于创业投资企业投资运作情况的说明。

（6）《法人合伙人应纳税所得额抵扣情况明细表》。

（7）《有限合伙制创业投资企业法人合伙人应纳税所得额分配情况明细表》。

（8）省税务机关规定的其他资料。

2. 投资于种子期、初创期科技型企业的优惠管理

1）公司制创投企业

（1）备案资料及时间。

公司制创投企业应在年度申报享受优惠时，向主管税务机关办理备案手续，备案时报送《企业所得税优惠事项备案表》及发展改革或证监部门出具的符合创业投资企业条件的年度证明材料复印件。

（2）留存备查资料。

① 发展改革或证监部门出具的符合创业投资企业条件的年度证明材料。

② 初创科技型企业接受现金投资时的投资合同（协议）、章程、实际出资的相关证明材料。

③ 创业投资企业与其关联方持有初创科技型企业的股权比例的说明。

④ 被投资企业符合初创科技型企业条件的有关资料：

a. 接受投资时从业人数、资产总额、年销售收入和大学本科以上学历的从业人数比例的情况说明。

b. 接受投资时设立时间不超过5年的证明材料。

c. 接受投资时以及接受投资后2年内未在境内外证券交易所上市情况说明。

d. 研发费用总额占成本费用总额比例的情况说明。

2）合伙创投企业及其法人合伙人

（1）备案资料及时间。

合伙创投企业法人合伙人符合享受优惠条件的，合伙创投企业应在投资初创科技型企业满2年的年度以及分配所得的年度终了后3个月内向合伙创投企业主管税务机关报送《合伙创投企业法人合伙人所得分配情况明细表》。

法人合伙人应在年度申报享受优惠时，向主管税务机关办理备案手续，备案时报送《企业所得税优惠事项备案表》。同时将法人合伙人投资于合伙创投企业的出资时间、出资金额、出资比例及分配比例的相关证明材料、合伙创投企业主管税务机关受理后的《合伙创投企业法人合伙人所得分配情况明细表》及其他有关资料留存备查。

(2) 留存备查资料。

留存备查的其他资料同公司制创投企业。

案例 5-6 创业投资企业投资抵免的税务处理

甲创业投资公司 2014 年 2 月以银行存款 1 000 万元投资于乙中小高新技术企业，2015 年 3 月以银行存款 500 万元投资于丙中小高新技术企业。乙、丙公司均为非上市公司。2016 年甲公司年度纳税申报表主表第 19 行“纳税调整后所得”为 500 万元，2017 年度纳税申报表主表第 19 行“纳税调整后所得”为 600 万元。甲公司以前年度无亏损，且不享受其他优惠。

解析：

1. 税务处理

甲创业投资公司 2014 年 2 月投资于乙公司，2016 年持有股权满 2 年(24 个月)，应按照其投资额 1 000 万元的 70%在股权持有满 2 年的当年抵扣该创业投资企业的应纳税所得额，所以，2016 年应纳税所得额＝500－500＝0(万元)，不足抵扣的 200 万元结转以后年度继续抵扣。2015 年 3 月以银行存款 500 万元投资于丙中小高新技术企业，2017 年持有股权满 2 年(24 个月)，应按照其投资额 500 万元的 70%在股权持有满 2 年的当年抵扣该创业投资企业的应纳税所得额，2016 年不足抵扣的 200 万元也可在 2017 年抵扣，所以，2017 年应纳税所得额＝600－550＝50(万元)。

2. 2017 年度纳税申报表填报

A107030　　抵扣应纳税所得额明细表　　单位：元

行次	项目	合计金额	投资于未上市中小高新技术企业	投资于种子期、初创期科技型企业
		1=2+3	2	3
一、创业投资企业直接投资按投资额一定比例抵扣应纳税所得额				
1	本年新增的符合条件的股权投资额	5 000 000	5 000 000	
2	税收规定的抵扣率	70%	70%	70%
3	本年新增的可抵扣的股权投资额(1×2)	3 500 000	3 500 000	
4	以前年度结转的尚未抵扣的股权投资余额	2 000 000	*	*
5	本年可抵扣的股权投资额(3+4)	5 500 000	*	*
6	本年可用于抵扣的应纳税所得额	6 000 000	*	*

（续表）

行次	项目	合计金额	投资于未上市中小高新技术企业	投资于种子期、初创期科技型企业
		1=2+3	2	3
7	本年实际抵扣应纳税所得额	5 500 000	5 500 000	
8	结转以后年度抵扣的股权投资余额	0	*	*

八、固定资产加速折旧

售后回租的税务处理

（一）优惠政策

（1）由于技术进步，产品更新换代较快的固定资产；常年处于强震动、高腐蚀状态的固定资产，企业可以采取缩短折旧年限或者采取加速折旧的方法。

（2）集成电路生产企业的生产设备，其折旧年限可以适当缩短，最短可为3年（含）。企业外购的软件，凡符合固定资产或无形资产确认条件的，可以按照固定资产或无形资产进行核算，其折旧或摊销年限可以适当缩短，最短可为2年（含）。①

（3）对生物药品制造业，专用设备制造业，铁路、船舶、航空航天和其他运输设备制造业，计算机、通信和其他电子设备制造业，仪器仪表制造业，信息传输、软件和信息技术服务业，轻工、纺织、机械、汽车等行业企业新购进（包括自行建造）的固定资产，允许按不低于企业所得税法规定折旧年限的60%缩短折旧年限，或选择采取双倍余额递减法或年数总和法进行加速折旧。②③

用于研发活动的仪器、设备范围口径，按照《国家税务总局关于印发〈企业研究开发费用税前扣除管理办法（试行）〉的通知》（国税发〔2008〕116号）或《科学技术部 财政部 国家税务总局关于印发〈高新技术企业认定管理工作指引〉的通知》（国科发火〔2008〕362号）规定执行。

六大行业按照国家统计局《国民经济行业分类与代码（GB/4754—2011）》确定。今后国家有关部门更新国民经济行业分类与代码，从其规定。六大行业企业是指以上述行业业务为主营业务，其固定资产投入使用当年主营业务收入占企业收入总额50%（不含）以上的企业。所称收入总额，是指企业所得税法第六条规定的收入总额。④

（4）对所有行业企业新购进的专门用于研发的仪器、设备，单位价值不超过100万

① 《财政部 国家税务总局关于进一步鼓励软件产业和集成电路产业发展企业所得税政策的通知》（财税〔2012〕27号）。

② 《财政部 国家税务总局关于完善固定资产加速折旧企业所得税政策的通知》（财税〔2014〕75号）。

③ 《财政部 国家税务总局关于进一步完善固定资产加速折旧企业所得税政策的通知》（财税〔2015〕106号）。

④ 《国家税务总局关于固定资产加速折旧税收政策有关问题的公告》（国家税务总局公告2014年第64号）。

元的，允许一次性计入当期成本费用在计算应纳税所得额时扣除，不再分年度计算折旧；单位价值超过100万元的，允许按不低于企业所得税法规定折旧年限的60%缩短折旧年限，或选择采取双倍余额递减法或年数总和法进行加速折旧。

用于研发活动的仪器、设备范围口径，按照《国家税务总局关于印发〈企业研究开发费用税前扣除管理办法（试行）〉的通知》（国税发〔2008〕116号）或《科学技术部 财政部 国家税务总局关于印发〈高新技术企业认定管理工作指引〉的通知》（国科发火〔2008〕362号）规定执行。

企业专门用于研发活动的仪器、设备已享受上述优惠政策的，在享受研发费加计扣除时，按照《财政部 国家税务总局 科技部关于完善研究开发费用税前加计扣除政策的通知》（财税〔2015〕119号）及《国家税务总局关于研发费用税前加计扣除归集范围有关问题的公告》（国家税务总局公告2017年第40号）的规定，企业用于研发活动的仪器、设备，符合税法规定且选择加速折旧优惠政策的，在享受研发费用税前加计扣除政策时，就税前扣除的折旧部分计算加计扣除。

对所有行业企业持有的单位价值不超过5 000元的固定资产，允许一次性计入当期成本费用在计算应纳税所得额时扣除，不再分年度计算折旧。

企业的固定资产既符合上述优惠政策条件，同时又符合《国家税务总局关于企业固定资产加速折旧所得税处理有关问题的通知》（国税发〔2009〕81号）、《财政部 国家税务总局关于进一步鼓励软件产业和集成电路产业发展企业所得税政策的通知》（财税〔2012〕27号）中相关加速折旧政策条件的，可由企业选择其中最优惠的政策执行，且一经选择，不得改变。

企业应将购进固定资产的发票、记账凭证等有关凭证、凭据（购入已使用过的固定资产，应提供已使用年限的相关说明）等资料留存备查，并应建立台账，准确核算税法与会计差异情况。

（二）优惠管理

1. 备案资料及时间

不履行备案手续，以申报表替代备案。

2. 主要留存备查资料

（1）固定资产的功能、预计使用年限短于规定计算折旧的最低年限的理由、证明资料及有关情况的说明。

（2）被替代的旧固定资产的功能、使用及处置等情况的说明。

（3）固定资产加速折旧拟采用的方法和折旧额的说明。

（4）集成电路生产企业认定证书（集成电路生产企业的生产设备适用本项优惠）。

（5）拟缩短折旧或摊销年限情况的说明（外购软件缩短折旧或摊销年限）。

（6）企业属于重点行业、领域企业的说明材料[以某重点行业业务为主营业务，固定资产投入使用当年主营业务收入占企业收入总额50%（不含）以上]。

（7）购进固定资产的发票、记账凭证等有关凭证、凭据（购入已使用过的固定资产，应提供已使用年限的相关说明）等资料。

（8）核算有关资产税法与会计差异的台账。

（9）省税务机关规定的其他资料。

九、税基式减免审核要点

（一）免税收入、减计收入的审核要点

（1）结合附表A107010《免税、减计收入及加计扣除优惠明细表》审核企业是否将国债转让收益作为免税国债利息收入处理。

（2）结合附表A107010《免税、减计收入及加计扣除优惠明细表》及A107011《符合条件的居民企业之间的股息、红利等权益性投资收益优惠明细表》审核居民企业之间股息红利等权益性投资收益、非营利性组织取得的免税收入是否符合条件，是否按照税法口径确认股息、红利免税收入金额。结合附表A105030《投资收益纳税调整明细表》审核企业是否调整了因长期股权投资采用权益法核算形成的股息、红利税会差异，是否存在重复调减的情况。

（3）结合附表A103000《事业单位、民间非营利组织收入、支出明细表》及A107010《免税、减计收入及加计扣除优惠明细表》审核非营利性组织取得的应税收入是否作为免税收入处理。

（4）审核综合利用资源取得的减计收入是否符合《资源综合利用企业所得税优惠目录》规定。

（5）审核金融、保险等机构取得的涉农利息、保费收入是否符合减计收入的条件。

（二）研发费用加计扣除审核要点

（1）结合年度纳税申报表附表A107012《研发费用加计扣除优惠明细表》及会计核算资料审核企业是否存在擅自扩大研究开发费用的列支范围，违规加计扣除。

（2）审核企业研发已形成无形资产的，是否存在作为费用当期直接加计扣除的情况。

（3）审核企业按研发项目归集的研发费用中是否减除了作为不征税收入处理的财政性资金用于研发的部分，有无违规加计摊销。

（4）审核享受加计扣除优惠的科技型中小企业是否取得了科技型中小企业编码并备案。

（5）审核研发和生产共用的固定资产、无形资产是否按照合理方法进行了费用分配。

（三）所得免税及减半征收审核要点

（1）审核享受优惠的企业是否为居民企业。

（2）企业同时从事减免项目与非减免项目的，应分别核算，独立计算减免项目的计

税依据以及减免税额度。尤其注意审核免税项目所得计算时是否扣除了分摊到期间费用。

(3) 结合年度纳税申报表附表 A107020《所得减免优惠明细表》及 A105000《纳税调整明细表》审核计算减免税项目所得额时是否对纳税调整事项进行了调整,定额享受减税、免税的,超额部分要准确计算所得税额。

(四) 固定资产加速折旧审核要点

(1) 企业 2014 年及以后年度新增固定资产加速折旧及允许一次性计入当期成本费用税前扣除的固定资产项目和金额是否符合《财政部 国家税务总局关于完善固定资产加速折旧企业所得税政策的通知》(财税〔2014〕75 号)规定。

(2) 2014 年度以前加速折旧的固定资产是否符合规定,是否属于由于科技进步、产品更新换代较快的固定资产,或常年处于强震动、高腐蚀状态的固定资产。

(3) 审核集成电路企业生产设备是否符合加速折旧的条件。

(4) 审核企业固定资产加速折旧形成的税会差异调整是否正确。

(五) 创业投资企业抵扣应纳税所得额审核要点

(1) 创业投资企业对未上市的中小高新技术企业投资额的 70%在股权持有满两年的当年允许抵扣应纳税所得额,首先应审核被投资方是否符合条件,检查企业有无违规抵扣所得额。

(2) 股权投资持有时间应满 2 年(24 个月)。中小企业接受创业投资之后,经认定符合高新技术企业标准的,应自其被认定为高新技术企业年度起,审核企业计算创业投资企业的投资期限是否正确。

(3) 审核有限合伙制创业投资企业的法人合伙人抵扣金额的确认是否准确。

(4) 审核当年不足抵扣结转以后年度抵扣的部分与弥补亏损的逻辑关系是否正确。

第三节 税率式减免项目

企业所得税目前税率式优惠主要包括:小型微利企业低税率优惠、高新技术企业低税率优惠、软件企业税收优惠、集成电路企业税收优惠等。

一、符合条件的小型微利企业所得税优惠

售后回购的税务处理

(一) 优惠政策[①]

(1) 符合条件的小型微利企业,减按 20%的税率征收企业所得税。

(2) 自 2017 年 1 月 1 日至 2019 年 12 月 31 日,符合条件的小型微利企

① 《国家税务总局关于贯彻落实扩大小型微利企业所得税优惠政策范围有关征管问题的公告》(国家税务总局公告 2017 年第 23 号)。

业,无论采取查账征收方式还是核定征收方式,其年应纳税所得额低于50万元(含50万元,下同)的,均可以享受其所得减按50%计入应纳税所得额,按20%的税率缴纳企业所得税的政策。

前款所称小型微利企业,是指从事国家非限制和禁止行业,并符合下列条件的企业:

(1) 工业企业,年度应纳税所得额不超过50万元,从业人数不超过100人,资产总额不超过3 000万元;

(2) 其他企业,年度应纳税所得额不超过50万元,从业人数不超过80人,资产总额不超过1 000万元。

国家禁止或限制的行业:按国家发展和改革委员会《产业结构调整指导目录(2011年本)》(国家发展和改革委员会令第9号)中的限制类和淘汰类执行。国家发展和改革委员会发布产业结构调整指导目录新版本后,则按新版本执行。

工业与其他企业的划分根据《国家统计局关于贯彻执行新〈国民经济行业分类国家标准〉(GB/T 4754—2002)的通知》(国统字〔2002〕44号)规定执行。

"应纳税所得额"通常是指《中华人民共和国企业所得税年度纳税申报表(A类)》中反映的年度应纳税所得额。如果纳税人符合财税〔2014〕75号文件所指生物药品制造业,专用设备制造业,铁路、船舶、航空航天和其他运输设备制造业,计算机、通信和其他电子设备制造业,仪器仪表制造业,信息传输、软件和信息技术服务业6个行业,那么"应纳税所得额"应分析判断。

"从业人数"是指与企业建立劳动关系的职工人数和企业接受的劳务派遣用工人数之和;从业人数和资产总额指标,按企业全年季度平均值确定,具体计算公式如下:

季度平均值=(季初值+季末值)÷2

全年季度平均值=全年各季度平均值之和÷4

"资产总额"计算方法同"从业人数"。年度中间开业或者终止经营活动的,以其实际经营期作为一个纳税年度确定上述相关指标。

企业本年度第一季度预缴企业所得税时,如未完成上一纳税年度汇算清缴,无法判断上一纳税年度是否符合小型微利企业条件的,可暂按企业上一纳税年度第四季度的预缴申报情况判别。

(二) 优惠申报及管理

1. 备案管理

符合条件的小型微利企业,在预缴和年度汇算清缴企业所得税时,通过填写纳税申报表的相关内容,即可享受减半征税及低税率优惠政策,无需进行专项备案。

2. 预缴申报

(1) 符合条件的小型微利企业,统一实行按季度预缴企业所得税。

(2) 本年度企业预缴企业所得税时,按照以下规定享受减半征税政策:

① 查账征收企业。上一纳税年度为符合条件的小型微利企业,分别按照以下规定

处理：

a. 按照实际利润额预缴的，预缴时累计实际利润不超过50万元的，可以享受减半征税政策。

b. 按照上一纳税年度应纳税所得额平均额预缴的，预缴时可以享受减半征税政策。

② 定率征收企业。上一纳税年度为符合条件的小型微利企业，预缴时累计应纳税所得额不超过50万元的，可以享受减半征税政策。

③ 定额征收企业。根据减半征税政策规定需要调减定额的，由主管税务机关按照程序调整，依照原办法征收。

(3) 上一纳税年度为不符合小型微利企业条件的企业，预计本年度符合条件的，预缴时累计实际利润或应纳税所得额不超过50万元的，可以享受减半征税政策。

(4) 本年度新成立的企业，预计本年度符合小型微利企业条件的，预缴时累计实际利润或应纳税所得额不超过50万元的，可以享受减半征税政策。

(5) 企业预缴时享受了减半征税政策，年度汇算清缴时不符合小型微利企业条件的，应当按照规定补缴税款。

(6) 按照本规定小型微利企业2017年度第1季度预缴时应享受未享受减半征税政策而多预缴的企业所得税，在以后季度应预缴的企业所得税税款中抵减。

(7)《国家税务总局关于发布〈中华人民共和国企业所得税月(季)度预缴纳税申报表(2015年版)等报表〉的公告》(国家税务总局公告2015年第31号)附件2《中华人民共和国企业所得税月(季)度和年度预缴纳税申报表(B类，2015年版)》填报说明第三条第(五)项中"核定定额征收纳税人，换算应纳税所得额大于30万的填'否'"修改为"核定定额征收纳税人，换算应纳税所得额大于50万元的填'否'"。

案例5-7 小型微利企业预缴及汇算清缴

甲企业2017年第一季度累计实际利润额为310 000元，因新政策尚未出台，预计不符合小型微利企业的条件，未享受小型微利企业税收优惠，第二季度累计实际利润额为400 000元，符合小型微利企业的条件。第三季度累计实际利润450 000元，第四季度则二季度累计实际利润480 000元。2017年应纳税所得额500 000元。甲企业符合小型微利企业的条件，企业采取查账征收方式，按实际利润预缴且季度纳税申报。那么季度预缴及年度应纳税额如何确定。

解析：

1. 税务处理

第一季度实际应缴纳税额＝310 000×25%＝77 500(元)

第一季度预缴时应享受未享受减半征税政策多预缴企业所得税，在以后季度应预缴的企业所得税税款中抵减。

第二季度应缴纳税额＝400 000×50%×20%－77 500＝－37 500(元)

第二季度实际应预缴税款＝0

第三季度应缴纳税额＝450 000×50％×20％－77 500＝－32 500(元)

第三季度实际应预缴税款＝0

第四季度应缴纳税额＝480 000×50％×20％－77 500＝－29 500(元)

第四季度实际应预缴税款＝0

2017 年度应纳税额＝500 000×50％×20％＝50 000(元)

2017 年度申报应补(退)税额＝50 000－77 500＝－27 500(元)

2017 年度享受减免税额＝500 000×(25％－10％)＝75 000(元)

2. 2017 年度纳税申报表填报

A107040　　减免所得税优惠明细表　　单位:元

行次	项　　目	金　额
1	一、符合条件的小型微利企业	75 000
2	其中:减半征税	75 000

A100000　　中华人民共和国企业所得税年度纳税申报表(A 类)　　单位:元

行次	类别	项　　目	金　额
23	应纳税所得额计算	五、应纳税所得额(19－20－21－22)	500 000
24	应纳税额计算	税率(25％)	25％
25		六、应纳所得税额(23×24)	125 000
26		减:减免所得税额(填写 A107040)	75 000
27		减:抵免所得税额(填写 A107050)	
28		七、应纳税额(25－26－27)	50 000
29		加:境外所得应纳所得税额(填写 A108000)	
30		减:境外所得抵免所得税额(填写 A108000)	
31		八、实际应纳所得税额(28＋29－30)	50 000
32		减:本年累计实际已预缴的所得税额	77 500
33		九、本年应补(退)所得税额(31－32)	－27 500

二、国家需要重点扶持的高新技术企业减免税优惠

(一) 优惠政策

(1) 国家需要重点扶持的高新技术企业,减按 15％的税率征收企业所得税。《企业所得税法》第二十八条第二款所称国家需要重点扶持的高新技术企业,是指拥有核心自主知识产权,并同时符合下列五个条件的企业:

① 产品(服务)属于《国家重点支持的高新技术领域》规定的范围。

② 研究开发费用占销售收入的比例不低于规定比例。

③ 高新技术产品(服务)收入占企业总收入的比例不低于规定比例。

④ 科技人员占企业职工总数的比例不低于规定比例。

⑤ 高新技术企业认定管理办法规定的其他条件。

《国家重点支持的高新技术领域》和《高新技术企业认定管理办法》由国务院科技、财政、税务主管部门商国务院有关部门制定,报国务院批准后公布施行。

高新技术企业是指在《国家重点支持的高新技术领域》内,持续进行研究开发与技术成果转化,形成企业核心自主知识产权,并以此为基础开展经营活动,在中国境内(不包括港、澳、台地区)注册的居民企业。

(2) 居民企业被认定为高新技术企业,同时享受"两免三减半""五免五减半"等定期减免税优惠过渡期的,该居民企业的所得税适用税率可以选择依照过渡期适用税率并适用减半征税至期满,或者选择适用高新技术企业的15%税率,但不能享受15%税率的减半征税。

被认定为高新技术企业,同时又符合软件生产企业和集成电路生产企业定期减半征收企业所得税优惠条件的,该居民企业的所得税适用税率可以选择适用高新技术企业的15%税率,也可以选择依照25%的法定税率减半征税,但不能享受15%税率的减半征税。

居民企业取得《企业所得税法实施条例》第八十六条、第八十七条、第八十八条和第九十条规定可减半征收企业所得税的所得,是指居民企业应就该部分所得单独核算并依照25%的法定税率减半缴纳企业所得税。

凡居民企业经税务机关核准2007年度及以前享受高新技术企业或新技术企业所得税优惠,2008年及以后年度未被认定为高新技术企业的,自2008年起不得适用高新技术企业的15%税率,也不适用国发〔2007〕39号文件第一条第二款规定的过渡税率,而应自2008年度起适用25%的法定税率。①

自2010年1月1日起,以境内、境外全部生产经营活动有关的研究开发费用总额、总收入、销售收入总额、高新技术产品(服务)收入等指标申请并经认定的高新技术企业,其来源于境外的所得可以享受高新技术企业所得税优惠政策,即对其来源于境外所得可以按照15%的优惠税率缴纳企业所得税,在计算境外抵免限额时,可按照15%的优惠税率计算境内外应纳税总额。上述高新技术企业境外所得税收抵免的其他事项,仍按照财税〔2009〕125号文件的有关规定执行。②

(二) 高新技术企业的认定

1. 认定条件

认定为高新技术企业须同时满足以下条件:

---

① 《国家税务总局关于进一步明确企业所得税过渡期优惠政策执行口径问题的通知》(国税函〔2010〕157号)。

② 《财政部 国家税务总局关于高新技术企业境外所得适用税率及税收抵免问题的通知》(财税〔2011〕47号)。

(1) 企业申请认定时须注册成立一年以上。

(2) 企业通过自主研发、受让、受赠、并购等方式,获得对其主要产品(服务)在技术上发挥核心支持作用的知识产权的所有权。

租金收入的税务处理

(3) 对企业主要产品(服务)发挥核心支持作用的技术属于《国家重点支持的高新技术领域》规定的范围。

(4) 企业从事研发和相关技术创新活动的科技人员占企业当年职工总数的比例不低于10%。

(5) 企业近三个会计年度(实际经营期不满三年的按实际经营时间计算,下同)的研究开发费用总额占同期销售收入总额的比例符合如下要求:

① 最近一年销售收入小于5 000万元(含)的企业,比例不低于5%。

② 最近一年销售收入在5 000万元至2亿元(含)的企业,比例不低于4%。

③ 最近一年销售收入在2亿元以上的企业,比例不低于3%。

其中,企业在中国境内发生的研究开发费用总额占全部研究开发费用总额的比例不低于60%。

(6) 近一年高新技术产品(服务)收入占企业同期总收入的比例不低于60%。

(7) 企业创新能力评价应达到相应要求。

(8) 企业申请认定前一年内未发生重大安全、重大质量事故或严重环境违法行为。

2. 申请

企业对照本办法进行自我评价。认为符合认定条件的在"高新技术企业认定管理工作网"注册登记,向认定机构提出认定申请。申请时提交下列材料:

(1) 高新技术企业认定申请书。

(2) 证明企业依法成立的相关注册登记证件。

(3) 知识产权相关材料、科研项目立项证明、科技成果转化、研究开发的组织管理等相关材料。

(4) 企业高新技术产品(服务)的关键技术和技术指标、生产批文、认证认可和相关资质证书、产品质量检验报告等相关材料。

(5) 企业职工和科技人员情况说明材料。

(6) 经具有资质的中介机构出具的企业近三个会计年度研究开发费用和近一个会计年度高新技术产品(服务)收入专项审计或鉴证报告,并附研究开发活动说明材料。

(7) 经具有资质的中介机构鉴证的企业近三个会计年度的财务会计报告(包括会计报表、会计报表附注和财务情况说明书)。

(8) 近三个会计年度企业所得税年度纳税申报表。

3. 有效期规定

通过认定的高新技术企业,其资格自颁发证书之日起有效期为3年。

企业获得高新技术企业资格后，自高新技术企业证书注明的发证时间所在年度起申报享受税收优惠，并按规定向主管税务机关办理备案手续。①

4. 优惠管理

1）备案资料及时间②

（1）企业所得税优惠事项备案表；高新技术企业资格证书。

（2）年度备案。

2）主要留存备查资料③

（1）高新技术企业资格证书。

（2）高新技术企业认定资料。

（3）知识产权相关材料。

（4）年度主要产品（服务）发挥核心支持作用的技术属于《国家重点支持的高新技术领域》规定范围的说明，高新技术产品（服务）及对应收入资料。

（5）年度职工和科技人员情况证明材料。

（6）当年和前两个会计年度研发费用总额及占同期销售收入比例、研发费用管理资料以及研发费用辅助账，研发费用结构明细表。

（7）省税务机关规定的其他资料。

3）日常管理④

对取得高新技术企业资格且享受税收优惠的高新技术企业，税务部门如在日常管理过程中发现其在高新技术企业认定过程中或享受优惠期间不符合《高新技术企业认定管理办法》第十一条规定的认定条件的，应提请认定机构复核。复核后确认不符合认定条件的，由认定机构取消其高新技术企业资格，并通知税务机关追缴其证书有效期内自不符合认定条件年度起已享受的税收优惠。

案例 5-8　高新技术企业税收优惠处理

甲企业于2016年被认定为高新技术企业，2017年度应纳税所得额为70万元，不涉及以前年度亏损弥补。企业本年总收入200万元，销售（营业）收入为160万元，高新技术领域为电子信息技术，本年未发生重大安全、重大质量事故或严重环境违法行为。各项情况如下：本年高新技术产品（服务）收入140万元，其中产品（服务）收入80万元，技术性收入60万元。从事研发和相关技术创新活动的科技人员数100人，本年职工总数200人。本年按照高新技术企业研发费用归集口径，内部研究开发投入达到80万元，其中：人员人工18万元、直接投入18万元、折旧费用与长期费用摊销6万元、设计费用6万元、装备调试费6万元、无形资产摊销6万元、其他费用20万元；委托外部研究开发费用50万元，境内的外部研

①④ 《国家税务总局关于实施高新技术企业所得税优惠政策有关问题的公告》（国家税务总局公告2017年第24号）。

②③ 《国家税务总局关于发布〈企业所得税优惠政策事项办理办法〉的公告》（国家税务总局公告2015年第76号）。

发费为35万元,境外的外部研发费为15万元。(不填报2016年数据)

解析:

境内的外部研发费=35×80%=28(万元)

境外的外部研发费=15×80%=12(万元)

委托外部研究开发费用=境内的外部研发费+境外的外部研发费=40(万元)

“可计入研发费用的其他费用”限额=不包含其他费用的研究开发总费用/(1-10%)×10%=(人员人工+直接投入+折旧费用与长期费用摊销+设计费用+装备调试费+无形资产摊销+委托外部研究开发费用)/(1-10%)×10%=(18+18+6+6+6+6+40)/(1-10%)×10%=11.11(万元),实际发生20万元,“其中:可计入研发费用的其他费用”为11.11万元。

内部研究开发投入=人员人工+直接投入+折旧费用与长期费用摊销+设计费用+装备调试费+无形资产摊销+可计入研发费用的其他费用
=18+18+6+6+6+6+11.11=71.11(万元)

本年研发费用占销售(营业)收入比例=(71.11+40)÷160=69.44%

减免税金额=70×10%=7(万元)

2017年度纳税申报表填报:

A107041 **高新技术企业优惠情况及明细表** 单位:万元

<table>
<tr><td colspan="6">基本信息</td></tr>
<tr><td>1</td><td>高新技术企业证书编号</td><td>略</td><td>高新技术企业证书取得时间</td><td colspan="2">2016年</td></tr>
<tr><td rowspan="3">2</td><td rowspan="3">对企业主要产品(服务)发挥核心支持作用的技术所属范围</td><td colspan="4">国家重点支持的高新技术领域</td></tr>
<tr><td>一级领域</td><td colspan="2">二级领域</td><td>三级领域</td></tr>
<tr><td>电子信息技术</td><td colspan="2">软件</td><td>系统软件</td></tr>
<tr><td>3</td><td colspan="5">关键指标情况</td></tr>
<tr><td>4</td><td rowspan="7">收入指标</td><td colspan="3">一、本年高新技术产品(服务)收入(5+6)</td><td>140</td></tr>
<tr><td>5</td><td colspan="3">其中:产品(服务)收入</td><td>80</td></tr>
<tr><td>6</td><td colspan="3">技术性收入</td><td>60</td></tr>
<tr><td>7</td><td colspan="3">二、本年企业总收入(8-9)</td><td>200</td></tr>
<tr><td>8</td><td colspan="3">其中:收入总额</td><td>200</td></tr>
<tr><td>9</td><td colspan="3">不征税收入</td><td>0</td></tr>
<tr><td>10</td><td colspan="3">三、本年高新技术产品(服务)收入占企业总收入的比例(4÷7)</td><td>70%</td></tr>
</table>

（续表）

11	人员指标	四、本年科技人员数				100
12		五、本年职工总数				200
13		六、本年科技人员占企业当年职工总数的比例(11÷12)				50%
14	研发费用指标	高新研发费用归集年度	本年度	前一年度	前二年度	合计
			1	2	3	4
15		七、归集的高新研发费用金额(16+25)	111.11			
16		（一）内部研究开发投入(17+…+22+24)	71.11			
17		1. 人员人工费用	18			
18		2. 直接投入费用	18			
19		3. 折旧费用与长期待摊费用	6			
20		4. 无形资产摊销费用	6			
21		5. 设计费用	6			
22		6. 装备调试费与实验费用	6			
23		7. 其他费用	20			
24		其中:可计入研发费用的其他费用	11.11			
25		（二）委托外部研发费用[(26+28)×80%]	40			
26		1. 境内的外部研发费	35			
27		2. 境外的外部研发费	15			
28		其中:可计入研发费用的境外的外部研发费	15			
29		八、销售(营业)收入	160			
30		九、三年研发费用占销售(营业)收入的比例(15行4列÷29行4列)				69.44%
31	减免税额	十、国家需要重点扶持的高新技术企业减征企业所得税				7
32		十一、经济特区和上海浦东新区新设立的高新技术企业定期减免税额				

A107040　　减免所得税优惠明细表　　单位:万元

行次	项　目	金　额
1	一、符合条件的小型微利企业减免企业所得税	
2	二、国家需要重点扶持的高新技术企业减按15%的税率征收企业所得税(填写A107041)	7

A100000 中华人民共和国企业所得税年度纳税申报表(A类) 单位:元

行次	类别	项目	金额
23	应纳税额计算	五、应纳税所得额(19－20－21－22)	700 000
24		税率(25%)	25%
25		六、应纳所得税额(23×24)	175 000
26		减:减免所得税额(填写A107040)	70 000
27		减:抵免所得税额(填写A107050)	
28		七、应纳税额(25－26－27)	105 000
29		加:境外所得应纳所得税额(填写A108000)	
30		减:境外所得抵免所得税额(填写A108000)	
31		八、实际应纳所得税额(28＋29－30)	
32		减:本年累计实际已缴纳的所得税额	
33		九、本年应补(退)所得税额(31－32)	
34		其中:总机构分摊本年应补(退)所得税额(填写A109 000)	
35		财政集中分配本年应补(退)所得税额(填写A109 000)	
36		总机构主体生产经营部门分摊本年应补(退)所得税额(填写A109 000)	

三、软件企业优惠

接受捐赠收入税会处理

(一) 优惠政策

1. 新办软件企业定期减免企业所得税

(1) 我国境内新办的符合条件的软件企业,经认定后,在2017年12月31日前自获利年度起计算优惠期,第一年至第二年免征企业所得税,第三年至第五年按照25%的法定税率减半征收企业所得税,并享受至期满为止。①

① 软件企业所得税优惠政策适用于经认定并实行查账征收方式的软件企业。所称经认定,是指经国家规定的软件企业认定机构按照软件企业认定管理的有关规定进行认定并取得软件企业认定证书。

② 软件企业的收入总额,是指《企业所得税法》第六条规定的收入总额。

③ 软件企业的获利年度,是指软件企业开始生产经营后,第一个应纳税所得额大于零的纳税年度,包括对企业所得税实行核定征收方式的纳税年度。

① 《财政部 国家税务总局关于进一步鼓励软件产业和集成电路产业发展企业所得税政策的通知》(财税〔2012〕27号)。

④ 软件企业享受定期减免税优惠的期限应当连续计算，不得因中间发生亏损或其他原因而间断。

（2）优惠条件：

① 享受政策的软件企业需经国家规定的软件企业认定机构按照软件企业认定管理的有关规定进行认定并取得软件企业认定证书。

② 软件企业是指以软件产品开发销售（营业）为主营业务并同时符合下列条件的企业。

a. 在中国境内（不包括港、澳、台地区）依法注册的居民企业。

b. 汇算清缴年度具有劳动合同关系且具有大学专科以上学历的职工人数占企业月平均职工总人数的比例不低于40%，其中研究开发人员占企业月平均职工总数的比例不低于20%。

c. 拥有核心关键技术，并以此为基础开展经营活动，且汇算清缴年度研究开发费用总额占企业销售（营业）收入总额的比例不低于6%；其中，企业在中国境内发生的研究开发费用金额占研究开发费用总额的比例不低于60%。

d. 汇算清缴年度软件产品开发销售（营业）收入占企业收入总额的比例不低于50%［嵌入式软件产品和信息系统集成产品开发销售（营业）收入占企业收入总额的比例不低于40%］，其中：软件产品自主开发销售（营业）收入占企业收入总额的比例不低于40%［嵌入式软件产品和信息系统集成产品开发销售（营业）收入占企业收入总额的比例不低于30%］。

e. 主营业务拥有自主知识产权。

f. 具有与软件开发相适应软硬件设施等开发环境（如合法的开发工具等）。

g. 汇算清缴年度未发生重大安全、重大质量事故或严重环境违法行为。

③ 享受企业所得税定期减税或免税的新办企业标准：

a. 按照国家法律、法规以及有关规定在工商行政主管部门办理设立登记，新注册成立的企业。

b. 新办企业的权益性出资人（股东或其他权益投资方）实际出资中固定资产、无形资产等非货币性资产的累计出资额占新办企业注册资金的比例一般不得超过25%。其中，新办企业的注册资金为企业在工商行政主管部门登记的实收资本或股本。非货币性资产包括建筑物、机器、设备等固定资产，以及专利权、商标权、非专利技术等无形资产。新办企业的权益性投资人以非货币性资产进行出资的，经有资质的会计（审计、税务）事务所进行评估的，以评估后的价值作为出资金额；未经评估的，由纳税人提供同类资产或类似资产当日或最近月份的市场价格，由主管税务机关核定。

2. 国家规划布局内的重点软件企业所得税优惠

（1）国家规划布局内的重点软件企业，如当年未享受免税优惠的，可减按10%的税率征收企业所得税。国家规划布局内的集成电路设计企业，如当年未享受免税优惠的，可减按10%的税率征收企业所得税。

(2) 优惠条件:

除了符合软件企业的条件外,国家规划布局内重点软件企业在符合上述条件的基础上,还应至少符合下列条件中的一项:

① 汇算清缴年度软件产品开发销售(营业)收入不低于2亿元,应纳税所得额不低于1 000万元,研究开发人员占企业月平均职工总数的比例不低于25%。

② 在国家规定的重点软件领域内,汇算清缴年度软件产品开发销售(营业)收入不低于5 000万元,应纳税所得额不低于250万元,研究开发人员占企业月平均职工总数的比例不低于25%,企业在中国境内发生的研究开发费用金额占研究开发费用总额的比例不低于70%。

③ 汇算清缴年度软件出口收入总额不低于800万美元,软件出口收入总额占本企业年度收入总额比例不低于50%,研究开发人员占企业月平均职工总数的比例不低于25%。

(二) 优惠管理①

1. 软件企业

1) 备案资料

① 企业开发销售的主要软件产品列表或技术服务列表。

② 主营业务为软件产品开发的企业,提供至少一个主要产品的软件著作权或专利权等自主知识产权的有效证明文件,以及第三方检测机构提供的软件产品测试报告;主营业务仅为技术服务的企业提供核心技术说明。

③ 企业职工人数、学历结构、研究开发人员及其占企业职工总数的比例说明,以及汇算清缴年度最后一个月社会保险缴纳证明等相关证明材料。

④ 经具有资质的中介机构鉴证的企业财务会计报告(包括会计报表、会计报表附注和财务情况说明书)以及软件产品开发销售(营业)收入、软件产品自主开发销售(营业)收入、研究开发费用、境内研究开发费用等情况说明。

⑤ 与主要客户签订的一至两份代表性的软件产品销售合同或技术服务合同复印件。

⑥ 企业开发环境相关证明材料。

⑦ 税务机关要求出具的其他材料。

2) 备案时间

每年汇算清缴时向税务机关备案。

2. 国家规划布局内重点软件企业

1) 备案资料

① 企业享受软件企业所得税优惠政策需要报送的备案资料。

① 《财政部 国家税务总局关于软件和集成电路产业企业所得税优惠政策有关问题的通知》(财税〔2016〕49号)。

② 符合第二类条件的，应提供在国家规定的重点软件领域内销售(营业)情况说明。

③ 符合第三类条件的，应提供商务主管部门核发的软件出口合同登记证书，以及有效出口合同和结汇证明等材料。

④ 税务机关要求提供的其他材料。

2) 备案时间

每年汇算清缴时向税务机关备案。

四、集成电路企业税收优惠

(一) 优惠政策

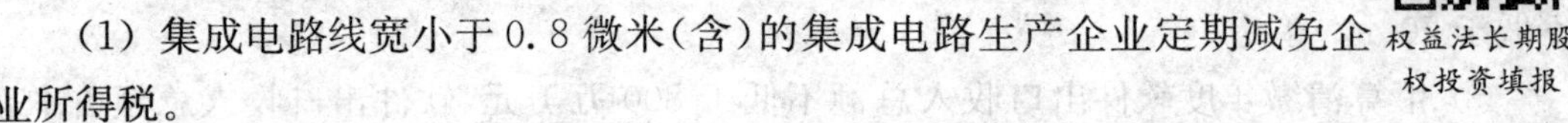

权益法长期股权投资填报

(1) 集成电路线宽小于0.8微米(含)的集成电路生产企业定期减免企业所得税。

① 集成电路线宽小于0.8微米(含)的集成电路生产企业，经认定后，在2017年12月31日前自获利年度起计算优惠期，第一年至第二年免征企业所得税，第三年至第五年按照25%的法定税率减半征收企业所得税，并享受至期满为止。

② 集成电路生产企业，是指以单片集成电路、多芯片集成电路、混合集成电路制造为主营业务并同时符合下列条件的企业：

a. 在中国境内(不包括港、澳、台地区)依法注册并在发展改革、工业和信息化部门备案的居民企业。

b. 汇算清缴年度具有劳动合同关系且具有大学专科以上学历职工人数占企业月平均职工总人数的比例不低于40%，其中研究开发人员占企业月平均职工总数的比例不低于20%。

c. 拥有核心关键技术，并以此为基础开展经营活动，且汇算清缴年度研究开发费用总额占企业销售(营业)收入(主营业务收入与其他业务收入之和)总额的比例不低于5%；其中，企业在中国境内发生的研究开发费用金额占研究开发费用总额的比例不低于60%。

d. 汇算清缴年度集成电路制造销售(营业)收入占企业收入总额的比例不低于60%。

e. 具有保证产品生产的手段和能力，并获得有关资质认证(包括ISO质量体系认证)。

f. 汇算清缴年度未发生重大安全、重大质量事故或严重环境违法行为。

(2) 线宽小于0.25微米的集成电路生产企业减按15%税率征收企业所得税[①]。集成电路生产企业的条件同上述。

(3) 投资额超过80亿元的集成电路生产企业，经认定后，减按15%税率征收企业所得

---

① 《财政部 国家税务总局关于进一步鼓励软件产业和集成电路产业发展企业所得税政策的通知》(财税〔2012〕27号)。

得税[①]。

(4) 线宽小于0.25微米的集成电路生产企业定期减免企业所得税。

集成电路线宽小于0.25微米的集成电路生产企业，经认定后，经营期在15年以上的，在2017年12月31日前自获利年度起计算优惠期，第一年至第五年免征企业所得税，第六年至第十年按照25%的法定税率减半征收企业所得税，并享受至期满为止。

(5) 投资额超过80亿元的集成电路生产企业定期减免企业所得税。

投资额超过80亿元的集成电路生产企业，经认定后，经营期在15年以上的，在2017年12月31日前自获利年度起计算优惠期，第一年至第五年免征企业所得税，第六年至第十年按照25%的法定税率减半征收企业所得税，并享受至期满为止。

(6) 新办集成电路设计企业定期减免企业所得税。

① 我国境内新办的集成电路设计企业，经认定后，在2017年12月31日前自获利年度起计算优惠期，第一年至第二年免征企业所得税，第三年至第五年按照25%的法定税率减半征收企业所得税，并享受至期满为止。

② 集成电路设计企业是指以集成电路设计为主营业务并同时符合下列条件的企业：

a. 在中国境内(不包括港、澳、台地区)依法注册的居民企业。

b. 汇算清缴年度具有劳动合同关系且具有大学专科以上学历的职工人数占企业月平均职工总人数的比例不低40%，其中研究开发人员占企业月平均职工总数的比例不低于20%。

c. 拥有核心关键技术，并以此为基础开展经营活动，且汇算清缴年度研究开发费用总额占企业销售(营业)收入总额的比例不低于6%；其中，企业在中国境内发生的研究开发费用金额占研究开发费用总额的比例不低于60%。

d. 汇算清缴年度集成电路设计销售(营业)收入占企业收入总额的比例不低于60%，其中集成电路自主设计销售(营业)收入占企业收入总额的比例不低于50%。

e. 主营业务拥有自主知识产权。

f. 具有与集成电路设计相适应的软硬件设施等开发环境(如EDA工具、服务器或工作站等)。

g. 汇算清缴年度未发生重大安全、重大质量事故或严重环境违法行为。

(7) 国家规划布局内的集成电路设计企业。

国家规划布局内的集成电路设计企业，如当年未享受免税优惠的，可减按10%的税率征收企业所得税。

满足集成电路设计企业条件的基础上，还应至少符合下列条件中的一项：

① 汇算清缴年度集成电路设计销售(营业)收入不低于2亿元，年应纳税所得额不

---

① 《财政部 国家税务总局关于进一步鼓励软件产业和集成电路产业发展企业所得税政策的通知》(财税〔2012〕27号)。

低于 1 000 万元,研究开发人员占月平均职工总数的比例不低于 25%。

② 在国家规定的重点集成电路设计领域内,汇算清缴年度集成电路设计销售(营业)收入不低于 2 000 万元,应纳税所得额不低于 250 万元,研究开发人员占月平均职工总数的比例不低于 35%,企业在中国境内发生的研究开发费用金额占研究开发费用总额的比例不低于 70%。

(8) 集成电路生产企业生产设备缩短折旧年限。

集成电路生产企业的生产设备,其折旧年限可以适当缩短,最短可为 3 年(含)。

(9) 集成电路封装、测试企业定期减免企业所得税。

符合条件的集成电路封装、测试企业在 2017 年(含 2017 年)前实现获利的,自获利年度起,第一年至第二年免征企业所得税,第三年至第五年按照 25%的法定税率减半征收企业所得税,并享受至期满为止;2017 年前未实现获利的,自 2017 年起计算优惠期,享受至期满为止。

符合条件的集成电路封装、测试企业,必须同时满足以下条件:

① 2014 年 1 月 1 日后依法在中国境内成立的法人企业。

② 签订劳动合同关系且具有大学专科以上学历的职工人数占企业当年月平均职工总人数的比例不低于 40%,其中,研究开发人员占企业当年月平均职工总数的比例不低于 20%。

③ 拥有核心关键技术,并以此为基础开展经营活动,且当年度的研究开发费用总额占企业销售(营业)收入(主营业务收入与其他业务收入之和)总额的比例不低于 3.5%,其中,企业在中国境内发生的研究开发费用金额占研究开发费用总额的比例不低于 60%。

④ 集成电路封装、测试销售(营业)收入占企业收入总额的比例不低于 60%。

⑤ 具有保证产品生产的手段和能力,并获得有关资质认证(包括 ISO 质量体系认证、人力资源能力认证等)。

⑥ 具有与集成电路封装、测试相适应的经营场所、软硬件设施等基本条件。

(10) 集成电路关键专用材料生产企业、集成电路专用设备生产企业定期减免企业所得税。

符合条件的集成电路关键专用材料生产企业或集成电路专用设备生产企业在 2017 年(含 2017 年)前实现获利的,自获利年度起,第一年至第二年免征企业所得税,第三年至第五年按照 25%的法定税率减半征收企业所得税,并享受至期满为止;2017 年前未实现获利的,自 2017 年起计算优惠期,享受至期满为止。

符合条件的集成电路关键专用材料生产企业或集成电路专用设备生产企业,必须同时满足以下条件:

① 2014 年 1 月 1 日后依法在中国境内成立的法人企业。

② 签订劳动合同关系且具有大学专科以上学历的职工人数占企业当年月平均职工总人数的比例不低于 40%,其中,研究开发人员占企业当年月平均职工总数的比例不低于 20%。

③ 拥有核心关键技术，并以此为基础开展经营活动，且当年度的研究开发费用总额占企业销售（营业）收入总额的比例不低于5%，其中，企业在中国境内发生的研究开发费用金额占研究开发费用总额的比例不低于60%。

④ 集成电路关键专用材料或专用设备销售收入占企业销售（营业）收入总额的比例不低于30%。

⑤ 具有保证集成电路关键专用材料或专用设备产品生产的手段和能力，并获得有关资质认证（包括ISO质量体系认证、人力资源能力认证等）。

⑥ 具有与集成电路关键专用材料或专用设备生产相适应的经营场所、软硬件设施等基本条件。

（二）优惠管理

1. 备案资料

（1）集成电路生产企业

① 在发展改革或工业和信息化部门立项的备案文件（应注明总投资额、工艺线宽标准）复印件以及企业取得的其他相关资质证书复印件等。

② 企业职工人数、学历结构、研究开发人员情况及其占企业职工总数的比例说明，以及汇算清缴年度最后一个月社会保险缴纳证明等相关证明材料。

③ 加工集成电路产品主要列表及国家知识产权局（或国外知识产权相关主管机构）出具的企业自主开发或拥有的一至两份代表性知识产权（如专利、布图设计登记、软件著作权等）的证明材料。

④ 经具有资质的中介机构鉴证的企业财务会计报告（包括会计报表、会计报表附注和财务情况说明书）以及集成电路制造销售（营业）收入、研究开发费用、境内研究开发费用等情况说明。

⑤ 与主要客户签订的一至两份代表性销售合同复印件。

⑥ 保证产品质量的相关证明材料（如质量管理认证证书复印件等）。

⑦ 税务机关要求出具的其他材料。

（2）集成电路设计企业

① 企业职工人数、学历结构、研究开发人员情况及其占企业职工总数的比例说明，以及汇算清缴年度最后一个月社会保险缴纳证明等相关证明材料。

② 企业开发销售的主要集成电路产品列表，以及国家知识产权局（或国外知识产权相关主管机构）出具的企业自主开发或拥有的一至两份代表性知识产权（如专利、布图设计登记、软件著作权等）的证明材料。

③ 经具有资质的中介机构鉴证的企业财务会计报告（包括会计报表、会计报表附注和财务情况说明书）以及集成电路设计销售（营业）收入、集成电路自主设计销售（营业）收入、研究开发费用、境内研究开发费用等情况表。

④ 第三方检测机构提供的集成电路产品测试报告或用户报告，以及与主要客户签

订的一至两份代表性销售合同复印件。

⑤ 企业开发环境等相关证明材料。

⑥ 税务机关要求出具的其他材料。

(3) 国家规划布局内重点集成电路设计企业

① 企业享受集成电路设计企业所得税优惠政策需要报送的备案资料。

② 符合第二类条件的,应提供在国家规定的重点集成电路设计领域内销售(营业)情况说明。

③ 税务机关要求提供的其他材料。

2. 备案时间

每年汇算清缴时向税务机关备案。

五、设在西部地区的鼓励类产业企业低税率优惠

(一) 优惠政策

1. 一般规定

自2011年1月1日至2020年12月31日,对设在西部地区的鼓励类产业企业减按15%的税率征收企业所得税;[①]对设在赣州市的鼓励类产业的内资企业和外商投资企业减按15%的税率征收企业所得税。[②]

交易性金融资产初始投资填报

经国务院批准发布的《西部地区鼓励类产业目录》(国家发展和改革委员会令第15号),自2014年10月1日起施行。在《西部地区鼓励类产业目录》公布前,企业符合《产业结构调整指导目录(2005年版)》《产业结构调整指导目录(2011年版)》《外商投资产业指导目录(2007年修订)》和《中西部地区优势产业目录(2008年修订)》范围的,经税务机关确认后,其企业所得税可按照15%税率缴纳。

2. 特殊规定

企业既符合西部大开发15%优惠税率条件,又符合《企业所得税法》及其实施条例和国务院规定的各项税收优惠条件的,可以同时享受。在涉及定期减免税的减半期内,可以按照企业适用税率计算的应纳税额减半征税。[③]

3. 在优惠地区内外分别设有机构优惠税率的适用[④]

总机构设在西部大开发税收优惠地区的企业,仅就设在优惠地区的总机构和分支机构(不含优惠地区外设立的二级分支机构和在优惠地区内设立的三级以下分支机构)的所得确定适用15%优惠税率。在确定该企业是否符合优惠条件时,以该企业设在优惠地

① 《财政部 国家税务总局 海关总署关于深入实施西部大开发战略有关税收政策问题的通知》(财税〔2011〕58号)。

② 《财政部 海关总署 国家税务总局关于赣州市执行西部大开发税收政策问题的通知》(财税〔2013〕4号)。

③④ 《国家税务总局关于深入实施西部大开发战略有关企业所得税问题的公告》(国家税务总局公告2012年第12号)。

区的总机构和分支机构的主营业务是否符合《西部地区鼓励类产业目录》及其主营业务收入占其收入总额的比重加以确定,不考虑该企业设在优惠地区以外分支机构的因素。该企业应纳所得税额的计算和所得税缴纳,按照《跨地区经营汇总纳税企业所得税征收管理暂行办法》(国家税务总局公告 2012 年第 57 号)相关规定执行。有关审核、备案手续向总机构主管税务机关申请办理。

总机构设在西部大开发税收优惠地区外的企业,其在优惠地区内设立的分支机构(不含仅在优惠地区内设立的三级以下分支机构),仅就该分支机构所得确定适用 15%优惠税率。在确定该分支机构是否符合优惠条件时,仅以该分支机构的主营业务是否符合《西部地区鼓励类产业目录》及其主营业务收入占其收入总额的比重加以确定。该企业应纳所得税额的计算和所得税缴纳,按照国家税务总局 2012 年第 57 号公告相关规定执行。有关审核、备案手续向分支机构主管税务机关申请办理,分支机构主管税务机关需将该分支机构享受西部大开发税收优惠情况及时函告总机构所在地主管税务机关。

4. 延续性政策

对西部地区 2010 年 12 月 31 日前新办的、根据《财政部 国家税务总局 海关总署关于西部大开发税收优惠政策问题的通知》(财税〔2001〕202 号)第二条第三款规定可以享受企业所得税"两免三减半"优惠的交通、电力、水利、邮政、广播电视企业,其享受的企业所得税"两免三减半"优惠可以继续享受到期满为止。[①]

2010 年 12 月 31 日前新办的交通、电力、水利、邮政、广播电视企业,凡已经按照《国家税务总局关于落实西部大开发有关税收政策具体实施意见的通知》(国税发〔2002〕47 号)第二条第二款规定,取得税务机关审核批准的,其享受的企业所得税"两免三减半"优惠可以继续享受到期满为止;凡符合享受原西部大开发税收优惠规定条件,但由于尚未取得收入或尚未进入获利年度等原因,2010 年 12 月 31 日前尚未按照国税发〔2002〕47 号第二条规定完成税务机关审核确认手续的,可按照本公告的规定,履行相关手续后享受原税收优惠。[②]

5. 享受条件

鼓励类产业企业是指以《西部地区鼓励类产业目录》中规定的产业项目为主营业务,且其主营业务收入占企业收入总额 70%以上的企业。

对设在西部地区以《西部地区鼓励类产业目录》中规定的产业项目为主营业务,且其当年度主营业务收入占企业收入总额 70%以上的企业,经企业申请,主管税务机关审核确认后,可减按 15%税率缴纳企业所得税。

设在赣州市的鼓励类产业的内资企业是指以《产业结构调整指导目录》中规定的鼓励类产业项目为主营业务,且其主营业务收入占企业收入总额 70%以上的企业。鼓励类

---

① 《财政部 海关总署 国家税务总局关于深入实施西部大开发战略有关税收政策问题的通知》(财税〔2011〕58 号)。

② 《国家税务总局关于深入实施西部大开发战略有关企业所得税问题的公告》(国家税务总局公告 2012 年第 12 号)。

产业的外商投资企业是指以《外商投资产业指导目录(2007年修订)》中规定的鼓励类项目和《中西部地区外商投资优势产业目录(2008年修订)》中规定的江西省产业项目为主营业务,且其主营业务收入占企业收入总额70%以上的企业。

6. 西部地区的界定

根据财税〔2011〕58号文件规定,西部地区包括重庆市、四川省、贵州省、云南省、西藏自治区、陕西省、甘肃省、宁夏回族自治区、青海省、新疆维吾尔自治区、新疆生产建设兵团、内蒙古自治区和广西壮族自治区。湖南省湘西土家族苗族自治州、湖北省恩施土家族苗族自治州、吉林省延边朝鲜族自治州,可以比照西部地区的税收政策执行。

(二) 优惠管理

凡对企业主营业务是否属于《西部地区鼓励类产业目录》难以界定的,税务机关应要求企业提供省级(含副省级)政府有关行政主管部门或其授权的下一级行政主管部门出具的证明文件。

企业主营业务属于《西部地区鼓励类产业目录》范围的,经主管税务机关确认,可按照15%税率预缴企业所得税。年度汇算清缴时,其当年度主营业务收入占企业总收入的比例达不到规定标准的,应按税法规定的税率计算申报并进行汇算清缴。

1. 备案资料及时间

备案资料:企业所得税优惠事项备案表。

备案时间:预缴享受,年度备案。

2. 主要备查资料

(1) 主营业务属于《西部地区鼓励类产业目录》中的具体项目的相关证明材料。

(2) 符合目录的主营业务收入占企业收入总额70%以上的说明。

(3) 省税务机关规定的其他资料。

六、A107040《减免所得税优惠明细表》"减:项目所得额按法定税率减半征收企业所得税叠加享受减免税优惠"

A107040《减免所得税优惠明细表》第32行"五、减:项目所得额按法定税率减半征收企业所得税叠加享受减免税优惠"填报的纳税人从事农林牧渔业项目、国家重点扶持的公共基础设施项目、符合条件的环境保护、节能节水项目、符合条件的技术转让、除西部大开发外其他专项优惠等所得额应按法定税率25%减半征收,且同时为符合条件的小型微利企业、国家需要重点扶持的高新技术企业、技术先进型服务企业、集成电路线宽小于0.25微米或投资额超过80亿元人民币的集成电路生产企业、国家规划布局内重点软件企业和集成电路设计企业、中关村国家自主创新示范区从事文化产业支撑技术等领域的高新技术企业等可享受税率优惠的企业,由于申报表填报顺序,按优惠税率15%减半叠加享受减免税优惠部分,应在本行对该部分金额进行调整。

如果项目减免所得是100%减免,这一行次是不需要处理的,只有存在按25%减半征收时,才需要考虑调整。

案例5-9 西部大开发税收优惠处理

甲公司设在西部地区,成立于2010年8月,主要从事水力发电,属于《西部地区鼓励类产业目录》中规定的产业项目。2013年开始生产经营,取得发电收入并盈利,2017年取得发电收入1 000万元,发生销售成本300万元,相关税费50万元(不含增值税),销售费用20万元,管理费用100万元,财务费用80万元,投资收益50万元,政府补助30万元,纳税调整中视同销售收入20万元,视同销售成本20万元,其他纳税调增项目20万元。以前年度无亏损。

解析:

1. 税务处理

甲公司设在西部地区,从事水力发电,属于《西部地区鼓励类产业目录》中规定的产业项目,且主营业务收入(水力发电收入)占企业收入总额70%以上,企业提交相关资料备案,即可享受西部地区鼓励类产业税收优惠。

收入总额=1 000+50+30+20=1 100(万元)

主营业务收入占企业收入总额比重=1 000÷1 100=90.9%>70%

自2013年开始享受"两免三减半"优惠,2017年为减半年度,在涉及定期减免税的减半期内,可以按照企业适用税率(15%)计算的应纳税额减半征税。

2017年应纳税额=5 500 000×50%×15%=412 500(元)

2. 2017年度纳税申报表填报

A100000　　中华人民共和国企业所得税年度纳税申报表(A类)　　单位:元

行次	类别	项　目	金　额
1	利润总额计算	一、营业收入(填写A101010\101020\103 000)	10 000 000
2		减:营业成本(填写A102010\102020\103 000)	3 000 000
3		营业税金及附加	500 000
4		销售费用(填写A104000)	200 000
5		管理费用(填写A104000)	1 000 000
6		财务费用(填写A104000)	800 000
7		资产减值损失	
8		加:公允价值变动收益	
9		投资收益	500 000
10		二、营业利润(1-2-3-4-5-6-7+8+9)	
11		加:营业外收入(填写A101010\101020\103 000)	300 000
12		减:营业外支出(填写A102010\102020\103 000)	
13		三、利润总额(10+11-12)	5 300 000

（续表）

行次	类别	项　目	金　额
14	应纳税所得额计算	减：境外所得（填写A108010）	
15		加：纳税调整增加额（填写A105000）	400 000
16		减：纳税调整减少额（填写A105000）	200 000
17		减：免税、减计收入及加计扣除（填写A107010）	
18		加：境外应税所得抵减境内亏损（填写A108000）	
19		四、纳税调整后所得（13－14＋15－16－17＋18）	5 500 000
20		减：所得减免（填写A107020）	2 750 000
21		减：抵扣应纳税所得额（填写A107030）	
22		减：弥补以前年度亏损（填写A106000）	
23		五、应纳税所得额（19－20－21－22）	2 750 000

A107040　　**减免所得税优惠明细表**　　单位：元

行次	项　目	金　额
24	（十八）设在西部地区的鼓励类产业企业	2 750 000

继续填写主表

A100000　　**中华人民共和国企业所得税年度纳税申报表（A类）**　　单位：元

24	应纳税额计算	税率（25%）	25%
25		六、应纳所得税额（23×24）	687 500
26		减：减免所得税额（填写A107040）	2 750 000
27		减：抵免所得税额（填写A107050）	
28		七、应纳税额（25－26－27）	412 500

七、税率式减免审核要点

（一）小型微利企业优惠审核要点

（1）审核享受优惠的企业是否为居民企业。

（2）结合“企业职工名册”“资产负债表”基础数据，审核企业填写的

A000000《企业基础信息表》“103 资产总额”“104 从业人数”准确性。尤其注意企业是否将直接支付工资的劳务派遣人员不计入企业从业人数，导致从业人数人为缩小而享受了小型微利企业优惠。

(3) 企业预缴时享受了小型微利企业减半征税及低税率优惠政策，但汇算清缴时不符合规定条件的，应当按照规定补缴税款。

(二) 高新技术企业税收优惠审核要点

(1) 注意审核享受优惠的高新技术企业证书是否在有效期内。

(2) 审核高新技术企业享受优惠税率是否符合有关规定要求，特别是高新产品(服务)收入占收入总额比例和研发费占收入总额比例是否达到有关标准。

(3) 高新技术企业认定条件中研究开发费用的范围与研发费用加计扣除的范围有差异，应注意审核认定高新技术企业时适用的口径是否正确。

(4) 结合附表 A107020《所得减免优惠明细表》、A107040《减免所得税优惠明细表》审核高新技术企业同时符合所得减半优惠的，是否叠加享受了优惠。

(三) 集成电路设计企业和软件企业优惠审核要点

(1) 审核集成电路设计企业、软件企业、集成电路生产企业资质证书是否符合规定。

(2) 审核软件企业即征即退的增值税税款作为不征税收入的是否用于研究开发软件产品和扩大再生产。

(3) 审核享受“两免三减半”优惠的企业，“获利年度”的确定是否准确。

(4) 结合附表 A107020《所得减免优惠明细表》、A107040《减免所得税优惠明细表》审核软件企业同时被认定为高新技术企业的，低税率优惠与所得减半优惠是否叠加享受。

(四) 西部地区鼓励类优惠审核要点

(1) 我国西部区域内的企业，自 2014 年 10 月 1 日起至 2020 年 12 月 31 日，其主营业务项目是否符合《西部地区鼓励类产业目录》中鼓励类产业项目，主营业务收入及其他条件是否符合享受西部大开发低税率优惠的要求。

(2) 审核在优惠地区内外分别设有机构的企业是否存在总分机构全部所得均按照优惠税率计算应纳税额的情况。

第四节 税额式减免项目

税额式减免是指通过直接减少应纳税额的方式实现的减税免税。企业所得税中税额式减免主要包括购置用于环境保护、节能节水、安全生产等专用设备的优惠和少数民族自治地区减免税优惠。

一、企业购置用于环境保护、节能节水、安全生产等专用设备的优惠

(一) 优惠政策

(1) 企业购置用于环境保护、节能节水、安全生产等专用设备的投资额,可以按一定比例实行税额抵免。

(2) 税额抵免,是指企业购置并实际使用《环境保护专用设备企业所得税优惠目录》《节能节水专用设备企业所得税优惠目录》和《安全生产专用设备企业所得税优惠目录》规定的环境保护、节能节水、安全生产等专用设备的,该专用设备的投资额的10%可以从企业当年的应纳税额中抵免;当年不足抵免的,可以在以后5个纳税年度结转抵免。

享受前款规定的企业所得税优惠的企业,应当实际购置并自身实际投入使用前款规定的专用设备;企业购置上述专用设备在5年内转让、出租的,应当停止享受企业所得税优惠,并补缴已经抵免的企业所得税税款。

(3) 企业购置并实际使用的环境保护、节能节水和安全生产专用设备,包括承租方企业以融资租赁方式租入的、并在融资租赁合同中约定租赁期届满时租赁设备所有权转移给承租方企业,且符合规定条件的上述专用设备。凡融资租赁期届满后租赁设备所有权未转移至承租方企业的,承租方企业应停止享受抵免企业所得税优惠,并补缴已经抵免的企业所得税税款。①

(4) 自2008年1月1日起,企业购置并实际使用目录规定的环境保护、节能节水、安全生产等专用设备,可以按专用设备投资额的10%抵免当年企业所得税应纳税额;企业当年应纳税额不足抵免的,可以向以后年度结转,但结转期不得超过5个纳税年度。

专用设备投资额,是指购买专用设备发票价税合计价格,但不包括按有关规定退还的增值税税款以及设备运输、安装和调试等费用。企业利用财政拨款购置专用设备的投资额,不得抵免企业应纳所得税额。

当年应纳税额,是指企业当年的应纳税所得额乘以适用税率,扣除依照《企业所得税法》和国务院有关税收优惠规定以及税收过渡优惠规定减征、免征税额后的余额。

企业利用自筹资金和银行贷款购置专用设备的投资额,可以按《企业所得税法》的规定抵免企业应纳所得税额;企业利用财政拨款购置专用设备的投资额,不得抵免企业应纳所得税额。

企业购置并实际投入使用、已开始享受税收优惠的专用设备,如从购置之日起5个纳税年度内转让、出租的,应在该专用设备停止使用当月停止享受企业所得税优惠,并补缴已经抵免的企业所得税税款。转让的受让方可以按照该专用设备投资额的10%抵免

① 《财政部 国家税务总局关于执行企业所得税优惠政策若干问题的通知》(财税〔2009〕69号)。

当年企业所得税应纳税额；当年应纳税额不足抵免的，可以在以后5个纳税年度结转抵免。

（5）自2009年1月1日起，纳税人购进并实际使用环境保护、节能节水和安全生产专用设备并取得增值税专用发票的，在按照财税〔2008〕48号文件第二条规定进行税额抵免时，如增值税进项税额允许抵扣，其专用设备投资额不再包括增值税进项税额；如增值税进项税额不允许抵扣，其专用设备投资额应为增值税专用发票上注明的价税合计金额。企业购买专用设备取得普通发票的，其专用设备投资额为普通发票上注明的金额。①

（二）优惠管理

1. 备案资料及时间

未收款、未开发票的收入需要确认吗？

（1）企业所得税优惠事项备案表。

（2）年度备案。

2. 主要留存备查资料

（1）购买并自身投入使用的专用设备清单及发票。

（2）以融资租赁方式取得的专用设备的合同或协议。

（3）专用设备属于《环境保护专用设备企业所得税优惠目录》《节能节水专用设备企业所得税优惠目录》或《安全生产专用设备企业所得税优惠目录》中的具体项目的说明。

（4）省税务机关规定的其他资料。

案例5-10 购买专用设备投资抵免优惠处理

甲企业2011年购进安全生产专用设备一台，取得增值税专用发票，注明价款100万元，增值税17万元，购进并投入使用。由于甲企业2011年至2015年均亏损，未享受抵减应纳税额的优惠。2016年甲企业购进环境保护专用设备一台，取得增值税专用发票，注明价款100万元，增值税17万元。购进后直接投入使用。甲企业购买的安全生产专用设备属于《安全生产专用设备企业所得税优惠目录》、环境保护专用设备属于《环境保护专用设备企业所得税优惠目录》内所列设备。甲企业2016年主表第25行“应纳所得税额”为15万元，未享受其他优惠。2017年主表第25行“应纳所得税额”为10万元。

解析：

1. 税务处理

2016年抵减应纳税额＝10＋5＝15(万元)

2017年抵减应纳税额＝5(万元)

---

① 《国家税务总局关于环境保护节能节水安全生产等专用设备投资抵免企业所得税有关问题的通知》(国税函〔2010〕256号)。

2. 2016年度纳税申报表填报

A107050 **税额抵免优惠明细表** 单位:万元

行次	项目	年度	本年抵免前应纳税额	本年允许抵免的专用设备投资额	本年可抵免税额	以前年度已抵免额						本年实际抵免的各年度税额	可结转以后年度抵免的税额
						前五年度	前四年度	前三年度	前二年度	前一年度	小计		
		1	2	3	4=3×10%	5	6	7	8	9	10	11	12(4—10—11)
1	前五年度	2011	0.00	100.00	10.00							10.00	*
2	前四年度	2012	0.00	0.00		*							
3	前三年度	2013	0.00	0.00		*	*						
4	前二年度	2014	0.00	0.00		*	*	*					
5	前一年度	2015	0.00	0.00		*	*	*	*				
6	本年度	2016	15.00	100.00	10.00	*	*	*	*	*	*	5.00	5.00
7	本年实际抵免税额合计											15.00	*
8	可结转以后年度抵免的税额合计												5.00
9	专用设备投资情况	本年允许抵免的环境保护专用设备投资额									100		
10		本年允许抵免节能节水的专用设备投资额											
11		本年允许抵免的安全生产专用设备投资额											

自动生成主表第27行"减:抵免所得税额(填写A107050),金额15万元"。

2017年度纳税申报表填报:

A107050 **税额抵免优惠明细表** 单位:万元

行次	项目	年度	本年抵免前应纳税额	本年允许抵免的专用设备投资额	本年可抵免税额	以前年度已抵免额						本年实际抵免的各年度税额	可结转以后年度抵免的税额
						前五年度	前四年度	前三年度	前二年度	前一年度	小计		
		1	2	3	4=3×10%	5	6	7	8	9	10	11	12(4—10—11)
1	前五年度	2012	0	0									*
2	前四年度	2013	0	0		*							
3	前三年度	2014	0	0		*	*						
4	前二年度	2015	0	0		*	*	*					
5	前一年度	2016	15	100	10	*	*	*	*	5	5	5	
6	本年度	2017	10	0	0	*	*	*	*	*	*	0	0
7	本年实际抵免税额合计											5	*

（续表）

行次	项目	年度	本年抵免前应纳税额	本年允许抵免的专用设备投资额	本年可抵免税额	以前年度已抵免额						本年实际抵免的各年度税额	可结转以后年度抵免的税额
						前五年度	前四年度	前三年度	前二年度	前一年度	小计		
		1	2	3	4＝3×10%	5	6	7	8	9	10	11	12(4－10－11)
8	可结转以后年度抵免的税额合计												0
9	专用设备投资情况	本年允许抵免的环境保护专用设备投资额											
10		本年允许抵免节能节水的专用设备投资额											
11		本年允许抵免的安全生产专用设备投资额											

自动生成主表第27行“减:抵免所得税额(填写A107050),金额5万元”。

二、少数民族自治地区优惠

（一）优惠政策

民族自治地方的自治机关对本民族自治地方的企业应缴纳的企业所得税中属于地方分享的部分,可以决定减征或者免征。自治州、自治县决定减征或者免征的,须报省、自治区、直辖市人民政府批准。

民族自治地方,是指依照《中华人民共和国民族区域自治法》的规定,实行民族 区域自治的自治区、自治州、自治县。

对民族自治地方内国家限制和禁止行业的企业,不得减征或者免征企业所得税。

（二）优惠管理

1. 备案资料及时间

① 企业所得税优惠事项备案表;本企业享受优惠的文件(限个案批复企业提交)。

② 预缴享受,年度备案。

2. 主要留存备查资料

由民族自治地方省税务机关确定。

三、税额式减免审核要点

（一）企业购置用于环境保护、节能节水、安全生产等专用设备的优惠审核要点

(1) 审核取得的专用设备是否属于《环境保护专用设备企业所得税优惠目录》《节能节水专用设备企业所得税优惠目录》和《安全生产专用设备企业所得税优惠目录》规定的专用设备。

(2) 审核专用设备有无在5年内转让、出租的情况。

(3) 审核购置专用设备的资金是否来源于企业作为不征税收入的财政拨款。

(4) 审核享受优惠的专用设备的投资额是否正确。是否将允许抵扣的增值税进项税额、按有关规定退还的增值税税款以及设备运输、安装和调试等费用计入设备投资额享受了税额抵免的优惠。

(5) 结合《融资租赁合同》及A107050《税额抵免优惠明细表》审核通过融资租赁方式取得专用设备的企业,融资租赁期届满后租赁设备所有权是否转移至承租方企业。

(二) 少数民族自治地区优惠

民族自治地方的自治机关仅可就本民族自治地方的企业应缴纳企业所得税中属于地方分享的部分决定减征或者免征。所以,应注意审核企业是否存在将全部税额一并享受减免税优惠情况。

第六章 特殊业务税务处理

内容摘要

随着经济的发展，一些新颖的经济现象、特殊的交易行为不断涌现，这不仅是在考验我们的税收政策能否与时俱进，而且也向税收管理工作提出了更高的标准和要求。本章将依据《企业所得税法》及其实施条例和其他相关规定，介绍企业重组、政策性搬迁、企业清算、汇总纳税等特殊业务的企业所得税政策、税法与会计差异、申报实务及审核要点。

第一节 企业重组

随着我国经济形势、法律环境的变化，以及企业经营发展的多元化，我国目前企业重组业务发生非常频繁，许多企业在重组中展示出了积极的姿态。企业通过重组途径建立起新的体制，在生产效率和市场竞争力方面获得了重大改善和发展。企业重组在涉税表现上有着与其他传统的交易项目不同的特点，一是业务复杂，二是涉税金额巨大。从业务上说，企业重组往往事关企业并购、重组、分立等重大事项，涉及的企业所得税非常复杂。在当今企业重组多元化和市场竞争日趋激烈的背景下，国家不断完善有关企业重组的税收政策，对企业来说无疑是重大利好。当然对于规范税务机关对特殊业务的管理，防范税收风险也将起到积极的作用。

企业重组，是指企业在日常经营活动以外发生的法律结构或经济结构重大改变的交易，包括企业法律形式改变、债务重组、股权收购、资产收购、合并、分立等。

一、企业重组的税务处理方式分类及管理要求

党组织工作经费如何扣除？

（一）企业重组的税务处理方式分类

（1）企业重组的税务处理区分不同条件分别适用一般性税务处理规定和特殊性税务处理规定。

（2）企业重组同时符合下列条件的，适用特殊性税务处理规定：

① 具有合理的商业目的，且不以减少、免除或者推迟缴纳税款为主要目的。

② 被收购、合并或分立部分的资产或股权比例符合规定的比例。

③ 企业重组后的连续12个月内不改变重组资产原来的实质性经营活动。“企业重组后的连续12个月内”,是指自重组日起计算的连续12个月内。

④ 重组交易对价中涉及股权支付金额符合规定比例。

⑤ 企业重组中取得股权支付的原主要股东,在重组后连续12个月内,不得转让所取得的股权。原主要股东,是指原持有转让企业或被收购企业20%以上股权的股东。

(3) 企业重组,除符合规定适用特殊性税务处理规定的外,按一般性税务处理规定进行处理。同一重组业务的当事各方应采取一致税务处理原则,即统一按一般性或特殊性税务处理。

(二) 企业重组的管理要求

(1) 企业发生合并、分立一般性税务处理的,被合并企业、被分立企业不再继续存在的应按照《财政部 国家税务总局关于企业清算业务企业所得税处理若干问题的通知》(财税〔2009〕60号)规定进行清算,同时应附送相关资料。债务重组、股权收购、资产收购一般性税务处理,应准备相关资料,以备税务机关检查。

(2) 企业重组业务适用特殊性税务处理的,除《财政部 国家税务总局关于企业重组所得税处理若干问题的通知》(财税〔2009〕59号)第四条第(一)项所称企业发生其他法律形式简单改变情形外,重组各方应在该重组业务完成当年,办理企业所得税年度申报时,分别向各自主管税务机关报送《企业重组所得税特殊性税务处理报告表及附表》和申报资料。合并、分立中重组一方涉及注销的,应在尚未办理注销税务登记手续前进行申报。

重组主导方申报后,其他当事方向其主管税务机关办理纳税申报。申报时还应附送重组主导方经主管税务机关受理的《企业重组所得税特殊性税务处理报告表及附表》(复印件)①。

(3) 企业重组业务适用特殊性税务处理的,申报时应从以下五个方面逐条说明企业重组具有合理的商业目的:

① 重组交易的方式。

② 重组交易的实质结果。

③ 重组各方涉及的税务状况变化。

④ 重组各方涉及的财务状况变化。

⑤ 非居民企业参与重组活动的情况。

(4) 企业重组业务适用特殊性税务处理的,申报时当事各方还应向主管税务机关提交重组前连续12个月内有无与该重组相关的其他股权、资产交易情况的说明,并说明这些交易与该重组是否构成分步交易,是否作为一项企业重组业务进行处理。

(5) 若同一项重组业务涉及在连续12个月内分步交易,且跨两个纳税年度,当事各方在首个纳税年度交易完成时预计整个交易符合特殊性税务处理条件,经协商一致选择

① 《国家税务总局关于企业重组业务企业所得税征收管理若干问题的公告》(国家税务总局公告2015年第48号)。

特殊性税务处理的，可以暂时适用特殊性税务处理，并在当年企业所得税年度申报时提交书面申报资料。在下一纳税年度全部交易完成后，企业应判断是否适用特殊性税务处理。如适用特殊性税务处理的，当事各方应按国家税务总局 2015 年第 48 号公告要求申报相关资料；如适用一般性税务处理的，应调整相应纳税年度的企业所得税年度申报表，计算缴纳企业所得税。[①]

二、债务重组

（一）相关税收政策

1. 概念

债务重组是指债务人发生财务困难的情况下，债权人按照其与债务人达成的书面协议或者法院裁定书，就其债务人的债务作出让步的事项。

债务重组中当事各方，指债务人及债权人。

债务重组，以债务重组合同（协议）或法院裁定书生效日为重组日。

2. 企业债务重组的一般性税务处理及管理

（1）企业债务重组的一般性税务处理业务，按以下四个规定进行税务处理：

① 以非货币资产清偿债务，应当分解为转让相关非货币性资产、按非货币性资产公允价值清偿债务两项业务，确认相关资产的所得或损失。

② 发生债权转股权的，应当分解为债务清偿和股权投资两项业务，确认有关债务清偿所得或损失。

③ 债务人应当按照支付的债务清偿额低于债务计税基础的差额，确认债务重组所得；债权人应当按照收到的债务清偿额低于债权计税基础的差额，确认债务重组损失。

④ 债务人的相关所得税纳税事项原则上保持不变。

（2）企业发生一般性债务重组的应准备以下相关资料，以备税务机关检查：

① 以非货币资产清偿债务的，应保留当事各方签订的清偿债务的协议或合同，以及非货币资产公允价格确认的合法证据等。

② 债权转股权的，应保留当事各方签订的债权转股权协议或合同。

3. 企业债务重组的特殊性税务处理及管理

（1）企业债务重组，符合特殊性税务处理条件的可以按以下规定进行税务处理：

① 企业债务重组确认的应纳税所得额占该企业当年应纳税所得额 50%以上，可以在 5 个纳税年度内，均匀计入各年度的应纳税所得额。

② 企业发生债权转股权业务，对债务清偿和股权投资两项业务暂不确认有关债务清偿所得或损失，股权投资的计税基础以原债权的计税基础确定。企业的其他相关所得税事项保持不变。

---

① 《国家税务总局关于企业重组业务企业所得税征收管理若干问题的公告》（国家税务总局公告 2015 年第 48 号）。

（2）企业发生的债务重组业务符合《财政部 国家税务总局关于企业重组业务企业所得税处理若干问题的通知》（财税〔2009〕59号）规定条件并选择特殊性税务处理的，根据不同情形，当事各方应向主管税务机关报送以下七项资料：

① 债务重组的总体情况说明，包括债务重组方案、基本情况、债务重组所产生的应纳税所得额，并逐条说明债务重组的商业目的；以非货币资产清偿债务的，还应包括企业当年应纳税所得额情况。

② 清偿债务或债权转股权的合同（协议）或法院裁定书，需有权部门（包括内部和外部）批准的，应提供批准文件。

③ 债权转股权的，提供相关股权评估报告或其他公允价值证明；以非货币资产清偿债务的，提供相关资产评估报告或其他公允价值证明。

公司购买名人字画可以税前扣除?

④ 重组当事各方一致选择特殊性税务处理并加盖当事各方公章的证明资料。

⑤ 债权转股权的，还应提供工商管理部门等有权机关登记的相关企业股权变更事项的证明材料，以及债权人12个月内不转让所取得股权的承诺书。

⑥ 重组前连续12个月内有无与该重组相关的其他股权、资产交易，与该重组是否构成分步交易、是否作为一项企业重组业务进行处理情况的说明。

⑦ 按《企业会计准则》规定当期应确认资产（股权）转让损益的，应提供按税法规定核算的资产（股权）计税基础与按《企业会计准则》规定核算的相关资产（股权）账面价值的暂时性差异专项说明。

（3）企业发生的债务重组业务符合《财政部 国家税务总局关于企业重组业务企业所得税处理若干问题的通知》（财税〔2009〕59号）规定条件并选择特殊性税务处理的，应准确记录应予确认的债务重组所得，并在相应年度的企业所得税汇算清缴时对当年确认额及分年结转额的情况做出说明。

主管税务机关应建立台账，对企业每年申报的债务重组所得与台账进行比对分析，加强后续管理。

（二）税法与会计差异分析

1. 债务重组一般性税务处理与会计差异

1）现金资产清偿债务

根据《企业会计准则第12号——债务重组》规定，现金清偿债务的，债务人应当将重组债务的账面价值与实际支付现金之间的差额，确认为债务重组利得，计入当期损益。

税法规定，以低于债务计税成本的现金清偿债务，债务人应当将债务的计税成本与实际支付的现金之间的差额确认为当期应纳税所得额。

注意：以现金资产清偿债务的债务重组一般性税务处理与《企业会计准则》处理的差异主要在于提取减值准备的处理不同，其余基本一致。

2）以非货币性资产清偿债务

根据《企业会计准则第 12 号——债务重组》规定，债务人应当将重组债务的账面价值与转让的非现金资产的公允价值之间的差额确认为债务重组利得，作为营业外收入，计入当期损益。其中，相关重组债务应当在满足金融负债终止确认条件时予以终止确认。转让的非现金资产的公允价值与其账面价值的差额作为转让资产损益，计入当期损益。债权人应当对受让的非现金资产按其公允价值入账，重组债权的账面余额与受让的非现金资产的公允价值之间的差额，确认为债务重组损失，作为营业外支出，计入当期损益。其中，相关重组债权应当在满足金融资产终止确认条件时予以终止确认。重组债权已经计提减值准备的，应当先将差额冲减已计提的减值准备，冲减后仍有损失的，计入营业外支出（债务重组损失）；冲减后减值准备仍有余额的，应予转回并抵减当期资产减值损失。

税法规定，以非货币性资产清偿债务一般性税务处理，应当分解为转让相关非货币性资产、按非货币性资产公允价值清偿债务两项业务，确认相关资产的所得或损失。

注意：以非货币性资产清偿债务适用债务重组一般性税务处理与《企业会计准则》处理的差异主要在于提取减值准备的处理不同，其余基本一致。

3）债权转股权

根据《企业会计准则第 12 号——债务重组》规定，将债务转为资本的，债务人应当将债权人放弃债权而享有股份的面值总额确认为股本（或者实收资本），股份的公允价值总额与股本（或者实收资本）之间的差额确认为资本公积。重组债务账面价值超过股份的公允价值总额（或者股权的公允价值）的差额，确认为债务重组利得，计入当期营业外收入。债权人应当将享有股份的公允价值确认为对债务人的投资，重组债权的账面余额与股份的公允价值之间的差额，确认为债务重组损失，计入营业外支出。债权人已对债权计提减值准备的，应当先将该差额冲减减值准备，减值准备不足以冲减的部分，计入当期损益。

注意：企业发生债权转股权，适用一般性税务处理时，如果债务人不涉及或有应付金额，债权人如果对相应的应收款项未提取资产减值，《企业会计准则》规定与税务处理是一致的。

2. 债务重组特殊性税务处理与会计差异

1）以非货币性资产清偿债务

企业以非货币性资产清偿债务，如果债务人不涉及或有应付金额，债权人对相应的应收款项未进行资产减值处理，同时符合企业所得税特殊性税务处理条件且选择特殊性税务处理办法的，则产生暂时性差异，对会计上已计入利润总额的债务重组利得（损失）按税法规定进行纳税调整。

如果债务人涉及或有应付金额确认了预计负债，债权人对相应的应收款项计提了资产减值准备，那么还需按税法规定对预计负债、资产减值准备进行纳税调整。

2）债权转股权

企业发生债权转股权，符合企业所得税特殊性税务处理条件且选择特殊性税务处理办法的，由于对债务清偿和股权投资两项业务暂不确认有关债务清偿所得或损失，股权投资的计税基础以原债权的计税基础确定，所以，税法与《企业会计准则》规定存在差异，应对会计上已计入利润总额的债务重组利得(损失)按税法规定进行纳税调整。

案例 6-1 债务重组业务的税务处理

甲公司欠乙公司购货款100万元。由于甲公司财务发生困难，短期内不能支付已于2016年8月1日到期的货款。2017年10月1日，经双方协商，乙公司同意甲公司以其生产的产品偿还债务。该产品的公允价值为50万元(不含税)，实际成本为30万元。甲公司为增值税一般纳税人，适用的增值税税率为17%。乙公司于2017年11月1日收到鸿运公司抵债的产品，并作为库存商品入库。鸿运公司2017年全年应纳税所得额为100万元。(假定该债务重组符合合理商业目的条件)

解析：

(1) 甲公司的账务处理：

① 会计处理：

借：应付账款　　1 000 000
　贷：主营业务收入　　500 000
　　应交税费——应交增值税(销项税额)　　85 000
　　营业外收入——债务重组利得　　415 000

借：主营业务成本　　300 000
　贷：库存商品　　300 000

因该重组事项应确认应纳税所得额＝50－30＋41.5＝61.5(万元)

② 税务处理：根据财税〔2009〕59号文件规定，企业债务重组确认的应纳税所得额占该企业当年应纳税所得额50%以上，可以在5个纳税年度内，均匀计入各年度的应纳税所得额。61.5÷100×100%＝61.5%，61.5%＞50%，该债务重组符合特殊性税务处理条件，可以选择特殊性税务处理进行汇算清缴。如果甲公司选择特殊性税务处理，那么2017年应纳税所得额为12.3万元(61.5÷5)。

应纳所得税额＝12.3×25%＝3.075(万元)

③ 甲公司2017年度纳税申报表填报：

A101010　　一般企业收入明细表　　单位:元

行次	项　目	金　额
1	一、营业收入(2＋9)	500 000
2	(一) 主营业务收入(3＋5＋6＋7＋8)	500 000
3	1. 销售商品收入	500 000
16	二、营业外收入(17＋18＋19＋20＋21＋22＋23＋24＋25＋26)	415 000
19	(三) 债务重组利得	415 000

A102010　　一般企业成本支出明细表　　单位:元

行次	项　目	金　额
1	一、营业成本(2+9)	300 000
2	(一) 主营业务成本(3+5+6+7+8)	300 000
3	1. 销售商品成本	300 000

A105100　　企业重组情况及递延纳税事项纳税调整明细表　　单位:元

行次	项　目	一般性税务处理			特殊性税务处理(递延纳税)			纳税调整金额
		账载金额	税收金额	纳税调整金额	账载金额	税收金额	纳税调整金额	
		1	2	3(2−1)	4	5	6(5−4)	7(3+6)
1	一、债务重组							
2	其中:以非货币性资产清偿债务				615 000	123 000	−492 000	−492 000

A105000　　纳税调整项目明细表　　单位:元

行次	项　目	账载金额	税收金额	调增金额	调减金额
		1	2	3	4
36	四、特殊事项调整项目(37+38+…+42)	*	*		
37	(一) 企业重组及递延纳税事项(填写A105100)	615 000	123 000		492 000

自动生成主表相关行次数据。

(2) 乙公司(债权人)的账务处理:

① 会计处理:

借:库存商品　　500 000
　　应交税费——应交增值税(进项税额)　　85 000
　　营业外支出——债务重组损失　　415 000
　贷:应收账款　　1 000 000

② 因该重组事项应确认的企业所得税损失=100−50−8.5=41.5(万元),汇算清缴时债务重组损失需专项申报扣除。

(三) 审核要点

(1) 审核申报表之间及申报表与财务报表之间数据的钩稽关系是否正常。

(2) 通过审阅股东大会、董事会和管理当局会议记录等,审核企业在报告期内是否发生债务重组事项，以确定债务重组事项是否真实存在。

(3) 通过合同、协议、批文和法院裁决文件等，确定债务重组事项的合法性，确定债务重组的方式和债务重组日，对债务重组所涉及的重要资产或债务核实企业账面记录是否正确，有无发生差错或弄虚作假行为。

(4) 审核债务重组事项的会计记录，确定其会计处理是否正确。

(5) 对于企业选择特殊性税务处理的债务重组应审核其是否符合特殊性税务处理的条件及税会差异调整是否正确。

(6) 债务重组双方如果是关联企业，注意审核重组交易是否符合独立交易原则，有无避税的嫌疑。

三、股权收购

(一) 相关税收政策

1. 概念

股权收购，是指一家企业（以下称收购企业）购买另一家企业（以下称被收购企业）的股权，以实现对被收购企业控制的交易。收购企业支付对价的形式包括股权支付、非股权支付和两者的组合。

研发费用之其他相关费用问题

股权支付，是指企业重组中购买、换取资产的一方支付的对价中，以本企业或其控股企业的股权、股份作为支付的形式。控股企业，是指由本企业直接持有股份的企业。

非股权支付，是指以本企业的现金、银行存款、应收款项、本企业或其控股企业股权和股份以外的有价证券、存货、固定资产、其他资产以及承担债务等作为支付的形式。

股权收购中的当事各方，指收购方、转让方及被收购企业。股权收购以转让合同（协议）生效且完成股权变更手续日为重组日。关联企业之间发生股权收购，转让合同（协议）生效后12个月内尚未完成股权变更手续的，应以转让合同（协议）生效日为重组日。

2. 股权收购的一般性税务处理及管理

(1) 企业股权收购的一般性税务处理业务，相关交易应按以下三项规定处理：

① 被收购方应确认股权转让所得或损失。

② 收购方取得股权的计税基础应以公允价值为基础确定。

③ 被收购企业的相关所得税事项原则上保持不变。

(2) 企业发生股权收购一般性税务处理业务，应准备以下两项相关资料，以备税务机关检查：

① 当事各方所签订的股权收购业务合同或协议。

② 相关股权公允价值的合法证据。

3. 股权收购的特殊性税务处理及管理

(1) 股权收购特殊性税务处理，同时满足以下条件：具有合理的商业目的，且不以减少、免除或者推迟缴纳税款为主要目的;企业重组中取得股权支付的原主要股东,在重组后连续12个月内,不得转让所取得的股权;企业重组后的连续12个月内不改变重组资产原来的实质性经营活动;收购企业购买的股权不低于被收购企业全部股权的75%;收购企业在该股权收购发生时的股权支付金额不低于其交易支付总额的85%。

自2014年1月1日起,上述有关"股权收购,收购企业购买的股权不低于被收购企业全部股权的75%"的规定调整为"股权收购,收购企业购买的股权不低于被收购企业全部股权的50%"。①

(2) 股权收购满足特殊性税务处理规定条件的,交易各方对其交易中的股权支付部分,可以按以下三项规定进行特殊性税务处理:

① 被收购企业的股东取得收购企业股权的计税基础,以被收购股权的原有计税基础确定。

② 收购企业取得被收购企业股权的计税基础,以被收购股权的原有计税基础确定。

③ 收购企业、被收购企业的原有各项资产和负债的计税基础和其他相关所得税事项保持不变。

企业重组特殊性税务处理中股权支付部分暂不确认有关资产的转让所得或损失的,但非股权支付仍应在交易当期确认相应的资产转让所得或损失,并调整相应资产的计税基础。

$$\text{非股权支付对应的资产转让所得或损失}=\left(\text{被转让资产的公允价值}-\text{被转让资产的计税基础}\right)\times\left(\text{非股权支付金额}\div\text{被转让资产的公允价值}\right)$$

(3) 对100%直接控制的居民企业之间,以及受同一或相同多家居民企业100%直接控制的居民企业之间按账面净值划转股权或资产,凡具有合理商业目的、不以减少、免除或者推迟缴纳税款为主要目的,股权或资产划转后连续12个月内不改变被划转股权或资产原来实质性经营活动,且划出方企业和划入方企业均未在会计上确认损益的,可以选择按以下三项规定进行特殊性税务处理:②

① 划出方企业和划入方企业均不确认所得。

② 划入方企业取得被划转股权或资产的计税基础,以被划转股权或资产的原账面净值确定。

③ 划入方企业取得的被划转资产,应按其原账面净值计算折旧扣除。

(4) 企业发生股权收购特殊性税务处理业务,需向主管税务机关报送以下九项资料:

① 股权收购业务总体情况说明,包括股权收购方案、基本情况,并逐条说明股权收购的商业目的。

② 股权收购、资产收购业务合同(协议),需有权部门(包括内部和外部)批准的,应

---

①② 《财政部 国家税务总局关于促进企业重组有关企业所得税处理问题的通知》(财税〔2014〕109号)。

提供批准文件。

③ 相关股权评估报告或其他公允价值证明。

④ 12 个月内不改变重组资产原来的实质性经营活动、原主要股东不转让所取得股权的承诺书。

⑤ 工商管理部门等有权机关登记的相关企业股权变更事项的证明材料。

⑥ 重组当事各方一致选择特殊性税务处理并加盖当事各方公章的证明资料。

⑦ 涉及非货币性资产支付的，应提供非货币性资产评估报告或其他公允价值证明。

⑧ 重组前连续 12 个月内有无与该重组相关的其他股权、资产交易，与该重组是否构成分步交易、是否作为一项企业重组业务进行处理情况的说明。

⑨ 按《企业会计准则》规定当期应确认资产（股权）转让损益的，应提供按税法规定核算的资产（股权）计税基础与按《企业会计准则》规定核算的相关资产（股权）账面价值的暂时性差异专项说明。

居民企业以其拥有的资产或股权向其 100％直接控股的非居民企业进行投资，应准确记录应予确认的资产或股权转让收益总额，并在相应年度的企业所得税汇算清缴时对当年确认额及分年结转额的情况作出说明。

主管税务机关应建立台账，对居民企业取得股权的计税基础和每年确认的资产或股权转让收益进行比对分析，加强后续管理。

（二）税法与会计差异分析

1. 股权收购一般性税务处理与会计差异

（1）《企业会计准则第 2 号——长期股权投资》规定，以合并方式取得股权时，如果是同一控制下控股合并，收购企业取得被收购企业股权以合并日应享有被合并方账面所有者权益的份额作为账面价值，长期股权投资初始投资成本与支付的现金、转让的非现金资产以及所承担债务账面价值之间的差额，应当调整资本公积；资本公积不足冲减的，调整留存收益。被收购企业股东不确认股权转让所得或损失。此时与股权收购一般性税务处理存在差异。如果是非同一控制下的控股合并，收购方应当按照确定的企业合并成本作为长期股权投资的初始投资成本，企业合并成本包括购买方付出的资产、发生或承担的负债、发行的权益性证券的公允价值以及进行企业合并发生和各项直接相关费用之和，这里与股权收购一般性税务处理一致；同时，被收购企业股东应确认股权转让所得或损失，与股权收购一般性税务处理不存在差异。

（2）企业合并以外方式下取得股权时，按照《企业会计准则第 2 号——长期股权投资》规定，采用成本法核算的，投资成本的确认税法与会计无差异；采用权益法核算的，投资成本的确认税法与会计可能存在差异。被收购企业的股东，应按照非货币性资产交换进行会计处理，如果非货币性资产交换具有商业实质且换入或换出股权的公允价值能够可靠计量，那么会计处理与股权收购一般性税务处理基本一致。

2. 股权收购特殊性税务处理与会计差异

(1)《企业会计准则第 2 号——长期股权投资》规定，以合并方式取得股权时，如果同一控制下控股合并中，收购企业取得被收购企业股权以合并日应享有被合并方账面所有者权益的份额作为账面价值，被收购企业股东不确认股权转让所得或损失。此时与股权收购特殊性税务处理基本一致。如果是非同一控制下的控股合并，被收购企业股东应确认股权转让所得或损失，与股权收购特殊性税务处理存在差异；收购方应当按照确定的企业合并成本作为长期股权投资的初始投资成本，企业合并成本包括购买方付出的资产、发生或承担的负债、发行的权益性证券的公允价值以及进行企业合并发生的各项直接相关费用之和，这里与股权收购特殊性税务处理存在差异。

(2) 企业合并以外方式下取得股权时，根据财税〔2009〕59 号文件特殊性税务处理规定，收购企业取得被收购企业股权的计税基础，以被收购股权的原有计税基础确定；按照《企业会计准则第 2 号——长期股权投资》规定，无论采用成本法还是权益法核算，投资成本的确认税收与会计均存在差异。被收购企业的股东，取得收购企业股权的计税基础，以被收购股权的原有计税基础确定。按照《企业会计准则第 2 号——长期股权投资》规定，应按照非货币性资产交换进行会计处理，如果非货币性资产交换具有商业实质且换入或换出股权的公允价值能够可靠计量，那么会计处理与股权收购特殊性税务处理存在差异。

税前扣除原则

案例 6-2　股权收购的税务处理

2017 年 10 月 8 日，甲公司向同一控制下乙公司定向增发 142 万股(账面价值 1 元/股；市场价格 4 元/股)普通股和支付 142 万元人民币，购买其持有的 M 公司 60%的股权，乙公司的法人资格保留，甲公司、M 公司执行的会计政策一致，企业适用的企业所得税税率为 25%。收购日，M 公司所有者权益账面价值为 500 万元(相对于最终控制方的账面价值)，M 公司可辨认净资产的公允价值为 950 万元。乙公司持有的 M 公司 60%的股的计税基础为 300 万元。

解析：

(1) 甲公司购买股权的会计处理：

借：长期股权投资——M 公司	3 000 000
贷：实收资本	1 420 000
资本公积——股本溢价	160 000
银行存款	1 420 000

税务处理：甲公司购买了 M 公司 60%的股权，大于税法规定的 50%，但其股权支付额占支付总额的比例为 80%，小于税法规定的 85%。不符合特殊性税务处理规定，应采用一般性税务处理。

甲公司购买的股权计税基础的公允价值为 710 万元，账面价值为 300 万元，计税基础大于账面价值，属于可抵扣暂时性差异。

(2) 乙公司会计处理:

借:银行存款 1 420 000

　　长期股权投资——甲公司 1 580 000

　　贷:长期股权投资——M公司 3 000 000

税务处理:乙公司与甲公司采用一致的税务处理方法,根据上述分析可知该重组业务不符合特殊性税务处理规定,应采用一般性税务处理。乙公司应按股权公允价值和计税基础的差额,确认股权转让所得,调增应纳税所得额为410万元(710-300)。

乙公司2017年度纳税申报表填报:

A105100　　企业重组纳税调整明细表　　单位:元

行次	项　目	一般性税务处理			特殊性税务处理(递延纳税)			纳税调整金额
		账载金额	税收金额	纳税调整金额	账载金额	税收金额	纳税调整金额	
		1	2	3(2-1)	4	5	6(5-4)	7(3+6)
4	二、股权收购	0	4 100 000	4 100 000				4 100 000

A105000　　纳税调整项目明细表　　单位:元

行次	项　目	账载金额	税收金额	调增金额	调减金额
		1	2	3	4
36	四、特殊事项调整项目(37+38+…+42)	*	*		
37	(一)企业重组及递延纳税事项(填写A105100)	0	4 100 000	4 100 000	

自动生成主表A100000相关行次数据。

(三)审核要点

(1)结合工商部门股权变更资料及中介机构审计报告,审核股权收购的时间,确定企业是否推迟股权转让收入确认时间。

(2)根据股权收购合同、协议,审核交易价格是否合理。

(3)对于选择特殊性税务处理的股权收购,应审核是否符合特殊性税务处理的条件。

(4)股权收购的双方应采用相同的税务处理方法,应注意审核是否存在转让方采用特殊性税务处理,而受让方采用一般性税务处理的情况。

(5)审核同一控制下的控股合并与一般性税务处理的股权收购存在税会差异是否进行了纳税调整。

(6)注意特殊性税务处理的后期延续性审核。

四、资产收购

(一) 相关税收政策

1. 概念

资产收购,是指一家企业(以下称受让企业)购买另一家企业(以下称转让企业)实质经营性资产的交易。受让企业支付对价的形式包括股权支付、非股权支付和两者的组合。

此处所称实质经营性资产,是指企业用于从事生产经营活动、与产生经营收入直接相关的资产,包括经营所用各类资产、企业拥有的商业信息和技术、经营活动产生的应收款项、投资资产等。

资产收购,以转让合同(协议)生效且当事各方已进行会计处理的日期为重组日。

资产收购中当事各方,指转让方、受让方。

2. 资产收购的一般性税务处理及管理

企业资产收购的一般性税务处理业务,相关交易应按以下三项规定处理:

(1) 被收购方应确认资产转让所得或损失。

(2) 收购方取得资产的计税基础应以公允价值为基础确定。

(3) 被收购企业的相关所得税事项原则上保持不变。

资产收购重组一般性税务处理业务,应准备以下两项相关资料,以备税务机关检查:

(1) 当事各方所签订的资产收购业务合同或协议。

(2) 相关资产公允价值的合法证据。

3. 资产收购的特殊性税务处理及管理

(1) 资产收购特殊性税务处理,应同时满足以下条件:具有合理的商业目的,且不以减少、免除或者推迟缴纳税款为主要目的;企业重组中取得股权支付的原主要股东,在重组后连续 12 个月内不得转让所取得的股权;企业重组后的连续 12 个月内不改变重组资产原来的实质性经营活动;收购企业购买的股权不低于被收购企业全部股权的 75%;收购企业在该股权收购发生时的股权支付金额不低于其交易支付总额的 85%。

自 2014 年 1 月 1 日起,上述有关"资产收购,受让企业收购的资产不低于转让企业全部资产的 75%"的规定调整为"资产收购,受让企业收购的资产不低于转让企业全部资产的 50%"。①

(2) 资产收购满足特殊性税务处理规定条件的,交易各方对其交易中的股权支付部分,可以按以下两项规定进行特殊性税务处理:

① 转让企业取得受让企业股权的计税基础,以被转让资产的原有计税基础确定。

② 受让企业取得转让企业资产的计税基础,以被转让资产的原有计税基础确定。

---

① 《财政部 国家税务总局关于促进企业重组有关企业所得税处理问题的通知》(财税〔2014〕109 号)。

(3) 企业发生资产收购特殊性税务处理业务,需向主管税务机关报送以下十项资料:

① 资产收购业务总体情况说明,包括资产收购方案、基本情况,并逐条说明资产收购的商业目的。

② 资产收购业务合同(协议),需有权部门(包括内部和外部)批准的,应提供批准文件。

③ 相关资产评估报告或其他公允价值证明。

④ 被收购资产原计税基础的证明。

代扣代缴个税问题

⑤ 12 个月内不改变资产原来的实质性经营活动、原主要股东不转让所取得股权的承诺书。

⑥ 工商管理部门等有权机关登记的相关企业股权变更事项的证明材料。

⑦ 重组当事各方一致选择特殊性税务处理并加盖当事各方公章的证明资料。

⑧ 涉及非货币性资产支付的,应提供非货币性资产评估报告或其他公允价值证明。

⑨ 重组前连续 12 个月内有无与该重组相关的其他股权、资产交易,与该重组是否构成分步交易、是否作为一项企业重组业务进行处理情况的说明。

⑩ 按《企业会计准则》规定当期应确认资产(股权)转让损益的,应提供按税法规定核算的资产(股权)计税基础与按《企业会计准则》规定核算的相关资产(股权)账面价值的暂时性差异专项说明。

(二) 税法与会计差异分析

(1) 不形成会计上合并的资产收购,资产转让方应按照非货币性资产交换的会计规范进行账务处理。如果交换具有商业实质且换入资产或换出资产的公允价值能够可靠地计量,应当以公允价值和应支付的相关税费作为换入资产的成本,公允价值与换出资产账面价值的差额计入当期损益。这种情况下,会计处理与资产收购的一般性税务处理一致,但是与特殊性税务处理存在差异。不具有商业实质或交换涉及资产的公允价值均不能可靠计量的非货币性资产交换,应当按照换出资产的账面价值和应支付的相关税费作为换入资产的成本,无论是否支付补价,均不确认损益;收到或支付的补价作为确定换入资产成本的调整因素,其中,收到补价方应当以换出资产的账面价值减去补价加上应支付的相关税费作为换入资产的成本;支付补价方应当以换出资产的账面价值加上补价和应支付的相关税费作为换入资产的成本。这种情况下,会计处理与资产收购的一般性税务处理存在差异,与特殊性税务处理基本一致。

(2) 会计上形成合并的资产收购,如果是同一控制下控股合并中的资产收购以原有计税基础(账面价值)计量,转让企业取得受让企业股权以合并日应享有被合并方账面所有者权益的份额作为账面价值,被收购企业股东不确认股权转让所得或损失。这种情况下会计处理与一般性税务处理规定产生差异,与特殊性税务处理基本一致。如果是非同一控制下控股合并中的资产收购以公允价值计量，与一般性税务处理规定之间基本一致，与特殊性税务处理规定则会产生差异。

案例 6-3 资产收购的税务处理

甲公司是一家服装生产企业。为扩展生产经营规模，甲企业决定收购乙服装生产企业。由于乙企业负债累累，为避免整体合并后承担过高债务的风险，甲企业决定仅收购乙企业从事服装品生产的所有资产。2017 年 5 月 1 日，双方达成收购协议，甲企业收购乙企业涉及服装生产的所有资产。

2017 年 4 月 15 日，乙企业全部资产经评估后的资产总额为 1 750 万元。甲企业以乙企业经评估后的资产总价值 1 730 万元为准，账面成本(计税基础)为 1 470 万元，向乙企业支付了以下两项对价：

(1) 支付现金 130 万元。

(2) 甲企业将其持有的其全资子公司 20%的股权合计 800 万股，支付给 B 公司，该项长期股权投资的公允价值为 1 600 万元，计税基础为 800 万元。

假设甲企业该项资产收购是为了扩大生产经营，具有合理的商业目的，且甲企业承诺收购乙企业资产后，除进行必要的设备更新后，在连续 12 个月内仍用该项资产从事服装生产。

解析：

通过案例提供的信息初步判断，该项资产并购符合财税〔2009〕59 号文件第五条关于特殊性税务处理的五个条件。

(1) 受让企业甲收购转让企业乙的资产总额为 1 730 万元，乙企业全部资产总额经评估为 1 750 万元，甲收购转让企业乙的资产占乙企业总资产的比例为 98.9%(1 730÷1 750)，超过了 50%的比例。

(2) 受让企业在资产收购中，股权支付金额为 1 600 万元，非股权支付金额为 130 万元，股权支付金额占交易总额的 92.5%(1 600÷1 730)，超过 85%的比例。

因此，甲企业对乙企业的这项资产收购交易可以适用特殊性税务处理。

1. 转让方乙企业的税务处理

转让企业取得受让企业股权的计税基础，以被转让资产的原有计税基础确定。

由于转让方乙企业转让资产，不仅收到股权，还收到了 130 万元现金的非股权支付。根据财税〔2009〕59 号文件第六条第四款规定，应确认非股权支付对应的资产转让所得或损失。

计算公式为：

$$\begin{matrix}\text{非股权支付对应的}\\\text{资产转让所得或损失}\end{matrix}=\left(\begin{matrix}\text{被转让资产}\\\text{的公允价值}\end{matrix}-\begin{matrix}\text{被转让资产}\\\text{的计税基础}\end{matrix}\right)\times\left(\begin{matrix}\text{非股权}\\\text{支付金额}\end{matrix}\div\begin{matrix}\text{被转让资产}\\\text{的公允价值}\end{matrix}\right)。$$

因此，转让方乙企业非股权支付对应的资产转让所得或损失＝(1 730－1 470)×130

÷1 730=19.54(万元),乙企业需要就其非股权支付对应的资产转让所得 19.54 万元缴纳企业所得税。

乙企业取得现金的计税基础为 130 万元。

乙企业取得甲企业给予的其持有的全资子公司 800 万股股份的计税基础为1 359.54 万元(1 470+19.54−130)。

乙企业 2017 年度纳税申报表填报:

A105100 **企业重组及递延纳税事项纳税调整明细表** 单位:元

行次	项目	一般性税务处理			特殊性税务处理(递延纳税)			纳税调整金额
		账载金额	税收金额	纳税调整金额	账载金额	税收金额	纳税调整金额	
		1	2	3(2−1)	4	5	6(5−4)	7(3+6)
6	三、资产收购				2 600 000	195 400	−2 404 600	−2 404 600

A105000 **纳税调整项目明细表** 单位:元

行次	项目	账载金额	税收金额	调增金额	调减金额
		1	2	3	4
36	四、特殊事项调整项目(37+38+…+42)	*	*		
37	(一)企业重组及递延纳税事项(填写A105100)	2 600 000	195 400		2 404 600

自动生成主表相应行次数据。(略)

2. 受让方甲企业的税务处理

受让企业取得转让企业资产的计税基础,以被转让资产的原有计税基础确定。对交易中的非股权支付部分,应在交易发生当期确认相应的资产转让所得或损失,并调整相应资产的计税基础。

$$\text{受让方取得资产的计税基础}=\text{转让方企业被转让资产源计税基础}+\text{确认的资产转让所得}=1\,470+19.54=1\,489.54(\text{万元})$$

(三)审核要点

(1)结合资产收购的合同、协议,审核资产收购业务的真实性,了解收购价格是否公允,交易双方是否为关联企业。

(2)审核是否符合特殊性税务处理的条件,交易各方是否把握一致性原则进行税务处理。

(3)审核财务报表与企业所得税纳税申报表数据的钩稽关系是否正常,税会差异调整是否准确。

五、企业合并

（一）相关税收政策

1. 概念

合并，是指一家或多家企业（本部分以下称为被合并企业）将其全部资产和负债转让给另一家现存或新设企业（本部分以下称为合并企业），被合并企业股东换取合并企业的股权和非股权支付，实现两个或两个以上企业的依法合并。

合并中当事各方，指合并企业、被合并企业及各方股东。

企业合并，以合并合同（协议）生效、当事各方已进行会计处理且完成工商新设登记或变更登记日为重组日。

2. 企业合并的一般性税务处理

税前扣除凭证有哪些

企业合并一般性税务处理业务，当事各方应按下列三项规定处理：

（1）合并企业应按公允价值确定接受被合并企业各项资产和负债的计税基础。

（2）被合并企业及其股东都应按清算进行所得税处理。

（3）被合并企业的亏损不得在合并企业结转弥补。

在企业吸收合并中，合并后的存续企业性质及适用税收优惠的条件未发生改变的，可以继续享受合并前该企业剩余期限的税收优惠，其优惠金额按存续企业合并前一年的应纳税所得额（亏损计为零）计算。

企业合并，合并各方企业涉及享受《企业所得税法》第五十七条规定中就企业整体（即全部生产经营所得）享受的税收优惠过渡政策尚未期满的，仅就存续企业未享受完的税收优惠，按照上述规定执行；注销的被合并企业未享受完的税收优惠，不再由存续企业承继；合并而新设的企业不得再承继或重新享受上述优惠。合并各方企业按照《企业所得税法》的税收优惠规定和税收优惠过渡政策中就企业有关生产经营项目的所得享受的税收优惠承继问题，按照《企业所得税法实施条例》第八十九条（受让方自受让之日起，可以在剩余期限内享受规定的减免税优惠；减免税期限届满后转让的，受让方不得就该项目重复享受减免税优惠）的规定执行。

企业合并一般性税务处理业务，应按照财税〔2009〕60 号文件规定进行清算。被合并企业在报送《企业清算所得纳税申报表》时，应附送以下四项资料：

（1）企业合并的工商部门或其他政府部门的批准文件。

（2）企业全部资产和负债的计税基础以及评估机构出具的资产评估报告。

（3）企业债务处理或归属情况说明。

（4）主管税务机关要求提供的其他资料证明。

3. 企业合并的特殊性税务处理

（1）企业股东在该企业合并发生时取得的股权支付金额不低于其交易支付总额的

85%，以及同一控制下且不需要支付对价的企业合并，可以选择按以下两项规定处理：

① 合并企业接受被合并企业资产和负债的计税基础，以被合并企业的原有计税基础确定。

② 被合并企业合并前的相关所得税事项由合并企业承继。

这些事项包括尚未确认的资产损失、分期确认收入的处理以及尚未享受期满的税收优惠政策承继处理问题等。其中，对税收优惠政策承继处理问题，凡属于依照《企业所得税法》第五十七条规定中就企业整体（即全部生产经营所得）享受税收优惠过渡政策的，合并后的企业性质及适用税收优惠条件未发生改变的，可以继续享受合并前各企业剩余期限的税收优惠。合并前各企业剩余的税收优惠年限不一致的，合并后企业每年度的应纳税所得额，应统一按合并日各合并前企业资产占合并后企业总资产的比例进行划分，再分别按相应的剩余优惠计算应纳税额。合并前各企业按照《企业所得税法》的税收优惠规定以及税收优惠过渡政策中就有关生产经营项目所得享受的税收优惠承继处理问题，按照《企业所得税法实施条例》第八十九条（受让方自受让之日起，可以在剩余期限内享受规定的减免税优惠；减免税期限届满后转让的，受让方不得就该项目重复享受减免税优惠）的规定执行。

③ 可由合并企业弥补的被合并企业亏损的限额＝被合并企业净资产公允价值×截至合并业务发生当年年末国家发行的最长期限的国债利率。

可由合并企业弥补的被合并企业亏损的限额，是指按《企业所得税法》规定的剩余结转年限内，每年可由合并企业弥补的被合并企业亏损的限额。

④ 被合并企业股东取得合并企业股权的计税基础，以其原持有的被合并企业股权的计税基础确定。

⑤ 股权支付暂不确认有关资产的转让所得或损失。

⑥ 非股权支付额仍应在交易当期确认相应的资产转让所得或损失，并调整相应资产的计税基础。

（2）企业发生合并特殊性税务处理业务，需向主管税务机关报送以下十二项资料：

① 企业合并的总体情况说明，包括合并方案、基本情况，并逐条说明企业合并的商业目的。

② 企业合并协议或决议，需有权部门（包括内部和外部）批准的，应提供批准文件。

③ 企业合并当事各方的股权关系说明，若属同一控制下且无须支付对价的合并，还需提供在企业合并前，参与合并各方受最终控制方的控制在12个月以上的证明材料。

④ 被合并企业净资产、各单项资产和负债的账面价值和计税基础等相关资料。

⑤ 12个月内不改变资产原来的实质性经营活动、原主要股东不转让所取得股权的承诺书。

⑥ 工商管理部门等有权机关登记的相关企业股权变更事项的证明材料。

⑦ 合并企业承继被合并企业相关所得税事项（包括尚未确认的资产损失、分期确认

收入和尚未享受期满的税收优惠政策等)情况说明。

⑧ 涉及可由合并企业弥补被合并企业亏损的,需要提供其合并日净资产公允价值证明材料及主管税务机关确认的亏损弥补情况说明。

⑨ 重组当事各方一致选择特殊性税务处理并加盖当事各方公章的证明资料。

⑩ 涉及非货币性资产支付的,应提供非货币性资产评估报告或其他公允价值证明。

⑪ 重组前连续12个月内有无与该重组相关的其他股权、资产交易,与该重组是否构成分步交易、是否作为一项企业重组业务进行处理情况的说明。

⑫ 按《企业会计准则》规定当期应确认资产(股权)转让损益的,应提供按税法规定核算的资产(股权)计税基础与按《企业会计准则》规定核算的相关资产(股权)账面价值的暂时性差异专项说明。

(二) 税法与会计差异分析

1. 合并的范围、分类的差异

根据《企业会计准则第20号——企业合并》规定,将两个或者两个以上单独的企业合并后是否形成一个报告主体作为企业合并的标志,合并方式包括控股合并、吸收合并和新设合并三种。税法中的合并仅指吸收合并和新设合并,税法将控股合并称为股权收购。

《企业会计准则》将合并分为同一控制下的企业合并和非同一控制下的企业合并两种情形,但是税法则是将合并划分为一般性税务处理和特殊性税务处理两类。

2. 合并方取得被合并资产、负债的计税基础与账面价值的差异

《企业会计准则》要求同一控制下的企业合并以被合并企业的原账面价值作为入账价值。根据财税〔2009〕59号文件规定,合并的一般性税务处理,则以公允价值作为其计税基础,二者计量标准显然不同;合并的特殊性税务处理,以被合并企业的原计税基础作为其计税基础,在原计税基础与原账面价值不相同时,两者仍会产生差异。

《企业会计准则》要求非同一控制下的企业合并,合并资产和负债以公允价值入账。根据财税〔2009〕59号文件规定,合并的一般性税务处理,其计税基础也以公允价值确认,这时计税基础与账面价值相同;合并的特殊性税务处理,按照原计税基础作为合并资产和负债的计税基础,两者计量标准不同。

3. 合并方收益确认与应纳税所得额的差异

《企业会计准则》规定,非同一控制下的合并方在购买日对作为企业合并对价付出的资产、发生或承担的负债应当按照公允价值计量,公允价值与其账面价值的差额,计入当期损益。对于合并方来说,企业以支付现金和非现金资产作为支付对价的,在同一控制下的企业合并中会计上不确认资产转让收益,在非同一控制下的企业合并中会计上需要确认资产转让收益。而根据财税〔2009〕59号文件规定,合并各方均采用一致税务处理方法,当合并各方均按一般性税务处理方法时,同一控制下的企业合并会计和税法就会产生差异,必须按公允价值与账面价值的差额调增应纳税所得额。而非同一控制下的企业合并则基本一致。

4. 被合并方会计与税务处理的差异

对于被合并企业来说，如果合并各方选择的是一般性税务处理方法，被合并企业及其股东均应按清算进行所得税处理，合并取得的资产以公允价值为计税基础，与按账面价值计量的同一控制下的企业合并则会产生差异，需要调整。非同一控制下的企业合并没有差异。如果适用特殊税务处理方法，同一控制下的企业合并除对非股权支付额在交易当期确认相应的资产转让损益，进行应纳税所得额调整外，其他方面不存在差异。非同一控制下的企业合并则要按公允价值与账面价值的差额调整应纳税所得额，在以后资产折旧、摊销或处置时按实际发生数作转回处理。

5. 商誉确认的差异

非同一控制下的企业合并，《企业会计准则》规定对合并成本高于合并中取得的被购买方可辨认净资产公允价值份额的差额确认为商誉，允许提取商誉准备金，税法不允许税前扣除，应调增应纳税所得额。在减值价值恢复转回或合并方清算时调减处理。对合并成本低于合并中取得的被购买方可辨认净资产公允价值份额的差额确认为负商誉，记入“营业外收入”科目，而税法不确认为所得，应调减应纳税所得额，在合并方清算时作相应处理。

案例 6-4 企业合并的税务处理

A 企业以增发市场价值为 15 000 万元的自身普通股为对价购入 B 企业 100% 的净资产，对 B 企业进行吸收合并，合并前 A 企业与 B 企业不存在任何关联方关系。假定该项合并符合税法规定的特殊性税务处理的条件，购买日 B 企业各项可辨认资产、负债的公允价值及其计税基础如下表所示：

购买日 B 企业资产负债公允价值与计税基础 单位：万元

资产、负责	公允价值	计税基础
固定资产	6 750	3 875
应收账款	5 250	5 250
存货	4 350	3 100
其他应付款	750	0
应付账款	3 000	3 000
不包括递延所得税的可辨认资产、负债的公允价值	12 600	9 225

解析：

A 企业支付的合并对价，全部是自身的股票，因此，该项合并符合特殊性税务处理，即 B 企业无需对资产处置损益缴纳所得税，同时，A 企业取得 B 企业的资产和负债，按其在 B 企业的原计税基础，作为计税基础，但会计上按取得的资产负债的公允价值入账：

借：固定资产　67 500 000
　　应收账款　52 500 000
　　存货　43 500 000
　　商誉(差额)　24 000 000
　贷：其他应付款　7 500 000
　　　应付账款　30 000 000
　　　股本、资本公积——股本溢价　150 000 000

同时，A企业合并取得的资产负债账面价值与计税基础不相等：

固定资产暂时性差异＝6 750－3 875＝2 875(万元)

存货暂时性差异＝4 350－3 100＝1 250(万元)

其他应付款暂时性差异＝(750－0)×(－1)＝－750(万元)

注意：A公司确认的合并商誉2 400万元，税法不认可，即商誉的计税基础为0。由于会计上未确认当期损益，按特殊性税务处理也不确认当期所得额，因此税会一致，无需纳税调整。但是由于取得的资产、负债计税基础与会计账面价值存在差异，需要在以后年度进行调整。

(三) 审核要点

(1) 结合企业备案资料审核合并业务是否符合特殊性税务处理的条件。

(2) 结合企业备案资料审核申报数据与备案资料、财务资料的一致性。

居民企业超比例分红税收优惠

(3) 特殊性税务处理中，审核被合并企业的亏损数据、亏损年度、弥补亏限额计算等是否正确。

(4) 一般性税务处理中，审核被合并企业是否按照企业清算进行了税务处理。

六、企业分立

(一) 相关税收政策

1. 概念

分立，是指一家企业(本部分以下称为被分立企业)将部分或全部资产分离转让给现存或新设的企业(本部分以下称为分立企业)，被分立企业股东换取分立企业的股权或非股权支付，实现企业的依法分立。

分立中当事各方，指分立企业、被分立企业及各方股东。

企业分立，以分立合同(协议)生效、当事各方已进行会计处理且完成工商新设登记或变更登记日为重组日。

2. 企业分立的一般性税务处理

(1) 企业发生分立一般性税务处理业务，当事各方应按下列五项规定处理：

① 被分立企业对分立出去资产应按公允价值确认资产转让所得或损失。

② 分立企业应按公允价值确认接受资产的计税基础。

③ 被分立企业继续存在时，其股东取得的对价应视同被分立企业分配进行处理。

④ 被分立企业不再继续存在时，被分立企业及其股东都应按清算进行所得税处理。

⑤ 企业分立相关企业的亏损不得相互结转弥补。

在企业存续分立中，分立后的存续企业性质及适用税收优惠的条件未发生改变的，可以继续享受分立前该企业剩余期限的税收优惠，其优惠金额按该企业分立前一年的应纳税所得额（亏损计为零）乘以分立后存续企业资产占分立前该企业全部资产的比例计算。

（2）企业分立一般性税务处理业务，被分立企业不再继续存在，应按照财税〔2009〕60号文件规定进行清算。被分立企业在报送《企业清算所得纳税申报表》时，应附送以下四项资料：

① 企业分立的工商部门或其他政府部门的批准文件。

② 被分立企业全部资产的计税基础以及评估机构出具的资产评估报告。

③ 企业债务处理或归属情况说明。

④ 主管税务机关要求提供的其他资料证明。

3. 企业分立的特殊性税务处理

（1）企业分立业务，被分立企业所有股东按原持股比例取得分立企业的股权，分立企业和被分立企业均不改变原来的实质经营活动，且被分立企业股东在该企业分立发生时取得的股权支付金额不低于其交易支付总额的85%，可以选择按以下规定处理：

① 分立企业接受被分立企业资产和负债的计税基础，以被分立企业的原有计税基础确定。

② 被分立企业已分立出去资产相应的所得税事项由分立企业承继。

企业分立，已分立资产相应的所得税事项由分立企业承继，这些事项包括尚未确认的资产损失、分期确认收入的处理以及尚未享受期满的税收优惠政策承继处理问题等。其中，对税收优惠政策承继处理问题，凡属于依照《企业所得税法》第五十七条规定中就企业整体（即全部生产经营所得）享受税收优惠过渡政策的，分立后的企业性质及适用税收优惠条件未发生改变的，可以继续享受分立前被分立企业剩余期限的税收优惠。分立前被分立企业按照《企业所得税法》的税收优惠规定，以及税收优惠过渡政策中就有关生产经营项目所得享受的税收优惠承继处理问题，按照《企业所得税法实施条例》第八十九条（受让方自受让之日起，可以在剩余期限内享受规定的减免税优惠；减免税期限届满后转让的，受让方不得就该项目重复享受减免税优惠）的规定执行。

③ 被分立企业未超过法定弥补期限的亏损额可按分立资产占全部资产的比例进行分配，由分立企业继续弥补。

④ 被分立企业的股东取得分立企业的股权（简称“新股”），如需部分或全部放弃原持有的被分立企业的股权（简称“旧股”），“新股”的计税基础应以放弃“旧股”的计税基础确定。如不需要放弃“旧股”，则其取得“新股”的计税基础可从以下两种方法中选择确定：直接将“新股”的计税基础确定为零；或者以被分立企业分立出去的净资产占被分立

企业全部净资产的比例先调减原持有的"旧股"的计税基础，再将调减的计税基础平均分配到"新股"上。

(2) 企业发生分立特殊性税务处理业务，需向主管税务机关报送以下十一项资料：

① 企业分立的总体情况说明，包括分立方案、基本情况，并逐条说明企业分立的商业目的。

② 被分立企业董事会、股东会(股东大会)关于企业分立的决议，需有权部门(包括内部和外部)批准的，应提供批准文件。

③ 被分立企业的净资产、各单项资产和负债账面价值和计税基础等相关资料。

④ 12 个月内不改变资产原来的实质性经营活动、原主要股东不转让所取得股权的承诺书。

⑤ 工商管理部门等有权机关认定的分立和被分立企业股东股权比例证明材料；分立后，分立和被分立企业工商营业执照复印件。

⑥ 重组当事各方一致选择特殊性税务处理并加盖当事各方公章的证明资料。

⑦ 涉及非货币性资产支付的，应提供非货币性资产评估报告或其他公允价值证明。

⑧ 分立企业承继被分立企业所分立资产相关所得税事项(包括尚未确认的资产损失、分期确认收入和尚未享受期满的税收优惠政策等)情况说明。

⑨ 若被分立企业尚有未超过法定弥补期限的亏损，应提供亏损弥补情况说明、被分立企业重组前净资产和分立资产公允价值的证明材料。

⑩ 重组前连续 12 个月内有无与该重组相关的其他股权、资产交易，与该重组是否构成分步交易、是否作为一项企业重组业务进行处理情况的说明。

⑪ 按《企业会计准则》规定当期应确认资产(股权)转让损益的，应提供按税法规定核算的资产(股权)计税基础与按《企业会计准则》规定核算的相关资产(股权)账面价值的暂时性差异专项说明。

(二) 税法与会计差异分析

根据《企业会计准则》规定，企业分立，被分立企业只需将进入分立企业的资产、负债以原账面价值为基础结转确定，借记负债类科目，贷记资产类科目，差额借记权益类科目。

分立企业按照资产、负债的公允价值进行初始计量，将注册资本记入"股本"(或"实收资本")科目，超过注册资本的部分记入"资本公积——股本溢价(或资本溢价)"科目。

被分立企业的股东放弃"旧股"取得"新股"，借记"长期股权投资——分立企业"科目，贷记"长期股权投资——被分立企业"科目，因股权比例变化还需考虑成本法与权益法核算方法的转换。

1. 企业分立一般性税务处理与会计差异

企业分立适用一般性税务处理的，分立企业应按资产公允价值确定接受资产的计税基础；被分立企业对分立出去的资产应按公允价值确认资产的转让所得或损失；被分立企业的股东应按照分配或企业清算进行税务处理。一般性税务处理与会计处理一致。

2. 企业分立特殊性税务处理与会计差异

企业分立符合特殊性税务处理规定的，分立企业应当按照被分立企业的原计税基础确定接受资产、负债的计税基础。会计处理上，分立企业应按照资产、负债的公允价值进行初始计量。所以，分立企业接受资产、负债的计税基础与会计入账价值存在差异。

符合特殊性税务处理条件的，被分立企业转让资产、负债不确认转让所得或损失，而会计处理应按照公允价值转让，并确认转让损益。所以，被分立企业资产、负债的会计与税务处理存在差异。

符合特殊性税务处理条件的，被分立企业的股东取得“新股”，如需部分或全部放弃“旧股”，“新股”的计税基础应以放弃“旧股”的计税基础确定。如无须放弃“旧股”，则其取得“新股”的计税基础可从以下两种方法中选择确定：直接将“新股”的计税基础确定为零；或者以被分立企业分立出去的净资产占被分立企业全部净资产的比例先调减原持有的“旧股”的计税基础，再将调减的计税基础平均分配到“新股”上。会计上被分立企业的股东取得分立企业的股权按照公允价值确定入账价值。所以，被分立企业的股东取得分立企业的股权的会计处理与税务处理存在差异。

（三）审核要点

（1）审核备案资料与企业申报资料的一致。通过企业分立合同、协议，审核企业分立的目的是否合理，分析原持股比例，新企业是否按原持股比例取得分立企业的股权。

（2）审核分立中被分立企业资产的计税基础与会计账面价值的差异，以及分立企业股东取得新的长期股权投资的计税基础与会计账面价值的差异。

（3）审核分立中税收优惠延续享受的准确性。

（4）结合申报表审核分立转入亏损额、亏损年度确认、剩余弥补亏损年限等是否正确。

七、关于非货币性资产投资

（一）相关税收政策①

（1）自 2014 年 1 月 1 日起，企业（指居民企业）以非货币性资产对外投资确认的非货币性资产转让所得，可在不超过 5 年期限内，分期均匀计入相应年度的应纳税所得额，按规定计算缴纳企业所得税。

非货币性资产，是指现金、银行存款、应收账款、应收票据以及准备持有至到期的债券投资等货币性资产以外的资产。非货币性资产投资，限于以非货币性资产出资设立新的居民企业，或将非货币性资产注入现存的居民企业。

（2）企业以非货币性资产对外投资，应对非货币性资产进行评估并按评估后的公允价值扣除计税基础后的余额，计算确认非货币性资产转让所得。

企业以非货币性资产对外投资，应于投资协议生效并办理股权登记手续时，确认非

① 《财政部 国家税务总局关于非货币性资产投资企业所得税政策问题的通知》（财税〔2014〕116 号）。

货币性资产转让收入的实现。

关联企业之间发生的非货币性资产投资行为，投资协议生效后12个月内尚未完成股权变更登记手续的，于投资协议生效时，确认非货币性资产转让收入的实现。①

(3) 企业以非货币性资产对外投资而取得被投资企业的股权，应以非货币性资产的原计税成本为计税基础，加上每年确认的非货币性资产转让所得，逐年进行调整。被投资企业取得非货币性资产的计税基础，应按非货币性资产的公允价值确定。

(4) 企业在对外投资5年内转让上述股权或投资收回的，应停止执行递延纳税政策，并就递延期内尚未确认的非货币性资产转让所得，在转让股权或投资收回当年的企业所得税年度汇算清缴时，一次性计算缴纳企业所得税；企业在计算股权转让所得时，可按上述第3条规定将股权的计税基础一次调整到位。

企业在对外投资5年内注销的，应停止执行递延纳税政策，并就递延期内尚未确认的非货币性资产转让所得，在注销当年的企业所得税年度汇算清缴时，一次性计算缴纳企业所得税。

(5) 企业发生非货币性资产投资，符合财税〔2009〕59号等文件规定的特殊性税务处理条件的，也可选择按特殊性税务处理规定执行。

(6) 企业选择适用上述第1条规定进行税务处理的，应在非货币性资产转让所得递延确认期间每年企业所得税汇算清缴时，填报《中华人民共和国企业所得税年度纳税申报表》(A类，2017年版)中"A105100企业重组及递延纳税事项纳税调整明细表"第12行"其中：以非货币性资产对外投资"的相关栏目，并向主管税务机关报送《非货币性资产投资递延纳税调整明细表》。

(7) 企业应将股权投资合同或协议、对外投资的非货币性资产(明细)公允价值评估确认报告、非货币性资产(明细)计税基础的情况说明、被投资企业设立或变更的工商部门证明材料等资料留存备查，并单独准确核算税法与会计差异情况。

(8) 企业以技术成果投资入股②。技术成果投资入股，是指纳税人将技术成果所有权让渡给被投资企业、取得该企业股票(权)的行为。

技术成果是指专利技术(含国防专利)、计算机软件著作权、集成电路布图设计专有权、植物新品种权、生物医药新品种，以及科技部、财政部、国家税务总局确定的其他技术成果。

① 自2016年9月1日起，实行查账征收的居民企业或个人以技术成果投资入股到境内居民企业，被投资企业支付的对价全部为股票(权)的，企业或个人可选择继续按现行有关税收政策执行，也可选择适用递延纳税优惠政策。

② 选择技术成果投资入股递延纳税政策的，经向主管税务机关备案，投资入股当期

---

① 《国家税务总局关于非货币性资产投资企业所得税有关征管问题的公告》(国家税务总局公告2015年第33号)。

② 《财政部 国家税务总局关于完善股权激励和技术入股有关所得税政策的通知》(财税〔2016〕101号)。

可暂不纳税，允许递延至转让股权时，按股权转让收入减去技术成果原值和合理税费后的差额计算缴纳所得税。应在投资完成后首次预缴申报时，将相关内容填入《技术成果投资入股企业所得税递延纳税备案表》。

③ 企业或个人选择适用上述任一项政策，均允许被投资企业按技术成果投资入股时的评估值入账并在企业所得税前摊销扣除。企业接受技术成果投资入股，技术成果评估值明显不合理的，主管税务机关有权进行调整。

(二) 税法与会计差异分析

1. 同一控制下控股合并税务处理与会计差异

股权转让收入应何时确认

《企业会计准则第 2 号——长期股权投资》规定，以合并方式取得股权时，如果同一控制下控股合并中，收购企业取得被收购企业股权以合并日应享有被合并方账面所有者权益的份额作为账面价值，长期股权投资初始投资成本与支付的现金、转让的非现金资产以及所承担债务账面价值之间的差额，应当调整资本公积；资本公积不足冲减的，调整留存收益。

按照《财政部 国家税务总局关于非货币性资产投资企业所得税政策问题的通知》(财税〔2014〕116 号)的规定，自 2014 年 1 月 1 日起，企业(指居民企业)以非货币性资产对外投资确认的非货币性资产转让所得，可在不超过 5 年期限内，分期均匀计入相应年度的应纳税所得额，按规定计算缴纳企业所得税。企业以非货币性资产对外投资而取得被投资企业的股权，应以非货币性资产的原计税成本为计税基础，加上每年确认的非货币性资产转让所得，逐年进行调整。被投资企业取得非货币性资产的计税基础，应按非货币性资产的公允价值确定。所以，当企业以非货币性资产投资形成同一控制下控股合并且符合财税〔2014〕116 号文件规定条件时，企业如选择在不超过 5 年期限内，分期均匀计入相应年度的应纳税所得额缴纳企业所得税，那么税收与会计处理存在差异。技术成果投资入股，如果企业选择递延纳税，税法与会计也存在差异。

2. 非同一控制下的控股合并税务处理与会计差异

《企业会计准则第 2 号——长期股权投资》规定，以合并方式取得股权时，如果是非同一控制下的控股合并，收购方应当按照确定的企业合并成本作为长期股权投资的初始投资成本，企业合并成本包括购买方付出的资产、发生或承担的负债、发行的权益性证券的公允价值以及进行企业合并发生和各项直接相关费用之和；同时，被收购企业股东应确认股权转让所得或损失。企业如选择按照财税〔2014〕116 号文件规定在不超过 5 年期限内，分期均匀计入相应年度的应纳税所得额缴纳企业所得税，那么税法与会计处理存在差异。

3. 不构成控股合并的长期股权投资的税务处理与会计差异

不构成控股合并的长期股权投资会计处理按《非货币性资产交换准则》进行处理，如果具有商业实质，且换出或换入资产一方的公允价值可以计量，则应该按公允价值进行处理；如果非货币性资产交换不具有商业实质，或者非货币性资产交换虽具有商业实质，但换入资产或换出资产的公允价值不能可靠计量的，应采用成本模式核算，即换入资产的成本按照换出资产的账面价值加上应支付的相关税费确定，不确认当期损益。由于收购股权比例未能达到 50%，所以不能采用财税〔2009〕59 号文件规定的特殊性纳税处理。企业可以按照财税〔2014〕116 号文件规定在不超过 5 年期限内，分期均匀计入相应年度的应纳税所得额缴纳企业所得税，那么无论会计上按照公允价值模式还是账面价值模式进行会计处理，均与应纳税所得额的处理存在差异。

根据《企业会计准则第 2 号——长期股权投资》规定，初始成本低于被投资单位可辨认净资产的公允价值份额，在采用权益法核算的情况下需要调整初始投资成本，并将差额记入“营业外收入”科目。而按照财税〔2014〕116 号文件规定，企业以非货币性资产对外投资而取得被投资企业的股权，应以非货币性资产的原计税成本为计税基础，加上每年确认的非货币性资产转让所得，逐年进行调整。被投资企业取得非货币性资产的计税基础，应按非货币性资产的公允价值确定。因此，企业取得被投资方股权的会计成本与计税基础存在差异。

技术成果投资入股，如果企业选择递延纳税，税法与会计也存在差异。

案例 6-5　技术入股的税务处理

甲公司 2017 年以一项原值为 500 万元、评估价值为 1 500 万元(不含税)的专利技术投资入股乙公司，取得乙公司 30%股权。请问，甲公司此项业务是否可以同时享受非货币资产投资递延纳税和技术转让所得减征、免征优惠?

解析：

以技术成果投资入股，可分解为技术成果转让和投资两个环节。对于技术成果转让环节，《企业所得税法》第二十七条规定，符合条件的技术转让所得，可以减征、免征企业所得税。《企业所得税法实施条例》第九十条规定，一个纳税年度内，居民企业技术转让所得不超过 500 万元的部分，免征企业所得税；超过 500 万元的部分，减半征收企业所得税。对于投资环节，技术成果属于非货币性资产，《财政部 国家税务总局关于非货币性资产投资企业所得税政策问题的通知》(财税〔2014〕116 号，简称 116 号文件)规定，居民企业以非货币性资产对外投资确认的非货币性资产转让所得，可在不超过 5 年期限内，分期均匀计入相应年度的应纳税所得额，按规定计算缴纳企业所得税。

目前，没有明确规定技术转让所得减免与 116 号文件中的分期纳税政策不可以叠加享受。所以，技术成果属于非货币性资产范畴，企业以技术成果投资入股，企业确认的技术转让所得，在享受企业所得税减免后，仍可就剩余应税所得，在不超过连续 5 个纳税年度的期间内，分期均匀计入相应年度的应纳税所得额计算缴纳企业所得税。2017 年确认技术转让所得 1 000 万元，其中 500 万元免税，剩余 500 万元减半征税，同时，应纳税所得额 250 万元可在不超过 5 年期限内，分期均匀计入相应年度的应纳税所得额计算缴纳企业所得税。假设企业选择按照 5 年分期纳税，那么 2017—2021 年 5 个纳税年度，该项专利技术投资入股计入该 5 个纳税年度的应纳税所得额每年为 50 万元。

《财政部 国家税务总局关于完善股权激励和技术入股有关所得税政策的通知》(财

税〔2016〕101 号，简称 101 号文件）进一步规定了递延纳税政策：企业或个人以技术成果投资入股到境内居民企业，被投资企业支付的对价全部为股票（权）的，企业或个人可选择继续按现行有关税收政策执行，也可选择适用递延纳税优惠政策。选择技术成果投资入股递延纳税政策的，经向主管税务机关备案，投资入股当期可暂不纳税，允许递延至转让股权时，按股权转让收入减去技术成果原值和合理税费后的差额计算缴纳所得税。所以甲公司 2017 年可暂不纳税，递延至转让股权时，如果转让收入为 2 000 万元，则转让所得为 1 500 万元，其中，1 000 万元（1 500－500）的部分仍然适用转让所得减免税的规定，其中的 500 万元免税，剩余 500 万元减半征税，则股权转让时确认的应纳税所得额为 750 万元［250＋（2 000－1 500）］。

（三）审核要点

（1）企业发生非货币性资产投资，审核企业根据《财政部 国家税务总局关于非货币性资产投资企业所得税政策问题的通知》（财税〔2014〕116 号）规定进行税务处理时产生的会计与税法差异是否在 A105100《企业重组及递延纳税事项纳税调整明细表》中进行了调整填报。

（2）根据《财政部 国家税务总局关于非货币性资产投资企业所得税政策问题的通知》（财税〔2014〕116 号）规定，企业如选择在 5 年期限内分期均匀确认非货币资产转让所得，应在非货币性资产转让所得递延确认期间每年企业所得税汇算清缴时，填报《中华人民共和国企业所得税年度纳税申报表》（A 类，2017 年版）中“A105100 企业重组及递延纳税事项纳税调整明细表”第 12 行“其中：以非货币性资产对外投资”的相关栏目，同时向主管税务机关报送《非货币性资产投资递延纳税调整明细表》。

（3）如果在非货币性资产转让所得递延确认期内处置该项股权，应就递延期内尚未确认的非货币性资产转让所得，在转让股权或投资收回当年的企业所得税年度汇算清缴时，一次性计算缴纳企业所得税并填报《非货币性资产投资递延纳税调整明细表》。审核因股权计税基础与会计成本不同形成的股权转让所得税会差异是否在 A105030《投资收益纳税调整明细表》进行了填报。

（4）审核企业技术入股的条件是否符合政策，是否进行了备案。

（5）企业发生非货币性资产投资或技术入股，如果选择递延纳税，注意审核其后续处理的一致性。

第二节　政策性搬迁

政策性搬迁，是指由于国防和外交的需要，政府组织实施的能源、交通、水利等基础设施的需要，政府组织实施的科技、教育、文化、卫生、体育、环境和资源保护、防灾减灾、文物保护、社会福利、市政公用等公共事业的需要，由政府组织实施的保障性安居工程建设的需要，由政府依照《中华人民共和国城乡规划法》有关规定组织实施的对危房集中、基础设施落后等地段进行旧城区改建的需要，以及法律、行政法规规定的其他公共利益的需要，在政府主导下，企业进行整体搬迁或部分搬迁。

一、相关税收政策

《国家税务总局关于发布〈企业政策性搬迁所得税管理办法〉的公告》(国家税务总局公告 2012 年第 40 号)修改和完善了《国家税务总局关于企业政策性搬迁或处置收入有关企业所得税处理问题的通知》(国税函〔2009〕118 号)相关内容，并明确了政策性搬迁业务范围、收入、支出、资产和应税所得等相关税务处理。国家税务总局公告 2012 年第 40 号下发后，各地在执行中反映了一些新情况、新问题，针对这些问题国家税务总局通过《国家税务总局关于企业政策性搬迁所得税有关问题的公告》(国家税务总局公告 2013 年第 11 号)进一步进行了补充。

(一) 企业政策性搬迁收入

企业的搬迁收入，包括搬迁过程中从本企业以外(包括政府或其他单位)取得的搬迁补偿收入，以及本企业搬迁资产处置收入等。企业取得的搬迁补偿收入，包括企业由于搬迁取得的货币性和非货币性补偿收入。具体包括：对被征用资产价值的补偿；因搬迁、安置而给予的补偿；对停产停业形成的损失而给予的补偿；资产搬迁过程中遭到毁损而取得的保险赔款；其他补偿收入。企业搬迁中处置存货的收入，应按正常经营活动进行所得税处理，不作为搬迁收入。

(二) 企业政策性搬迁支出

搬迁支出分为费用化支出和资产处置支出。搬迁费用化支出，是指企业搬迁期间所发生的各项费用，包括安置职工实际发生的费用、停工期间支付给职工的工资及福利费、临时存放搬迁资产而发生的费用、各类资产搬迁安装费用以及其他与搬迁相关的费用。资产处置支出，是指企业由于搬迁而处置各类资产所发生的支出，包括变卖及处置各类资产的净值、处置过程中所发生的税费等支出。企业由于搬迁而报废的资产，如无转让价值，其净值作为企业的资产处置支出。

(三) 企业政策性搬迁中资产的税务处理

(1) 重置资产支出不作为搬迁支出。国家税务总局公告 2012 年第 40 号规定，企业发生的购置资产支出，不得从搬迁收入中扣除，但可按其计税成本计算折旧或摊销在税前扣除。企业搬迁中被征用的土地，采取土地置换的，换入土地的计税成本按被征用土地的净值，以及该换入土地投入使用前所发生的各项费用支出，为该换入土地的计税成本，在该换入土地投入使用后，按《企业所得税法》及其实施条例规定年限摊销。

如果政策性搬迁项目在国家税务总局公告 2012 年第 40 号生效(2012 年 10 月 1 日)前已经签订搬迁协议，按照国家税务总局公告 2013 年第 11 号的规定，企业购置资产支出可以从搬迁收入中扣除，此后签订搬迁协议的不得扣除。

（2）搬迁资产的后续支出，性质不同，处理有差异。国家税务总局公告 2012 年第 40 号视搬迁资产后续支出的不同情况作了不同规定：如搬迁资产只需简单安装或不需要安装即可继续使用的，搬迁资产以其净值作为计税成本，安装费用作为搬迁支出；如搬迁资产需要进行大修理，则搬迁资产以净值加上大修理支出为计税成本，大修理支出不作为搬迁支出。这与企业非搬迁情况下固定资产的后续支出处理原则相同。

（四）企业政策性搬迁中应税所得的税务处理

（1）根据国家税务总局公告 2012 年第 40 号，企业搬迁收入和搬迁支出可以暂不计入当期应纳税所得额，而在完成搬迁的年度汇总清算。搬迁清算应在企业实际完成搬迁的年度，最长不超过从搬迁当年度起算的 5 年。实际完成搬迁的年度为搬迁规划已基本完成或当年生产经营收入占规划搬迁前年度生产经营收入 50%以上的年度。企业边搬迁、边生产的，搬迁年度应从实际开始搬迁的年度计算。

（2）搬迁损失的所得税处理。企业搬迁收入扣除搬迁支出后为负数的，应为搬迁损失。搬迁损失可在搬迁完成年度，一次性作为损失进行扣除，或者自搬迁完成年度起分 3 个年度，均匀在税前扣除。

企业发生搬迁损失时，应附报以下资料：取得搬迁收入的会计处理及凭证；证明搬迁支出发生的各类凭据；资产处置发生损失的，按《国家税务总局关于发布〈企业资产损失所得税税前扣除管理办法〉的公告》（国家税务总局公告 2011 年第 25 号）及省级税务机关有关规定资料报送，对统一支付的搬迁补偿收入无须分配计入单项资产计算损失金额。

对搬迁清算后未发生搬迁损失，但处置资产有损失的，还按国家税务总局公告 2011 年第 25 号规定在完成搬迁年度向税务机关进行专项申报，对统一支付的搬迁补偿收入无须分配；计入单项资产计算损失金额。

（3）企业以前年度发生尚未弥补的亏损的，凡企业由于搬迁停止生产经营无所得的，从搬迁年度次年起，至搬迁完成年度前一年度止，可作为停止生产经营活动年度，从法定亏损结转弥补年限中减除；企业边搬迁、边生产的，其亏损结转年度应连续计算。

企业因搬迁停止生产经营，但搬迁期间取得处置搬迁前库存商品收入、利息收入、投资收益等非正常生产经营所得的，企业可自行选择亏损结转年限是否连续计算。如选择不作为亏损结转年度的，则当年计算的纳税调整后所得不弥补以前年度亏损直接缴纳企业所得税；如选择连续计算亏损年度的，则按现行税法规定执行。企业停止生产经营期间，取得委托加工销售收入的应视作生产经营活动所得，其亏损结转年度应连续计算。

二、税法与会计差异分析

（一）《财政部企业会计准则第 16 号——政府补助》

政府补助分为与资产相关的政府补助和与收益相关的政府补助。与资产相关的政府补助，应当冲减相关资产的账面价值或确认为递延收益。与资产相关的政府补助确认为递延收益的，应当在相关资产使用寿命内按照合理、系统的方法分期计入损益。按照名义金额计量的政府补助，直接计入当期损益。与收益相关的政府补助，应当分情况按照以下规定进行会计处理：

(1) 用于补偿企业以后期间的相关成本费用或损失的，确认为递延收益，并在确认相关成本费用或损失的期间，计入当期损益或冲减相关成本。

(2) 用于补偿企业已发生的相关成本费用或损失的，直接计入当期损益或冲减相关成本。

(二)《财政部关于印发企业会计准则解释第 3 号的通知》(财会〔2009〕8 号)

企业因城镇整体规划、库区建设、棚户区改造、沉陷区治理等公共利益进行搬迁，收到政府从财政预算直接拨付的搬迁补偿款，应作为"专项应付款"处理。其中，属于对企业在搬迁和重建过程中发生的固定资产和无形资产损失、有关费用性支出、停工损失及搬迁后拟新建资产进行补偿的，应自"专项应付款"转入"递延收益"，并按照《企业会计准则第 16 号——政府补助》进行会计处理。企业取得的搬迁补偿款扣除转入"递延收益"的金额后如有结余的，应当作为"资本公积"处理。

企业收到除上述之外的搬迁补偿款，应当按照《企业会计准则第 4 号——固定资产》《企业会计准则第 16 号——政府补助》等会计准则进行处理。

(三) 差异分析

1. 会计处理

政策性搬迁补偿款自"专项应付款"转入"递延收益"后，按照政府补助准则进行会计处理。即：与资产相关的政府补助，应当确认为递延收益，并在相关资产使用寿命内平均分配，计入当期损益或冲减成本。与收益相关的政府补助，应当分别下列情况处理：

(1) 用于补偿企业以后期间的相关费用或损失的，确认为递延收益，并在确认相关费用的期间，计入当期损益或冲减相关成本。

(2) 用于补偿企业已发生的相关费用或损失的，直接计入当期损益或冲减相关成本。

2. 税务处理

企业在搬迁期间发生的搬迁收入和搬迁支出，可以暂不计入当期应纳税所得额，而在完成搬迁的年度(最长不超过从搬迁当年度起计算的 5 年)，对搬迁收入和支出进行汇总清算。税法与会计产生时间性差异。

案例 6-6 政策性搬迁的税务处理

2017 年 3 月，甲公司因城市地铁修建发生政策性搬迁业务，取得搬迁补偿收入 2 000 万元(其中征用土地补偿 1 600 万元，安置职工补偿 100 万元，停业补偿 300 万元)。搬迁中拆除厂房净值 800 万元、灭失土地使用权折余价值 400 万元(已摊销 200 万元，未计提减值准备)，2017 年支付职工安置费 60 万元、搬迁设备拆卸、运输费 140 万元，2018 年 12 月 1 日用搬迁补偿资金重置固定资产 400 万元。2018 年 12 月完成搬迁，当月开始生产。重置固定资产税法按 5 年折旧，预计净残值为 0，采用直线法计提折旧。假设以前年度均盈利且已按规定向主管税务机关报送政策性搬迁相关资料。

解析：

(1) 2017 年 3 月取得搬迁补偿收入，会计处理如下：

借：银行存款(其他应收款)　　20 000 000
　　贷：专项应付款　　20 000 000

税务处理：搬迁收入暂不计入当期应纳税所得额，不存在税法与会计差异，不需要纳税调整。

(2) 2017 年拆除厂房净值、灭失土地使用权折余价值处理，会计处理如下：

借：营业外支出　　12 000 000
　　累计摊销　　2 000 000
　　贷：固定资产清理　　8 000 000
　　　　无形资产　　6 000 000

借：专项应付款　　12 000 000
　　贷：递延收益　　12 000 000

借：递延收益　　12 000 000
　　贷：营业外收入　　12 000 000

税务处理：根据国家税务总局公告 2012 年第 40 号，企业搬迁收入和搬迁支出可以暂不计入当期应纳税所得额，而在完成搬迁的年度汇总清算。搬迁支出暂不计入当期应纳税所得额，因此拆除厂房等形成的资产损失 1 200 万元(记入“营业外支出”科目)不得税前扣除；会计当期记入“营业外收入”科目的 1 200 万元搬迁收入企业所得税也不确认，总体来分析会计利润与应纳税所得并无差异。

注意：2017 年度企业所得税汇算清缴时，不在附表 A105110《政策性搬迁纳税调整明细表》中填报。

(3) 2017 年支付搬迁设备拆卸运输安装费和职工安置费用，会计处理如下：

借：管理费用　　600 000
　　贷：应付职工薪酬——辞退福利　　600 000

借：应付职工薪酬——辞退福利　　600 000
　　贷：银行存款　　600 000

借：管理费用　　1 400 000
　　贷：银行存款　　1 400 000

借：专项应付款　　2 000 000
　　贷：递延收益　　2 000 000

借：递延收益　　2 000 000
　　贷：营业外收入　　2 000 000

税务处理：同上。

(4) 2018 年 12 月重置固定资产，会计处理如下：

借：固定资产　　4 000 000

　　贷：在建工程　　4 000 000

借：专项应付款　　4 000 000

　　贷：递延收益　　4 000 000

税务处理：

会计处理未产生损益，无须纳税调整。

(5) 2018 年 12 月结转搬迁补偿收入余额，会计处理如下：

借：专项应付款　　2 000 000

　　贷：资本公积　　2 000 000

税务处理：2018 年为搬迁项目完成年度，搬迁所得＝2 000－1 200－200＝600(万元)。

2018 年度甲公司企业所得税汇算清缴填报示范：

A105110　　**政策性搬迁纳税调整明细表**　　单位：元

行次	项　目	金　额
1	一、搬迁收入(2＋8)	20 000 000
2	（一）搬迁补偿收入(3＋4＋5＋6＋7)	20 000 000
3	1. 对被征用资产价值的补偿	16 000 000
4	2. 因搬迁、安置而给予的补偿	1 000 000
5	3. 对停产停业形成的损失而给予的补偿	3 000 000
6	4. 资产搬迁过程中遭到毁损而取得的保险赔款	
7	5. 其他补偿收入	
8	（二）搬迁资产处置收入	
9	二、搬迁支出(10＋16)	14 000 000
10	（一）搬迁费用支出(11＋12＋13＋14＋15)	2 000 000
11	1. 安置职工实际发生的费用	600 000
12	2. 停工期间支付给职工的工资及福利费	
13	3. 临时存放搬迁资产而发生的费用	
14	4. 各类资产搬迁安装费用	1 400 000
15	5. 其他与搬迁相关的费用	
16	（二）搬迁资产处置支出	12 000 000
17	三、搬迁所得或损失(1－9)	6 000 000

（续表）

行次	项　目	金　额
18	四、应计入本年应纳税所得额的搬迁所得或损失(19＋20＋21)	6 000 000
19	其中:搬迁所得	6 000 000
20	搬迁损失一次性扣除	
21	搬迁损失分期扣除	
22	五、计入当期损益的搬迁收益或损失	
23	六、以前年度搬迁损失当期扣除金额	
24	七、纳税调整金额(18－22－23)	6 000 000

A105000　　纳税调整项目明细表　　单位:元

行次	项　目	账载金额	税收金额	调增金额	调减金额
		1	2	3	4
36	四、特殊事项调整项目(37＋38＋…＋42)	*	*		
38	（二）政策性搬迁(填写 A105110)	*	*	6 000 000	

自动生成主表相关行次数据。

(6) 2019 年计提折旧,会计处理如下:

借:管理费用　　800 000
　　贷:累计折旧　　800 000
借:递延收益　　800 000
　　贷:营业外收入　　800 000

会计上在核销专项应付款时扣除了用补偿收入购置的资产价值,因此其计提折旧时,一方面作费用,另一方面作收入,实质上不影响损益。

税务处理:税法上因为在计算搬迁损益时不允许扣除重置资产价值,因此规定用补偿收入购置的资产计提的折旧可以税前扣除,上例递延收益形成的 80 万元"营业外收入"应作纳税调减。

(7) 2020—2023 年度折旧的税会处理同(6)。

三、审核要点

(1) 根据搬迁文件等原始资料,审核搬迁的性质是否为政策性搬迁。

(2) A105110《政策性搬迁纳税调整明细表》适用于发生政策性搬迁纳税调整项目的纳税人在完成搬迁年度及以后进行损失分期扣除的年度填报,未完成搬迁的年度不填报此表。审核企业在搬迁完成年度是否进行了准确填报。

(3) 搬迁损失企业可以自行选择，在搬迁完成年度一次性作为损失进行扣除或自搬迁完成年度起分 3 个年度均匀在税前扣除。但一经选定，不得改变。应审核搬迁损失分期扣除的延续性、连贯性。

(4) 企业以前年度发生尚未弥补的亏损的，凡企业由于搬迁停止生产经营无所得的，从搬迁年度次年起，至搬迁完成年度前一年度止，可作为停止生产经营活动年度，从法定亏损结转弥补年限中减除。注意审核企业搬迁期间是否停止生产，是否符合上述政策要求。

(5) 根据企业搬迁开始时间，审核适用政策是否准确。尤其注意新旧政策的区别及政策衔接。

第三节　跨地区经营汇总纳税企业所得税征收管理

居民企业在中国境内设立不具有法人资格的营业机构的，应当汇总计算并缴纳企业所得税。企业汇总计算并缴纳企业所得税时，应当统一核算应纳税所得额。

为加强跨地区经营汇总纳税企业所得税的征收管理，妥善处理中央和地方及地区间利益分配关系，根据《财政部 国家税务总局中国人民银行关于印发〈跨省市总分机构企业所得税分配及预算管理办法〉的通知》(财预〔2012〕40 号)等文件的精神，国家税务总局在对《跨地区经营汇总纳税企业所得税征收管理暂行办法》(国税发〔2008〕28 号)进行修订和完善的基础上，制定了《跨地区经营汇总纳税企业所得税征收管理办法》(国家税务总局公告 2012 年第 57 号，简称 57 号公告)，自 2013 年 1 月 1 日起施行。

一、汇总纳税企业范围

(一) 适用 57 号公告的企业

居民企业在中国境内跨地区(指跨省、自治区、直辖市和计划单列市，下同)设立不具有法人资格分支机构的，该居民企业为跨地区经营汇总纳税企业(以下简称汇总纳税企业)，除另有规定外，其企业所得税征收管理适用 57 号公告。

(二) 不适用 57 号公告的企业

(1) 国有邮政企业(包括中国邮政集团公司及其控股公司和直属单位)、中国工商银行股份有限公司、中国农业银行股份有限公司、中国银行股份有限公司、国家开发银行股份有限公司、中国农业发展银行、中国进出口银行、中国投资有限责任公司、中国建设银行股份有限公司、中国建银投资有限责任公司、中国信达资产管理股份有限公司、中国石油天然气股份有限公司、中国石油化工股份有限公司、海洋石油天然气企业[包括中国海洋石油总公司、中海石油(中国)有限公司、中海油田服务股份有限公司、海洋石油工程股份有限公司]、中国长江电力股份有限公司等企业缴纳的企业所得税(包括滞纳金、罚款)

为中央收入，全额上缴中央国库，不适用57号公告。

（2）铁路运输企业所得税征收管理不适用57号公告。

（3）在中国境内没有跨地区仅在同一地区内设立不具有法人资格分支机构的居民企业。由各省、自治区、直辖市和计划单列市国家税务局、地方税务局参照57号公告制定。

（4）核定征收企业所得税的企业。

对于跨地区经营建筑企业所得税的征收管理，国家税务总局另有特别规定，即《国家税务总局关于跨地区经营建筑企业所得税征收管理问题的通知》（国税函〔2010〕156号），不完全适用57号公告。

二、汇总纳税企业管理总体要求

汇总纳税企业实行“统一计算、分级管理、就地预缴、汇总清算、财政调库”的企业所得税征收管理办法：

（1）统一计算，是指总机构统一计算包括汇总纳税企业所属各个不具有法人资格分支机构在内的全部应纳税所得额、应纳税额。

（2）分级管理，是指总机构、分支机构所在地的主管税务机关都有对当地机构进行企业所得税管理的责任，总机构和分支机构应分别接受机构所在地主管税务机关的管理。

（3）就地预缴，是指总机构、分支机构应按本办法的规定，分月或分季分别向所在地主管税务机关申报预缴企业所得税。

（4）汇总清算，是指在年度终了后，总机构统一计算汇总纳税企业的年度应纳税所得额、应纳所得税额，抵减总机构、分支机构当年已就地分期预缴的企业所得税款后，多退少补。

（5）财政调库，是指财政部定期将缴入中央国库的汇总纳税企业所得税待分配收入，按照核定的系数调整至地方国库。

三、二级分支机构分摊缴纳

（一）总机构和具有主体生产经营职能的二级分支机构，就地分摊缴纳企业所得税

二级分支机构，是指汇总纳税企业依法设立并领取非法人营业执照（登记证书），且总机构对其财务、业务、人员等直接进行统一核算和管理的分支机构。

（二）不就地分摊纳税的二级分支机构

（1）不具有主体生产经营职能，且在当地不缴纳增值税、营业税的产品售后服务、内部研发、仓储等汇总纳税企业内部辅助性的二级分支机构，不就地分摊缴纳企业所得税。

（2）上年度认定为小型微利企业的，其二级分支机构不就地分摊缴纳企业所得税。

（3）新设立的二级分支机构，设立当年不就地分摊缴纳企业所得税。

(4) 当年撤销的二级分支机构，自办理注销税务登记之日所属企业所得税预缴期间起，不就地分摊缴纳企业所得税。

(5) 汇总纳税企业在中国境外设立的不具有法人资格的二级分支机构，不就地分摊缴纳企业所得税。

需要注意的是，三级及以下分支机构不就地分摊纳税。计算各分支机构分摊所得税款的比例时，三级及以下分支机构的营业收入、职工薪酬和资产总额统一计入相应二级分支机构。

(三) 视同二级分支机构的情况

总机构设立具有主体生产经营职能的部门，且该部门的营业收入、职工薪酬和资产总额与管理职能部门分开核算的，可将该部门视同一个二级分支机构就地分摊纳税；该部门与管理职能部门的营业收入、职工薪酬和资产总额不能分开核算的，该部门不得视同一个二级分支机构，不就地分摊纳税。

(四) 不视同新设二级分支机构的两种情形

1. 企业外部重组情形

汇总纳税企业当年由于重组等原因从其他企业取得重组当年之前已存在的二级分支机构，并作为本企业二级分支机构管理的，该二级分支机构不视同当年新设立的二级分支机构，应按 57 号公告规定计算分摊并就地缴纳企业所得税。

2. 企业内部重组情形

汇总纳税企业内就地分摊缴纳企业所得税的总机构、二级分支机构之间，发生合并、分立、管理层级变更等形成的新设或存续的二级分支机构，不视同当年新设立的二级分支机构，应按 57 号公告规定计算分摊并就地缴纳企业所得税。

(五) 视同独立纳税人的分支机构

以总机构名义进行生产经营的非法人分支机构，无法提供汇总纳税企业分支机构所得税分配表，也无法提供以下相关证据证明其二级及以下分支机构身份的，应视同独立纳税人计算并就地缴纳企业所得税，不执行 57 号公告的相关规定。视同独立纳税人的分支机构，其独立纳税人身份一个年度内不得变更。

证明二级及以下分支机构身份的相关证据包括：非法人营业执照(或登记证书)的复印件、由总机构出具的二级及以下分支机构的有效证明和支持有效证明的相关材料(包括总机构拨款证明、总分机构协议或合同、公司章程、管理制度等)。二级及以下分支机构所在地主管税务机关应对二级及以下分支机构进行审核鉴定，对应按规定就地分摊缴纳企业所得税的二级分支机构，应督促其及时就地缴纳企业所得税。

四、税款预缴和汇算清缴

汇总纳税企业按照《企业所得税法》规定汇总计算的企业所得税，包括预缴税款和汇算清缴应缴应退税款，50%在各分支机构间分摊，各分支机构根据分摊税款就地办理缴库或退库；50%由总机构分摊缴纳，其中25%就地办理缴库或退库，25%就地全额缴入中央国库或退库。具体的税款缴库或退库程序按照财预〔2012〕40号文件第五条等相关规定执行。

（一）税款预缴

1. 预缴期限

企业所得税分月或者分季预缴，由总机构所在地主管税务机关具体核定。

2. 预缴方法

汇总纳税企业应根据当期实际利润额，按照57号公告规定的预缴分摊方法计算总机构和分支机构的企业所得税预缴额，分别由总机构和分支机构就地预缴；在规定期限内按实际利润额预缴有困难的，也可以按照上一年度应纳税所得额的1/12或1/4，按照57号公告规定的预缴分摊方法计算总机构和分支机构的企业所得税预缴额，分别由总机构和分支机构就地预缴。预缴方法一经确定，当年度不得变更。

3. 预缴申报时间

总机构应将本期企业应纳所得税额的50%部分，在每月或季度终了后15日内就地申报预缴。总机构应将本期企业应纳所得税额的另外50%部分，按照各分支机构应分摊的比例，在各分支机构之间进行分摊，并及时通知到各分支机构；各分支机构应在每月或季度终了之日起15日内，就其分摊的所得税额就地申报预缴。

分支机构未按税款分配数额预缴所得税造成少缴税款的，主管税务机关应按照《税收征管法》的有关规定对其处罚，并将处罚结果通知总机构所在地主管税务机关。

4. 预缴申报资料

汇总纳税企业预缴申报时，总机构除报送企业所得税预缴申报表和企业当期财务报表外，还应报送汇总纳税企业分支机构所得税分配表和各分支机构上一年度的年度财务报表（或年度财务状况和营业收支情况）；分支机构除报送企业所得税预缴申报表（只填列部分项目）外，还应报送经总机构所在地主管税务机关受理的汇总纳税企业分支机构所得税分配表。

在一个纳税年度内，各分支机构上一年度的年度财务报表（或年度财务状况和营业收支情况）原则上只需要报送一次。

（二）汇算清缴

实行跨地区经营汇总缴纳企业所得税的纳税人，由统一计算应纳税所得额和应纳所得税额的总机构，在汇算清缴期内向所在地主管税务机关办理企业所得税年度纳税申报，进行汇算清缴，分支机构不进行汇算清缴，但应将分支机构的营业收支等情况在报总机构统一汇算清缴前报送分支机构所在地主管税务机关。总机构应将分支机构及其所属机构的营业收支纳入总机构汇算清缴等情况报送各分支机构所在地主管税务机关。

1. 汇缴申报时间及税款分摊

汇总纳税企业应当自年度终了之日起5个月内，由总机构汇总计算企业年度应纳所得税额，扣除总机构和各分支机构已预缴的税款，计算出应缴应退税款（即汇算清缴税款），分别由总机构和分支机构就地办理税款缴库或退库。50％由总机构分摊缴纳，其中25％就地办理缴库或退库，25％就地全额缴入中央国库或退库；50％在各分支机构间分摊，各分支机构按照分摊比例计算应分摊的税款就地办理缴库或退库。

汇总纳税企业在纳税年度内预缴企业所得税税款少于全年应缴企业所得税税款的（即汇算清缴应缴税款）应在汇算清缴期内由总、分机构分别结清应缴的企业所得税税款。

预缴税款超过应缴税款的（即汇算清缴应退税款），主管税务机关应及时按有关规定分别办理退税，或者经总、分机构同意后分别抵缴其下一年度应缴企业所得税税款。

2. 汇缴申报资料

汇总纳税企业汇算清缴时，总机构企业汇缴报送资料包括：企业所得税年度纳税申报表；年度财务报表；汇总纳税企业分支机构所得税分配表；各分支机构的年度财务报表；各分支机构参与企业年度纳税调整情况的说明。

汇总纳税企业汇算清缴时，分支机构企业汇缴报送资料包括：企业所得税年度纳税申报表（只填列部分项目）；经总机构所在地主管税务机关受理的汇总纳税企业分支机构所得税分配表；分支机构的年度财务报表（或年度财务状况和营业收支情况）；分支机构参与企业年度纳税调整情况的说明。

分支机构参与企业年度纳税调整情况的说明，可参照企业所得税年度纳税申报表附表“纳税调整项目明细表”中的项目进行说明，涉及需由总机构统一计算调整的项目不进行说明。

汇总纳税企业汇算清缴的主体仍然是总机构，分支机构并无须进行年度纳税调整，也无须自行计算应纳税所得额和应纳税额，只是根据总机构填报的分配表中应缴应退的税款，就地申报补退税。为了保证汇缴工作的顺利进行，也需要分支机构填列年度纳税申报表，但只需要填列有限的几项，与总机构的年度纳税申报不同。

3. 未提供分支机构所得税分配表的处罚规定

分支机构未按规定报送经总机构所在地主管税务机关受理的汇总纳税企业分支机构所得税分配表，分支机构所在地主管税务机关应责成该分支机构在申报期内报送，同时提请总机构所在地主管税务机关督促总机构按照规定提供上述分配表；分支机构在申报期内不提供的，由分支机构所在地主管税务机关对分支机构按照《税收征管法》的有关规定予以处罚。

属于总机构未向分支机构提供分配表的，分支机构所在地主管税务机关还应提请总机构所在地主管税务机关对总机构按照《税收征管法》的有关规定予以处罚。

五、总分机构分摊税款的计算

1. 总机构按以下公式计算分摊税款

总机构分摊税款＝汇总纳税企业当期应纳所得税额×50％

2. 分支机构按以下公式计算分摊税款

所有分支机构分摊税款总额＝汇总纳税企业当期应纳所得税额×50％

3. 某一分支机构税款分摊方法

某分支机构分摊税款＝所有分支机构分摊税款总额×该分支机构分摊比例

总机构应按照上年度分支机构的营业收入、职工薪酬和资产总额三个因素计算各分支机构分摊所得税款的比例；三级及以下分支机构，其营业收入、职工薪酬和资产总额统一计入二级分支机构；三因素的权重依次为0.35、0.35、0.30。

计算公式如下：

某分支机构分摊比例＝(该分支机构营业收入/各分支机构营业收入之和)×0.35
＋(该分支机构职工薪酬/各分支机构职工薪酬之和)×0.35
＋(该分支机构资产总额/各分支机构资产总额之和)×0.30

分支机构分摊比例按上述方法一经确定后，除出现57号公告第五条第(四)项和第十六条第二、第三款情形外，当年不作调整。

分支机构营业收入，是指分支机构销售商品、提供劳务、让渡资产使用权等日常经营活动实现的全部收入。其中，生产经营企业分支机构营业收入是指生产经营企业分支机构销售商品、提供劳务、让渡资产使用权等取得的全部收入。金融企业分支机构营业收入是指金融企业分支机构取得的利息、手续费、佣金等全部收入。保险企业分支机构营业收入是指保险企业分支机构取得的保费等全部收入。

分支机构职工薪酬，是指分支机构为获得职工提供的服务而给予各种形式的报酬以及其他相关支出。

分支机构资产总额，是指分支机构在经营活动中实际使用的应归属于该分支机构的资产合计额。

上年度分支机构的营业收入、职工薪酬和资产总额，是指分支机构上年度全年的营业收入、职工薪酬数据和上年度12月31日的资产总额数据，是依照国家统一会计制度的规定核算的数据。

一个纳税年度内，总机构首次计算分摊税款时采用的分支机构营业收入、职工薪酬和资产总额数据，与此后经过中国注册会计师审计确认的数据不一致的，不作调整。

4. 总分机构处于不同税率地区的税款分摊方法

对于按照税收法律、法规和其他规定，总机构和分支机构处于不同税率地区的，先由总机构统一计算全部应纳税所得额，然后按57号公告规定的分摊比例，计算划分不同税率地区机构的应纳税所得额，再分别按各自的适用税率计算应纳税额后加总计算出汇总纳税企业的应纳所得税总额，最后按57号公告规定的划分和分摊比例，向总机构和分支机构分摊就地缴纳的企业所得税款。

案例 6-7　汇总纳税问题

A企业为一家大型综合性服务企业，其分别于2015年前在郑州、合肥、贵阳设立了三家分支机构。其中，贵阳分支机构属于负责联络的内部辅助部门，不进行生产经营。该企业2017年汇总后营业收入1 500万元、营业成本1 020万元、营业税金及附加10万元、销售费用80万元、管理费用210万元、投资收益－100万元、营业外收入120万元、利润总额200万元，纳税调增额470万元、纳税调减额30万元，应纳税所得额640万元，税率均为25%，应纳所得税额160万元。该企业2017年第一季度至第四季度实际已预缴所得税60万元(包括分支机构的预缴税款)，A企业汇算清缴应补税款100万元。

依据政策各分支机构应分摊的税款为50万元(100×50%)，A企业的三家分支机构2016年度三项指标如下：

2016年度A企业三家分支公司指标

分公司	营业收入(万元)	工资总额(万元)	资产总额(万元)
郑州分公司	260	130	300
合肥分公司	120	90	400
贵阳分公司	0	80	600

解析：

A企业2017年度汇算清缴的纳税申报填报：

A企业总机构依据各分支机构上年度的三因素计算分配比例：

(1) 由于贵阳分支机构属于内部辅助部门，属于不进行生产经营的二级分支机构，不参与分摊税款，不填报分配表及申报表。

(2) 计算郑州、合肥两家分公司的分配比例。

郑州分公司分配比例＝260÷(260＋120)×0.35＋130÷(130＋90)×0.35＋300÷(300＋400)×0.3＝57.49%

合肥分公司分配比例＝120÷(260＋120)×0.35＋90÷(130＋90)×0.35＋400÷(300＋400)×0.3＝42.51%

(3) 总机构2017年度纳税申报表填报

A109010　　企业所得税汇总纳税分支机构所得税分配表　　单位：元

应纳所得税额		总机构分摊所得税额	总机构财政集中分配所得税额			分支机构分摊所得税额	
1 000 000		250 000	250 000			500 000	
分支机构情况	分支机构统一社会信用代码(纳税人识别号)	分支机构名称	三项因素			分配比例	分配所得税额
			营业收入	职工薪酬	资产总额		
	**	郑州分公司	2 600 000	1 300 000	3 000 000	57.49%	287 450
	**	合肥分公司	1 200 000	900 000	4 000 000	42.51%	212 550

A109000　　跨地区经营汇总纳税企业年度分摊企业所得税明细表　　单位:元

行次	项　目	金　额
1	一、实际应纳所得税额	1 600 000
2	减:境外所得应纳所得税额	0
3	加:境外所得抵免所得税额	0
4	二、用于分摊的本年实际应纳所得税额(1－2＋3)	1 600 000
5	三、本年累计已预分、已分摊所得税额(6＋7＋8＋9)	600 000
6	(一) 总机构直接管理建筑项目部已预分所得税额	0
7	(二) 总机构已分摊所得税额	150 000
8	(三) 财政集中已分配所得税额	150 000
9	(四) 分支机构已分摊所得税额	300 000
10	其中:总机构主体生产经营部门已分摊所得税额	0
11	四、本年度应分摊的应补(退)的所得税额(4－5)	1 000 000
12	(一) 总机构分摊本年应补(退)的所得税额(11×总机构分摊比例)	250 000
13	(二) 财政集中分配本年应补(退)的所得税额(11×财政集中分配比例)	250 000
14	(三) 分支机构分摊本年应补(退)的所得税额(11×分支机构分摊比例)	500 000
15	其中:总机构主体生产经营部门分摊本年应补(退)的所得税额(11×总机构主体生产经营部门分摊比例)	
16	五、境外所得抵免后的应纳所得税额(2－3)	0
17	六、总机构本年应补(退)所得税额(12＋13＋15＋16)	500 000

A100000　　中华人民共和国企业所得税年度纳税申报表(A类)　　单位:元

行次	类别	项　目	金　额
1	利润总额计算	一、营业收入(填写 A101010\101020\103 000)	15 000 000
2		减:营业成本(填写 A102010\102020\103 000)	10 200 000
3		减:税金及附加	100 000
4		减:销售费用(填写 A104000)	800 000
5		减:管理费用(填写 A104000)	2 100 000
6		减:财务费用(填写 A104000)	
7		减:资产减值损失	
8		加:公允价值变动收益	

（续表）

行次	类别	项　目	金　额
9	利润总额计算	加：投资收益	−1 000 000
10		二、营业利润（1−2−3−4−5−6−7＋8＋9）	800 000
11		加：营业外收入（填写 A101010\101020\103000）	1 200 000
12		减：营业外支出（填写 A102010\102020\103000）	1 000 000
13		三、利润总额（10＋11−12）	2 000 000
14	应纳税所得额计算	减：境外所得（填写 A108010）	0
15		加：纳税调整增加额（填写 A105000）	4 700 000
16		减：纳税调整减少额（填写 A105000）	300 000
17		减：免税、减计收入及加计扣除（填写 A107010）	0
18		加：境外应税所得抵减境内亏损（填写 A108000）	0
19		四、纳税调整后所得（13−14＋15−16−17＋18）	6 400 000
20		减：所得减免（填写 A107020）	0
21		减：弥补以前年度亏损（填写 A106000）	0
22		减：抵扣应纳税所得额（填写 A107030）	0
23		五、应纳税所得额（19−20−21−22）	6 400 000
24	应纳税额计算	税率（25%）	25%
25		六、应纳所得税额（23×24）	1 600 000
26		减：减免所得税额（填写 A107040）	0
27		减：抵免所得税额（填写 A107050）	0
28		七、应纳税额（25−26−27）	1 600 000
29		加：境外所得应纳所得税额（填写 A108000）	0
30		减：境外所得抵免所得税额（填写 A108000）	0
31		八、实际应纳所得税额（28＋29−30）	1 600 000
32		减：本年累计实际已缴纳的所得税额	600 000
33		九、本年应补（退）所得税额（31−32）	1 000 000
34		其中：总机构分摊本年应补（退）所得税额（填写 A109 000）	250 000
35		财政集中分配本年应补（退）所得税额（填写 A109 000）	250 000
36		总机构主体生产经营部门分摊本年应补（退）所得税额（填写 A109 000）	0

六、总分机构分摊税款计算错误的处理

(一) 总分支机构税务机关之间复核和函复

(1) 分支机构所在地主管税务机关应根据经总机构所在地主管税务机关受理的汇总纳税企业分支机构所得税分配表、分支机构的年度财务报表(或年度财务状况和营业收支情况)等,对其主管分支机构计算分摊税款比例的三个因素、计算的分摊税款比例和应分摊缴纳的所得税税款进行查验核对;对查验项目有异议的,应于收到汇总纳税企业分支机构所得税分配表后30日内向企业总机构所在地主管税务机关提出书面复核建议,并附送相关数据资料。

(2) 总机构所在地主管税务机关必须于收到复核建议后30日内,对分摊税款的比例进行复核,作出调整或维持原比例的决定,并将复核结果函复分支机构所在地主管税务机关。分支机构所在地主管税务机关应执行总机构所在地主管税务机关的复核决定。

总机构所在地主管税务机关未在规定时间内复核并函复复核结果的,上级税务机关应对总机构所在地主管税务机关按照有关规定进行处理。

复核期间,分支机构应先按总机构确定的分摊比例申报缴纳税款。

(二) 分摊税款计算差错的纠正

汇总纳税企业未按照规定准确计算分摊税款,造成总机构与分支机构之间同时存在一方(或几方)多缴另一方(或几方)少缴税款的,其总机构或分支机构分摊缴纳的企业所得税低于按57号公告规定计算分摊的数额的,应在下一税款缴纳期内,由总机构将按57号公告规定计算分摊的税款差额分摊到总机构或分支机构补缴;其总机构或分支机构就地缴纳的企业所得税高于按57号公告规定计算分摊的数额的,应在下一税款缴纳期内,由总机构将按57号公告规定计算分摊的税款差额从总机构或分支机构的分摊税款中扣减。

七、日常管理

(1) 汇总纳税企业总机构和分支机构应依法办理税务登记,接受所在地主管税务机关的监督和管理。

(2) 总机构应将其所有二级及以下分支机构(包括57号公告第五条规定的分支机构)信息报其所在地主管税务机关备案,内容包括分支机构名称、层级、地址、邮编、纳税人识别号及企业所得税主管税务机关名称、地址和邮编。

(3) 分支机构(包括57号公告第五条规定的分支机构)应将其总机构、上级分支机构和下属分支机构信息报其所在地主管税务机关备案,内容包括总机构、上级机构和下属分支机构名称、层级、地址、邮编、纳税人识别号及企业所得税主管税务机关名称、地址和邮编。

上述备案信息发生变化的,除另有规定外,应在内容变化后30日内报总机构和分支

机构所在地主管税务机关备案，并办理变更税务登记。

（4）分支机构注销税务登记后15日内，总机构应将分支机构注销情况报所在地主管税务机关备案，并办理变更税务登记。

（5）汇总纳税企业以后年度改变组织结构的，该分支机构应按57号公告第二十三条规定报送相关证据，分支机构所在地主管税务机关重新进行审核鉴定。

八、汇总纳税企业资产损失管理

（1）总机构及二级分支机构发生的资产损失，除应按专项申报和清单申报的有关规定各自向所在地主管税务机关申报外，二级分支机构还应同时上报总机构；三级及以下分支机构发生的资产损失不需向所在地主管税务机关申报，应并入二级分支机构，由二级分支机构统一申报。

（2）总机构对各分支机构上报的资产损失，除税务机关另有规定外，应以清单申报的形式向所在地主管税务机关申报。

（3）总机构将分支机构所属资产捆绑打包转让所发生的资产损失，由总机构向所在地主管税务机关专项申报。

二级分支机构所在地主管税务机关应对二级分支机构申报扣除的资产损失强化后续管理。

九、税务检查查补税款的处理

（一）总机构所在地主管税务机关的税务检查

1. 实施税务检查的方式

总机构所在地主管税务机关可以对企业自行实施税务检查，也可以与二级分支机构所在地主管税务机关联合实施税务检查。

2. 查补税款的分摊

总机构所在地主管税务机关应对查实项目按照《企业所得税法》的规定统一计算查增的应纳税所得额和应纳税额。

总机构应将查补所得税款（包括滞纳金、罚款）的50%按照规定计算的分摊比例，分摊给各分支机构（不包括国家税务总局公告2012年第57号文件第五条规定的不就地分摊纳税的二级分支机构）缴纳，各分支机构根据分摊查补税款就地办理缴库；50%分摊给总机构缴纳，其中25%就地办理缴库，25%就地全额缴入中央国库。

3. 补税时需报送的资料

汇总纳税企业缴纳查补所得税款时，总机构应向其所在地主管税务机关报送汇总纳税企业分支机构所得税分配表和总机构所在地主管税务机关出具的税务检查结论；各分支机构也应向其所在地主管税务机关报送经总机构所在地主管税务机关受理的汇总纳税企业分支机构所得税分配表和税务检查结论。

（二）二级分支机构所在地主管税务机关的税务检查

1. 实施税务检查的方式

二级分支机构所在地主管税务机关应配合总机构所在地主管税务机关对其主管二级分支机构实施税务检查，也可以自行对该二级分支机构实施税务检查。

2. 查补税款的分摊

二级分支机构所在地主管税务机关自行对其主管二级分支机构实施税务检查，可对查实项目按照《企业所得税法》的规定自行计算查增的应纳税所得额和应纳税额。

计算查增的应纳税所得额时，应减除允许弥补的汇总纳税企业以前年度亏损；对于需由总机构统一计算的税前扣除项目，不得由分支机构自行计算调整。

二级分支机构应将查补所得税款的50％分摊给总机构缴纳，其中25％就地办理缴库，25％就地全额缴入中央国库；50％分摊给该二级分支机构就地办理缴库。具体的税款缴库程序按照财预〔2012〕40号文件第五条等相关规定执行。

3. 补税时需报送的资料

汇总纳税企业缴纳查补所得税款时，总机构应向其所在地主管税务机关报送经二级分支机构所在地主管税务机关受理的汇总纳税企业分支机构所得税分配表和二级分支机构所在地主管税务机关出具的税务检查结论；二级分支机构也应向其所在地主管税务机关报送汇总纳税企业分支机构所得税分配表和税务检查结论。

注意：税款滞纳金、罚款收入的归属，除查补税款滞纳金、罚款收入实行跨地区分享外，跨省市总分机构企业缴纳的其他企业所得税滞纳金、罚款收入不实行跨地区分享，按照规定的缴库程序就地缴库。①

案例6-8　分支机构注销，查补税款已注销分支机构应分摊的税款需总机构缴纳吗？

2017年10月某市国税稽查局对甲公司（总机构）进行税务检查时发现，甲公司存在如下问题：一是列支手续费，扣除凭证不合规；二是列支了不得税前扣除的员工商业保险费。因此，该稽查局对甲公司作出调增2014年及2015年应纳税所得额，补缴税款并加收滞纳金的处理决定。

由于甲公司是跨地区经营汇总纳税企业，按相关文件规定，甲公司针对2014年度及2015年度补缴的税款，应在本机构所属地缴纳50％税款，剩余部分在各分支机构所属地分摊缴纳。然而，在执行税款入库的过程中，甲企业提出：其在全国其他地区有20多个分支机构，有1个分支机构在2016年已经注销。那么，已注销的分支机构该如何补缴分摊的税款？

解析：

依据《跨地区经营汇总纳税企业所得税征收管理办法》（国家税务总局公告2012年

① 《财政部 国家税务总局中国人民银行关于〈跨省市总分机构企业所得税分配及预算管理办法〉的补充通知》（财预〔2012〕453号）。

第57号)第二十七条规定,总机构应将查补所得税款(包括滞纳金、罚款,下同)的50%按照本办法第十五条规定计算的分摊比例,分摊给各分支机构(不包括本办法第五条规定的分支机构)缴纳,各分支机构根据分摊查补税款就地办理缴库;50%分摊给总机构缴纳,其中25%就地办理缴库,25%就地全额缴入中央国库。汇总纳税企业缴纳查补所得税款时,总机构应向其所在地主管税务机关报送汇总纳税企业分支机构所得税分配表和总机构所在地主管税务机关出具的税务检查结论,各分支机构也应向其所在地主管税务机关报送经总机构所在地主管税务机关受理的汇总纳税企业分支机构所得税分配表和税务检查结论。

根据上述文件,甲公司针对2014年度及2015年度补缴的税款,应在本机构所属地缴纳50%税款,剩余部分在甲公司全国各分支机构所属地分摊缴纳。但是对以前存在但现在已经注销的分支机构分摊到的补缴税款应如何入库,规定不明确。建议与税务机关协商解决,可将本应由已注销分支机构承担的税款,统一由甲公司总机构在所属地缴纳入库。

十、税收优惠管理

对于按照税收法律、法规和其他规定,由分支机构所在地主管税务机关管理的企业所得税优惠事项,分支机构所在地主管税务机关应加强审批(核)、备案管理,并通过评估、检查和台账管理等手段,加强后续管理。

(1) 自2011年1月1日至2020年12月31日,对设在西部地区以《西部地区鼓励类产业目录》中规定的产业项目为主营业务,且其当年度主营业务收入占企业收入总额70%以上的企业,经企业申请,主管税务机关审核确认后,可减按15%税率缴纳企业所得税。企业应当在年度汇算清缴前向主管税务机关提出书面申请并附送相关资料。第一年须报主管税务机关审核确认,第二年及以后年度实行备案管理。各省、自治区、直辖市和计划单列市税务机关可结合本地实际制定具体审核、备案管理办法,并报国家税务总局(所得税司)备案。该文件对在优惠地区内外分别设有机构的企业享受西部大开发优惠税率分以下两种情况进行了明确。①

① 总机构设在西部大开发税收优惠地区的企业,仅就设在优惠地区的总机构和分支机构(不含优惠地区外设立的二级分支机构在优惠地区内设立的三级以下分支机构)的所得确定适用15%优惠税率。在确定该企业是否符合优惠条件时,以该企业设在优惠地区的总机构和分支机构的主营业务是否符合《西部地区鼓励类产业目录》及其主营业务收入占其收入总额的比重加以确定,不考虑该企业设在优惠地区以外分支机构的因素。有关审核、备案手续向总机构主管税务机关申请办理。

---

① 《国家税务总局关于深入实施西部大开发战略有关企业所得税问题的公告》(国家税务总局公告2012年第12号)。

② 总机构设在西部大开发税收优惠地区外的企业，其在优惠地区内设立的分支机构（不含仅在优惠地区内设立的三级以下分支机构），仅就该分支机构所得确定适用15％优惠税率。在确定该分支机构是否符合优惠条件时，仅以该分支机构的主营业务是否符合《西部地区鼓励类产业目录》及其主营业务收入占其收入总额的比重加以确定。有关审核、备案手续向分支机构主管税务机关申请办理，分支机构主管税务机关需将该分支机构享受西部大开发税收优惠情况及时函告总机构所在地主管税务机关。

（2）对设在横琴新区、平潭综合实验区和前海深港现代服务业合作区的鼓励类产业企业减按15％的税率征收企业所得税。①

上述鼓励类产业企业是指以所在区域《企业所得税优惠目录》（见财税〔2014〕26号附件）中规定的产业项目为主营业务，且其主营业务收入占企业收入总额70％以上的企业。其中：收入总额，是指《企业所得税法》第六条规定的收入总额。

企业在优惠区域内、外分别设有机构的，仅就其设在优惠区域内的机构的所得确定适用15％的企业所得税优惠税率。在确定区域内机构是否符合优惠条件时，根据设在优惠区域内机构本身的有关指标是否符合以上规定的条件加以确定，不考虑设在优惠区域外机构的因素。

十一、亏损弥补

由于汇总纳税企业实行“统一计算”，即由总机构统一计算包括汇总纳税企业所属各个不具有法人资格分支机构在内的全部应纳税所得额、应纳税额。当汇总纳税企业内部成员企业出现亏损时，其亏损额实际上抵减了其他内部成员企业的盈利额，即汇总纳税成员企业之间可以相互弥补亏损，但境外亏损不能由境内企业弥补。企业在汇总计算缴纳企业所得税时，其境外营业机构的亏损不得抵减境内营业机构的盈利。

在汇总计算境外应纳税所得额时，企业在境外同一国家（地区）设立不具有独立纳税地位的分支机构，按照《企业所得税法》及其实施条例的有关规定计算的亏损，不得抵减其境内或他国（地区）的应纳税所得额，但可以用同一国家（地区）其他项目或以后年度的所得按规定弥补。②

十二、信息管理

汇总纳税企业总机构和分支机构应依法办理税务登记，接受所在地主管税务机关的监督和管理。

总机构应将其所有二级及以下分支机构（包括57号公告第五条规定的不就地分摊纳税的二级分支机构）信息报其所在地主管税务机关备案，内容包括分支机构名称、层

① 《财政部 国家税务总局关于广东横琴新区、福建平潭综合实验区、深圳前海深港现代服务业合作区企业所得税优惠政策及优惠目录的通知》（财税〔2014〕26号）。

② 《财政部 国家税务总局关于企业境外所得税收抵免有关问题的通知》（财税〔2009〕125号）。

级、地址、邮编、纳税人识别号及企业所得税主管税务机关名称、地址和邮编。

分支机构(包括57号公告第五条规定的不就地分摊纳税的二级分支机构)应将其总机构、上级分支机构和下属分支机构信息报其所在地主管税务机关备案,内容包括总机构、上级机构和下属分支机构名称、层级、地址、邮编、纳税人识别号及企业所得税主管税务机关名称、地址和邮编。

上述备案信息发生变化的,除另有规定外,应在内容变化后30日内报总机构和分支机构所在地主管税务机关备案,并办理变更税务登记。

分支机构注销税务登记后15日内,总机构应将分支机构注销情况报所在地主管税务机关备案,并办理变更税务登记。

税务机关应将汇总纳税企业总机构、分支机构的税务登记信息、备案信息、总机构出具的分支机构有效证明情况及分支机构审核鉴定情况、企业所得税月(季)度预缴纳税申报表和年度纳税申报表、汇总纳税企业分支机构所得税分配表、财务报表(或年度财务状况和营业收支情况)、企业所得税款入库情况、资产损失情况、税收优惠情况、各分支机构参与企业年度纳税调整情况的说明、税务检查及查补税款分摊和入库情况等信息,定期分省汇总上传至国家税务总局跨地区经营汇总纳税企业管理信息交换平台。

汇总纳税企业改变组织结构的,总机构和相关二级分支机构应于组织结构改变后30日内,将组织结构变更情况报告主管税务机关。总机构所在省税务局按照上述规定,将汇总纳税企业组织结构变更情况上传至企业所得税汇总纳税信息管理系统。①

十三、总分机构主管税务机关的划分

2008年年底之前已成立的汇总纳税企业,2009年起新设立的分支机构,其企业所得税的征管部门应与总机构企业所得税征管部门一致;2009年起新增汇总纳税企业,其分支机构企业所得税的管理部门也应与总机构企业所得税管理部门一致。

十四、跨地区经营建筑企业所得税管理

按照《国家税务总局关于跨地区经营建筑企业所得税征收管理问题的通知》(国税函〔2010〕156号)规定,跨地区经营建筑企业按照"统一计算、分级管理、就地预缴、汇总清算、财政调库"的办法计算缴纳企业所得税。

建筑企业总机构直接管理的跨地区设立的项目部,应按项目实际经营收入的0.2%按月或按季由总机构向项目所在地预分企业所得税,并由项目部向所在地主管税务机关预缴。建筑企业所属二级或二级以下分支机构直接管理的项目部不就地预缴企业所得税,其营业收入、职工薪酬和资产总额应汇总到二级分支机构统一核算,由二级分支机构按规定预缴企业所得税。

① 《国家税务总局关于3项企业所得税事项取消审批后加强后续管理的公告》(国家税务总局公告2015年第6号)。

建筑企业总机构应汇总计算企业应纳所得税，按照以下三种方法进行预缴：

(1) 总机构只设跨地区项目部的，扣除已由项目部预缴的企业所得税后，按照其余额就地缴纳。

(2) 总机构只设二级分支机构的，按照57号公告规定计算总、分支机构应缴纳的税款。

(3) 总机构既有直接管理的跨地区项目部，又有跨地区二级分支机构的，先扣除已由项目部预缴的企业所得税后，再按照57号公告规定计算总、分支机构应缴纳的税款。

建筑企业总机构应按照有关规定办理企业所得税年度汇算清缴，各分支机构和项目部不进行汇算清缴。总机构年终汇算清缴后应纳所得税额小于已预缴的税款时，由总机构主管税务机关办理退税或抵扣以后年度的应缴企业所得税。

跨地区经营的项目部(包括二级以下分支机构管理的项目部)应向项目所在地主管税务机关出具总机构所在地主管税务机关开具的《外出经营活动税收管理证明》，未提供上述证明的，项目部所在地主管税务机关应督促其限期补办；不能提供上述证明的，应作为独立纳税人就地缴纳企业所得税。同时，项目部应向所在地主管税务机关提供总机构出具的证明该项目部属于总机构或二级分支机构管理的证明文件。

十五、审核要点

(1) 审核A000000《企业基础信息表》"101汇总纳税企业"项目中所选类型是否属于适用《国家税务总局关于印发〈跨地区经营汇总纳税企业所得税征收管理办法〉的公告》(国家税务总局公告2012年第57号)的范围。

(2)《企业所得税汇总纳税分支机构所得税分配表》及企业报送的分支机构资料审核参与分摊的分支机构是否符合57号公告的规定，是否存在应分摊而未参与分摊的情况。

(3) 汇总纳税企业二级分支机构发生的资产损失，除应按专项申报和清单申报的有关规定向所在地主管税务机关申报外，还应同时上报总机构。注意审核汇总纳税企业总机构在附表A105090《资产损失税前扣除及纳税调整明细表》中第1行"一、清单申报资产损失"和第7行"分支机构上报的资产损失"中填报的二级分支机构上报总机构的资产损失与分支机构向其机构所在地主管税务机关申报的资产损失是否一致。

(4) 企业境外所得应纳所得税额不进行分摊，注意审核A109000《跨地区经营汇总纳税企业年度分摊企业所得税明细表》第4行"二、用于分摊的本年实际应纳所得税额"是否包含了境外所得应纳所得税额。

(5) 审核汇总纳税企业境外所得抵免后的应纳所得税额总机构是否就地缴纳入库。

(6) 审核A109010《企业所得税汇总纳税分支机构所得税分配表》中"营业收入""职工薪酬""资产总额"数据是否真实，"分配比例"的计算是否正确。

(7) 在总分机构税率不同情况下，审核适用低税率的总、分机构享受的减免所得税额的填报是否准确。

第四节　企业清算的所得税处理

企业清算的所得税处理，是指企业在不再持续经营，发生结束自身业务、处置资产、偿还债务以及向所有者分配剩余财产等经济行为时，对清算所得、清算所得税、股息分配等事项的处理。

一、需要进行企业所得税清算的情形

1. 按《公司法》《中华人民共和国企业破产法》等规定需要进行清算的企业

《公司法》规定需要进行清算的企业情形：公司章程规定的营业期限届满或者公司章程规定的其他解散事由出现；股东会或者股东大会决议解散；因公司合并或者分立需要解散；依法被吊销营业执照、责令关闭或者被撤销；公司经营管理发生严重困难，继续存续会使股东利益受到重大损失，通过其他途径不能解决的，持有公司全部股东表决权10%以上的股东，可以请求人民法院解散公司，而人民法院进行了受理准备解散的情形。

2. 企业重组中需要按清算处理的企业

企业重组中需要清算处理的主要包括三种情况：

(1) 企业由法人变为个人独资企业、合伙企业等非法人组织，或将登记注册地转移至中华人民共和国境外(包括港澳台地区)，应进行所得税结算。

(2) 不适用特殊性税务处理的企业合并中，被合并企业及其股东应按清算进行所得税处理。

(3) 不适用特殊性税务处理的企业分立中，被分立企业不再继续存在时，被分立企业及其股东都应按清算进行所得税处理。

应该注意的是税务注销中有的情形不需要进行企业所得税的清算，比如企业因为搬迁，导致企业所得税纳税地点的变更向税务机关申请注销登记，企业没有终止持续经营假定，不需要对企业进行清算所得税的处理。

二、企业清算所得税处理的内容

(1) 全部资产均应按可变现价值或交易价格，确认资产转让所得或损失。

(2) 确认债权清理、债务清偿的所得或损失。

(3) 改变持续经营核算原则，对预提或待摊性质的费用进行处理。

(4) 依法弥补亏损，确定清算所得。

(5) 计算并缴纳清算所得税。

(6) 确定可向股东分配的剩余财产、应付股息等。

三、企业清算所得的计算

清算所得，是指企业的全部资产可变现价值或交易价格，减除资产的计税基础、清算费用、相关税费，加上债务清偿损益等后的余额。企业应将整个清算期作为一个独立的纳税年度计算清算所得。

清算所得＝全部资产可变现价值或交易价格－资产计税基础－清算费用－相关税费＋债务清偿损益－弥补以前年度亏损

（1）企业的资产可变现价值是指企业清理所有债权债务关系、完成清算后，所剩余的全部资产折现计算的价值。如果企业剩余资产能在市场上出售而变现，则可以其交易价格为基础。用公式表述如下：

资产可变现价值或交易价格＝货币资金＋清理债权的可收回金额＋存货的可变现价值＋固定资产的可变现价值＋非实物资产的可变现价值

（2）资产计税基础，是指企业收回资产账面价值的过程中，计算应纳税所得额时按照税法规定可以自应税经济利益中抵扣的金额。即该项资产在未来使用或最终处置时，允许作为成本或费用于税前列支的金额。

（3）清算费用是指纳税人清算过程中实际发生的与清算业务有关的费用支出，包括清算组组成人员的报酬，清算财产的管理、变卖及分配所需的评估费、咨询费等费用，清算过程中支付的诉讼费用、仲裁费用及公告费用，以及为维护债权人和股东的合法权益支付的其他费用。

（4）清算税金及附加是指纳税人清算过程中发生的除企业所得税和允许抵扣的增值税以外的各项税金及其附加。

（5）负债清偿损益是指纳税人在清算期间清算债务的所得或损失，即纳税人全部负债按计税基础减除其清偿金额后确认的负债清偿所得或损失金额。此处清偿金额是指纳税人清算过程中各项负债的实际清偿或者确认清偿的金额。

（6）弥补以前年度亏损是指纳税人按税收规定可在税前弥补的以前纳税年度尚未弥补的亏损额。

（7）清算所得税额＝清算所得×企业所得税税率（25%）。

四、剩余财产的计算和分配

企业全部资产的可变现价值或交易价格减除清算费用，职工的工资、社会保险费用和法定补偿金，结清清算所得税、以前年度欠税等税款，清偿企业债务，按规定计算可以向所有者分配的剩余资产。

被清算企业的股东分得的剩余资产的金额，其中相当于被清算企业累计未分配利润和累计盈余公积中按该股东所占股份比例计算的部分，应确认为股息所得；剩余资产减除股息所得后的余额，超过或低于股东投资成本的部分，应确认为股东的投资转让所得或损失。被清算企业的股东从被清算企业分得的资产应按可变现价值或实际交易价格确定计税基础。

（1）剩余财产用公式表述如下：

剩余财产＝资产可变现价值－清算费用－职工工资－社会保险费用和法定－清算税金及附加－清算所得税额－以前年度欠税－其他债务

① 职工工资是指纳税人清算过程中确认偿还的职工工资。

② 社会保险费用是指纳税人清算过程中偿还欠缴的各种社会保险费用。

③ 法定补偿金是指纳税人清算过程中按照有关规定支付的法定补偿金。

④ 清算税金及附加

⑤ 清算所得税额是指纳税人清算过程中应缴的清算企业所得税金额(同前解释)。

⑥ 以前年度欠税额是指纳税人以前年度欠缴的各项税金及其附加。一般以企业账记应交税金贷方余额为准，按规定计算税收滞纳金，在清算确认时，以前年度欠税额大于账记金额，从企业角度即增加企业负债。

⑦ 其他债务是指纳税人清算过程中偿还的其他债务，不包括职工工资、社会保险费用、法定补偿金、以前年度欠税额。

（2）股东分配剩余财产的计算公式表述如下：

股东分配的剩余财产金额＝剩余财产×持有清算企业权益性投资比例

确认为股息金额＝(累计盈余公积＋累计未分配利润)×持有清算企业权益性投资比例

① 剩余财产是指纳税人全部资产按可变现价值或交易价格减除清算费用、职工工资、社会保险费用、法定补偿金、清算税费、清算所得税额、以前年度欠税和企业其他债务后的余额。

② 持有清算企业权益性投资比例是指清算企业的各股东持有清算企业的权益性投资比例，即各个股东投资额占股东投资总额之比。

③ 累计盈余公积是指纳税人截止开始分配剩余财产时累计从净利润提取的盈余公积金额。

④ 累计未分配利润是指纳税人截止开始分配剩余财产时累计的未分配利润金额。

⑤ 分配的财产金额是指清算企业的各股东从清算企业剩余财产中按照其持有的清算企业的权益性投资比例分得的财产金额。

⑥ 确认为股息金额是指清算企业的各股东从清算企业剩余财产分得财产中，相当于累计未分配利润和累计盈余公积按照其持有清算企业权益性投资比例计算确认的部分。包括清算企业的法人股东和非企业所得税纳税人的自然人股东取得的股息金额。

案例 6-9 企业清算的税务处理

A 公司成立于 1999 年 9 月，实收资本 780 万元，截至 2016 年 12 月 31 日，企业账面未分配利润为128.47万元。2017年9月30日根据公司章程期满，股东同意企业提前解散的股东会决议签署日期是2017年9月30日，并在当日成立清算组，企业准备清算。2017年9月30日的资产负债情况如下：流动资产1 155.8万元，非流动资产25.44万元，流动负债80.56万元，非流动负债为0，所有者权益1 080.66万元(其中实收资本780万元，本年利润总额43.7万元，未分配利润256.96万元)。

(1) 资产可变现金额为1 164.1万元。

(2) 资产计税基础为1 181.24万元(假设计税基础与账面价值一致)。

(3) 债务偿还金额为38.18万元；假设负债计税基础与负债账面价值一致，

(4) 清算费用合计10万元，清算过程中发生的相关税费为3.4万元。其他所得或支出忽略不计。

2017年12月20日申请税务注销。假设职工的工资、社会保险费用和法定补偿金为4万元，以前年度欠税10.92万元。

请问：1. 经营期企业所得税申报时限及税额?

解析：

经营期企业所得税的计算及申报。2017年1月1日至2017年9月30日为经营期未满12个月的一个纳税年度。按规定进行经营期企业所得税汇算清缴，2017年1～9月企业会计利润总额为43.7万元(假设没有其他纳税调整事项，企业所得税率为25%)，企业应按规定进行该经营期的企业所得税汇算清缴，并缴纳企业所得税10.92万元。

2. 清算期企业所得税的计算及申报时限?

解析：

清算期企业所得税的计算及申报。2017年9月30日为清算期开始之日，2017年12月20日申请税务注销，即清算期为2017年9月30日至2017年12月20日，截止日期为12月20日。

(1) 资产可收回金额(或称可变现金额)为1 164.1万元。

(2) 资产计税基础为1 181.24万元(假设计税基础与账面价值一致)。则：资产处置损益＝1 164.1－1 181.24＝－17.14(万元)。

(3) 债务偿还金额为38.16万元；假设负债计税基础与负债账面价值一致，则：处理债务损益＝80.56－38.16＝42.4(万元)。

(4) 清算费用合计10万元，清算过程中发生的相关税费为3.4万元。其他所得或支出忽略不计。

(5) 清算所得＝资产处置损益－清算费用－相关税费＋(或者－)处理债务损益＝－17.14－10－3.4＋42.4＝11.86(万元)。

因此，需要缴纳清算企业所得税＝11.86×25%＝2.965(万元)。

3. 股东取得剩余资产的涉税事宜。企业全部资产的可变现价值或交易价格减去清算费用，职工的工资、社会保险费用和法定补偿金，结清清算所得税、以前年度欠税等税款，清偿企业债务，按规定计算可以向所有者分配的剩余资产。假设职工的工资、社会保险费用和法定补偿金为 4 万元，以前年度欠税 10.92 万元。

解析：

剩余资产＝资产可收回金额－清算费用－职工工资、社会保险费用、法定补偿金
　　－相关税费－清算所得税－以前年度欠税－债务偿还金额
　　＝1 164.1－10－3.4－2.965－38.16＝1 109.575(万元)

累计未分配利润和累计盈余公积(即股息所得)＝未分配利润＋本年税后利润＋(清算所得－清算企业所得税)
　　＝256.96＋43.7－10.92＋(11.86－2.96)＝298.64(万元)

剩余资产减去股息所得后的余额＝1 109.575－298.64＝810.935(万元)

股东投资成本＝780 万元

投资转让所得＝剩余资产减去股息所得后的余额－股东投资成本＝810.935－780＝30.935(万元)

从以上计算可知，累计未分配利润和累计盈余公积余额为 298.64 万元，故股东应确认的股息所得为 298.64 万元；剩余资产减去股息所得后的余额小于股东投资成本，故该股东应确认投资转让所得 30.935 万元。

五、审核要点

(1) 审核企业是否将整个清算期作为一个独立的纳税年度计算清算所得。

(2) 审核债权、债务的真实性及企业申报的清算所得是否包含了债务清偿损益，是否存在全部资产的可变现价值或交易价格不公允的情况。

(3) 接受捐赠的非货币性资产按照当时的政策规定未纳税的，审核是否将其计入清算所得。

(4) 清算所得不享受低税率优惠，注意审核小型微利企业、高新技术企业的清算所得税适用税率是否正确。

(5) 清算所得可以弥补以前年度亏损，注意审核弥补亏算年限及金额的准确性。

(6) 注意审核清算费用的真实性、准确性，需取得合法有效凭证的支出是否及时取得相应扣除凭证。

(7) 注意审核企业财务报表数据与清算申报表数据的钩稽关系是否正确。